KB153050

꽃피자 어데선가 바람불어와

백하룡 희곡집 1

꽃피자 어데선가 바람불어와

백하룡 희곡집 1

평민사

홀홀단신 내려와 머슴처럼 사셨던 아버지
마디마다 옹이 진 손 수부동댁 어머니
연극보다 먼저 곧은 삶을 말씀하셨던 은사님
사랑하는 벗들, 연극동지들 그리고 또 들꽃 같은 이들

빚진 마음에 구운몽 한 자락이나마
끊어 드리려 하였더니
제 꿈 이리 설고, 남루합니다.

부끄러운 마음에도 뜰에는 봄이 내립니다.

백하룡 희곡집 · 1

차례

꽃피자 어데선가
바람불어와

— 春香傳을 본뜬 모방 —

등장인물

미인
사내
사내는 1인 2역을 한다.
사내를 구분하는 것은 옷의 색깔이다.

때

숙종 연간

무대와 분위기

二分된 무대,
사내의 공간과 미인의 공간.

어둠 속에서 천을 찢는 소리가 들린다.
우리는 궁금하여서— 이제 그만 빛이 있어라!
그러면 모습을 드러내는 것들
모두다 쓸쓸하고 황량하며 차가운 것들.
금이 간 거울이며 천장을 가로지른
날카로운 광택의 쇠기둥 같은 것들.
흡사 정육점처럼
마치 고문실처럼.

1. 이별 離別

무대에는 붉은 천이 넓게 펼쳐져 있다.
한갓진 구석에 사내(연분홍 도포), 뒤돌아 서 있다.
미인은 중앙에 앉아 정면을 깊이 응시하고 있다.
헝클어진 머리, 창백한 낯빛, 시선 없는 눈동자
아마 그녀에게는 아픔이 있었나 보다.

미인	그는 떠났다.
사내	나는 떠났다.
미인	어제 그는 떨리는 목소리로 이별을 말했다.
사내	나는 어제 아름다움에게 작별을 고했다.
미인	기다리겠어요.
사내	기약 없는 이별임에 무엘 기다리겠단 말이냐.
미인	기다리겠어요.
사내	떠나가는 사랑임에 야속하지 않더냐.
미인	기다리겠어요.

사내, 두 손을 모으면 반짝 ─! 스스로 불 밝히는 반지.

사내 아름다움이 나에게 건네 준 반지…!

미인, 두 손을 모으면 반짝 ─! 스스로 반짝이는 거울.

미인 뜨거운 사랑이 나에게 건네준 거울…!
사내 나는 떠났다.

반딧불이처럼 사내는 어둠 속을 헤집고 사라진다.
여자는 온몸의 신경을 곤두세워 사내의 떠나감을 느낀다.
마침내 온전히 사라지는 사내여…
여자가 할 수 있는 일이란, 숨죽여 흐느끼는 여린 어깨 뿐
잠시 후, 여자는 허물어진 몸을 곤추세우며 일어선다.
천을 찢으며.

미인 아프다 ─!
내 사랑이 아프다.
떠나가는 내 사랑이 아프다.
아, 떠나가는 사랑은 얼마나 아픈가
사랑아 ─!
너 안녕하던 사랑아
너 손짓하던 사랑아
너 맹세하던 사랑아
너 순금純金같던 사랑아
하지만 아픈 사랑아 ─!
너 얼마나 그리우랴고 이리 아픈 통증으로만 오느냐.

창唱 (먼 데서 아주 낮은 소리로)

황혼에 홀로 앉아 무엇을 구하려는가
가까운 곳 님 생각에 원망만 하염없다.
달은 밝아 영원한 꿈속으로 가라앉는데
아름다운 꽃 봄 따라 떨어지니 일 년이 서글프네.
가슴이 차가운 쇠 아님에 어찌 진정시킬 수 있을까
몸은 새장 속에 있어 자유롭지 못하네.
세월 빛 마음 어겨 늘 빠르기만 한데
다리 밑 바라보니 무심한 물만 흐르고 있구나.

미인　기다리겠다.
　　　괴롭고 원통한 밤이 밀려들지라도
　　　외로움에 뼈 속이 사무쳐 오더라도
　　　사랑아, 나는 기다리겠다.

미인은 찢은 천을 엮어 난간에 매단다.

2. 정변政變

사내(청사도포)가 작은 탁상을 앞에 두고 좌정해 있다.
그는 젊고 뚜렷한 이목구비를 가진 미남자(美男子)이다.
창백한 낯빛과 빠른 턱선이 그의 섬세하고 예민한 一面을 읽게 한다.
하지만 그것은 또한 그의 유약하고 신경질적인 면을 떠올리게도 한다.
그는 일기를 쓰고 있고, 그의 등 뒤로 여러 개의 위패(位牌)들이 보인다.

사내　대왕의 성정은 기괴하여서— 어제의 충신이 오늘의 역적이 되곤
　　　했다. 하여 궁宮은 피비린내로 진동하였다. 얼마 전의 정변政變에

서도 강만철, 이경의 등은 처형당했고 참교 이태서, 홍유하, 강윤석, 최서린, 체부서원 신후징, 정언구 등은 장하杖下에 숨졌으며 가까스로 살아남긴 하였으나 예조판서 오정창, 훈련대장 유혁연, 부제학 민종도, 호조판서 오정위, 이조판서 이원정, 판서 홍우원, 승지 조사기, 병사 이집, 참판 권대재, 헌납 윤의제, 좌참찬 이상립, 강화유수 정유악 등은 천애고도로 유배되거나 갖은 죄목으로 처벌당했다. (사이, 일어서 위패 쪽으로 옮기며) 모두 나의 벗, 나의 스승들인 것을! 도대체 몇 번의 난리가 훑고 지나갔는가! 西人에서 南人으로, 남인에서 서인으로, 또다시 서인에서 남인으로 이제 또 서인으로─.

소리 진도로 유배 간 윤의제를 사사하라 ─!

사내는 위패를 하나 더 모신다.

사내 내 이름은 변卞자 학學자 도徒자요, 조지서造紙署의 지평持平이다. 내 비록 품계品階가 낮아 목숨을 부지했다하나 저들은 나마저 죽이려 호시탐탐 기회를 엿보고.
소리 탐라로 유배 간 이상립을 사사하라 ─!
사내 모질어라, 정적政敵이여. 단호하고 빈틈없는 보복이여. 어찌 죽이려고만 드느냐!
소리 함경도로 유배 간 정유악을 사사하라 ─!
사내 너희들의 보복은 이렇게 잔인하구나. 의심은 또 이토록 깊고 끈질기구나. 두려움에 떨며 벼슬을 부지하는 것은 얼마나 처량한가. 차라리 저자바닥의 한량처럼 주색이나 탐하고 말 것을 ─ (외친다) 간곡히 아뢸 말씀이 있습니다!

긴 사이.

사내 대왕을 배알하고 낙향할 뜻을 내비쳤다. 왕은 말없이 나를 쏘아

보았다. 두개골이 쪼개지듯 강렬한 눈빛이었다. 등에서 식은땀이 흘렀다. 심장이 너무나 팽창했기에 온몸을 타고 둔탁한 진동이 느껴졌다. 나는 두려운 상상에 치가 떨렸다. 왕이 성큼성큼 다가 와 철퇴로 내 머리를 부숴 버릴 것만 같은. 머리는 퍼석거리며 수 박통처럼 으깨져 내릴 것이다. 침묵이 만든 불량한 공기는 숨을 막히게 했고 곤두선 명치는 저려왔다. 쿵 — 하는 왕의 소리. 그 소리에 혼몽하던 정신은 가파르게 현실로 돌아왔다. 공포를 억누 르며 가까스로 왕을 올려다보았다. 붉게 충혈된 눈, 사이에 백태 처럼 끼인 살의殺意… 진저리를 쳤다.

소리   너를 죽이라 하더라 —.

사내   아 — 나는 허리가 꺾였다. 온몸에 피가 모조리 빠져나간 듯 그저 백짓장처럼 하얗게 질려만 갔다. 그저 나는 애원하듯… 아버지, 아버지… 아, 아버지… 그저 아버지, 아버지… (사이) 왕은 타구에 가래를 몇 번 뱉고 갈라진 목소리로 말했다.

소리   안색이 파란 너의 모습, 너를 살린다.
        온몸을 떨고 있는 너의 모습, 너를 살리며
        목숨을 갈구하는 애절한 너의 모습, 또한 너를 살린다.
        아무렴 신하란 그래야지, 자고로 신하란 그래야 하는 것을.

사내   (읍하며) 아, 아버지…!

소리   학문이란 두려움을 알고 배워 가는 것, 짐을 두려워하고 짐을 경 외하는 것이 신하의 도리며 현자賢者니라.

사내   아버지, 하혜로운 나의 아버지….

소리   벼슬마저 내리는 짐의 한없는 은혜.
        너 남원부사로 내려가라 —!

사내   백골이 진토될 충정으로 아버지 —!

소리   내 의심이 네 속에 불온한 것을 보지 말며
        네 속에 불량한 것이 내 의심을 살찌우지 말고
        너를 죽이라는 많은 상소가 있었음을 잊지 마라.

사내   (천천히 몸을 일으키며) 너희가 날 죽이랴 들었지만 나는 살아남았다.

(사이) 내 어디 녹록할 것 같더냐? 두고 보아라. 나는 살아 남을 것이다.

아니, 나는 살아야겠다. 술을 가져와라 술을! 더하여 계집이 있어야겠다, 계집이!

3. 그리움

난간에 매달아 놓은 천을 타고 오르려 하는 미인,
쉽사리 오르지 못하고 자꾸만 미끄러져 버릴 뿐.

미인   동림숲 오리정에서 그를 떠나보냈다.
더 이상 흘릴 눈물도 없이 나는 그저 수척했었지.
가던 모습을 물끄러미 바라볼 제 이만큼 보이다 저만큼 보이다,
달만큼 보이다 별만큼 보이다, 종내는 훨훨훨….
하얀 나비처럼 사라져가던 님이여!
나는 빌었다.
영영 이별되지 말길 빌고 또 빌었다.
가던 길을 되돌아오라고 빌었다, 빌고 또 빌었다.
허나, 님은 무심했구나.
망막에 걸리우는 눈물 같은 것이야 부질없을 뿐이었구나.
님은 얕은 시선 한 번 없이 사라질 뿐이었구나.
그저 아슴프레…
하여 끝내 사라졌구나.
아조아조 사라져 버렸구나.
어쩌나, 그리움아 —!

4. 대면對面

술을 마시던 사내, 미인을 쳐다본다.

사내   너는 누구냐! 누구관데 이리 절절히 그리움을 말하느냐?

미인은 한껏 날선 고슴도치처럼.

미인   부사님이 절 불러놓고 저를 모르신다하니 무슨 말씀인지요.
사내   내가… 널 불렀더냐?
미인   부사님이 절 불렀습니다.
사내   해서?
미인   온종일 아무 말씀 없이 술만 드셨습니다.
사내   내가 그랬더냐?
미인   부사님이 그랬습니다.
사내   너는 관기官妓인 게지….
미인   저는 기생이 아니건만 당신은 그리 생각지 않으셨지요. 사령을
         시켜 세 번이나 저를 찾으셨습니다.
사내   여염집의 아낙을?
미인   어미는 비록 기생이오나 기안妓案에 책명치 아니하고 여염생장 했
         습니다.
사내   혹여 네가… 춘향이라는 아이더냐?
미인   명민한 분이라 들었습니다. 이제사 기억을 하셨다니 의외입니다.

사내는 미인의 모습을 찬찬히 뜯어 본다.

사내   해도 같고 달도 같은 어여쁜 계집이었다.

작은 외씨 같기도 하고, 하얀 배꽃 같기도 한 계집이었다.

아닌 척 했지만 가슴이 떨렸다.

아닌 척 했지만 흠칫 숨이 막혔다.

계집은 그렇게 표표히 아름다웠고, 나는 그토록 숨막혔다.

그러나….

미인 과년한 숙녀를 강제함은 부사의 도리가 아니오, 그 마음 또한 짐작할 바 없사오니 이제 그만 보내주시지요.

사내 계집은 도도했구나.

한껏 움츠린 고슴도치처럼 제 속의 창문은 모두 닫고, 한껏 가시를 세우고 있었다.

세상 모두가 네 아름다움을 칭찬하기에 얼굴이나 한 번 보고자 함이었다.

미인 제 얼굴을 보고자함이 원이었다면 이제 소원을 이루었을 터 보내주시지요.

사내 맹랑하구나. 내 너와 한평생 살고자 하는 것도 아닌데 영 놓아주지 않을까? 예까지 온 것도 인연이거늘 술이나 한 잔 올리려므나.

미인 지아비가 있는 몸, 그리 할 수 없습니다.

사내 혼인을 하였단 말이더냐? 듣지 못한 것을.

미인 비록 생이별하였으나 구관 사또 자제와 백년가약 받들기로 단단맹세 하였습니다.

사내 나는 싸늘해졌다.

계집은 지금 정적政敵의 대해 말하고 있는 것이 아닌가.

(차갑게) 내직으로 올라간 동부승지 이한림을 이르는 말이더냐.

미인 그의 자제를 말함입니다.

사내 내 안에선 조소와 질투가 맹렬히 끼어들었다.

혼사도 안 치룬 사대가의 자식이라고 들었다. 외방에 나와 하는 짓이 겨우 작첩作妾이라니 그 집 자식도 알만하구나.

미인 (반발하며) 첩을 들인 게 아니오라 백년가약 받들기로 단단맹세 하였다 했습니다.

사내	(슬몃 비웃으며) 무엇이 그렇게 단단하겠느냐. 천기賤技의 대한 양반의 약속이란 깨지기 쉬운 거울 같은 것일진데.
미인	누누이 말씀드리온만 저는 기생이 아니옵니다.
사내	기생의 자식이 기생이 아니면 무엇이 기생이더냐?
미인	제 비록 어미가 기생이라 하여도 아비는 양반이었습니다. 더하여 기안에 책명치 아니하였다 하지 않았습니까!
사내	어미는 부정하고 얼굴 한번 본 적 없는 네 아비를 들먹이려는 참이냐?
미인	(사이) 하여도 저희의 사랑은 바위보다 굳고 강철보다 강한 것을!

사이, 여자를 뚫어지게 쳐다보는 사내.

사내	네가 그리 생각하고 싶은 게지.
미인	우리의 사랑이 그러했고 우리의 믿음이 그러했습니다.
사내	그렇지 않을 것이다.
미인	부사님이 무엘 안다고!
사내	내 비록 그 자의 자제에 대해서는 잘 모르나 이한림은 조금 아는구나. 한양 삼청동 태생으로 서인西人 명문가의 집안, 벼슬길에 들어선 것은 모두 선영先塋의 덕이라.
미인	잘못 아신게오! 전임 부사님은 현명하기로 칭찬이 자자했습니다.
사내	똑똑하기로야 두말할 나위 있으랴. 과천현감, 금산군수, 남원부사 외직으로만 전전한 것은 오로지 사화士禍를 피해 제 한 몸을 보호하고자 함이었을 터.
미인	선정비도 보지 못하였습니까? 덕 높은 부사로 칭송이 자자….
사내	(자르며) 허긴 과천이고 금산이고 이곳 남원이고, 그 자가 머물다 떠난 자리는 무엔 일인지 선정비로 가득하더구나. 허나, 굶주려 유랑하는 백성들이 어디 조금이라도 줄었더냐?
미인	(사이) 해서 무슨 소리를 하고자 하심인지요?
사내	보통 선정비가 요란한 자들 중엔 비열한 행태를 일삼는 자 역시

많다.

미인 비열한 자…!

사내 그 자의 아들 역시 그러하더냐.

미인 어찌…!

사내 아비를 보면 자식을 아는 법! 그도 비열하고 졸렬할 것이다. 그가 어디 사랑한 것이겠느냐. 잠시 춘흥을 못 이겨 널 희롱한 것이겠지.

미인 혹여 부사님의 사랑일랑 그러한 줄 알 수 없으나 우리의 사랑은 그렇게 저열하지 않습니다! 우리의 만남, 우리의 사랑, 우리의 맹세는 그저 유리처럼 맑고, 순금처럼 빛나는 줄을!

사내 증명할 수 있겠느냐?

미인 …!

긴 사이.

사내 (차갑게) 네 한사코 여염집 계집인 척 수절이니 정절이니 들먹인 것은 봐주겠다. (사이) 허나 한없이 순수하다는 네년의 그 잘난 사랑을 증명했을 때의 일. 어디 한 점의 불순물이라도 끼여있단 봐라. 단연코 기생의 예禮를 따르게 할 것이니. 가거라.

미인은 다시 천을 타고 오르려 한다.
자꾸만 미끄러져 버리면서.

사내 (미인을 쳐다보며) 이상한 마음이라니. 외려 보풀거리는 다홍치맛단은 이리 더욱 선명한가. (사이) 맹랑하고 도도한 계집이거늘, 가엾고 어리석은 창기일 뿐이거늘.

사내는 술을 마신다.

5. 상처傷處

천을 타고 오르려 안간힘을 쓰며

미인   하루 가고 이틀 가고, 한 달 가고, 날 가고,
달 가고 해가 가도 오직 임의 생각.
꽃이 피어도 임의 생각, 빗소리 들려도 임의 생각,
별만 떠도 임의 생각, 달만 떠도 임의 생각,
가을 바람에 낙엽만 져도 임의 생각.
저기 울고 가는 기러기만 보아도 임의 생각 또 임의 생각.
저 안의 모든 것들! 머리카락이며 땀이며 피며 즙이며
모두 당신으로 귀결되었음을!
당신, 당신은 지금 없지만 당신은 또한 가득합니다.
장독대를 따라 핀 봉숭아꽃들보다 더 울울하게 당신은 들어 차
있습니다.
앉고 눕고 놀던 데와 옷 벗어 걸던 데와 오르내려 신 벗던 곳까지
당신은 여전히 가득 차 있습니다.
숨막혀 온통 당신뿐입니다.
그리운 당신… 차마 당신!

사내는 일어서 미인의 곁으로

사내   그날은 봄이었구나.
미인   (끄덕이며 그저 먼 데 하늘만) 맞소. 한도 끝도 없이 환한 봄이었어
라….
사내   너는 무엇을 하고 있었느냐?
미인   한 번 굴러 앞이 높고, 두 번 굴러 뒤가 멀어, 나는 새처럼….

사내   너는 추천을 하고 있었다. 헌데 한량들이 득실대는 광한루 숲 속이라?

미인   그날이 단오요! 사대가 규중심처 마나님이래도 탈없는 거 아니어라?

사내   해서 구관 사또 자제를 향해 추파를 던진 게고? 멋모르는 사대부가의 어린 사내를 유혹하려고.

미인   잘못 아신게오. 도련님이 먼저 방자를 보냈습니다.

사내   잘 타일러 보내야 함이 마땅함에 하물며 해수혈 접수화海水穴 蝶受花라!

미인   그것이 제 사랑을 증명하는 것과 무언 상관이오?

사내   부정하던 음란한 네 피에 대해서 말하는 것이다. 어쩔 수 없는 창부의 자식임을.

미인   (원망스럽게) 그래요, 저는 기생의 자식이오. 하지만 음란하다니요. 계집이 사내를 바라보고 설레는 것이 어디 음란이오!

사내   정숙한 아녀자에게 그런 법이 있더냐?

미인   날랑 그러한 법도는 잘 모르오. 그날은 왜 그런지 새만 날아도 웃음이 나오고, 하늘을 떠도는 작은 구름만 봐도 웃음이 나오고… 무어라 설명할 수 없는 감정으로 충만해서 나는.

사내   에둘러 말하지 마라. 내 네 진심을 말해줄 테니. 네 년은 처음에 방자가 하는 말에 시큰둥했다고 하더라. 헌데 갑자기 마음이 변했지? 방자가 — 저어게 멀리 티끌처럼 서 있는 사내의 동승 삼촌이 이조참판이요, 부원군 대감이 당신 외삼촌이며 시직 남원부사의 자제라 — 그러자 그 말이 끝나기 무섭게 부쩍 호기심을 냈고. 설마 부정할 셈은 아니겠지? 이리허여도 네 사랑이 순수했더냐?

미인   아니오! 아니, 조금은 호기심이 더 나긴 했지만 아니, 그게 아니라 그것은 아침에 어머니가 — 아매도 니 서방 될 분을 만날라나 내 좋은 꿈을 꾸었다 하기에….

사내   옳거니! 허니 그게 네 어미까지 작당하였단 소리로구나.

미인   무슨 소리시오!

사내	모두가 작당하여 계산된 행동.
미인	계산된 행동이라니요!
사내	늙고 노련한 창부인 어미와 그 딸이니 어련할까.
미인	어찌…!
사내	네 어미는 신관 사또가 부임한 것을 알고 있었지. 허나 이미 자기는 늙고 추레해져 있는 몸 … 그는 열심히 아전들에게 뒷돈을 쥐어주며 상황을 염탐했겠지. 어쩌면 방자란 놈일 수도 있겠고. 그래서 아둔한 미장가 전의 자식이 있다는 것도 알게 되고. 네가 추천하러 그곳에 간 것 역시 다 계산된 행동. 하긴 양반 사위를 얻는 것이 기생인 네 어미의 평생 원이었을 테지만.
미인	(노려보며 차갑게) 그래서요.
사내	불경스런 문구로 꼬드겨 야심한 밤중에 찾아오게 하였고. 혈기방장한 아이임에 네 년 유혹에 쉽게 넘어갔을 터. 하여 어린 그를 윽박질러 혼인서약을 강제케 하고.
미인	그래서요.
사내	더 이상 무에 다른 말이 필요하겠느냐!
미인	….
사내	왜 아무 말이 없느냐? 허긴 할 말이 있을 턱이 없지. 사랑은커녕 죄 또한 이보다 악질적인 죄가 있을까. 모녀가 작당하여 사대가의 자식을 윽박질러 혼인케 하고 더하여 불효를 짓게 해? 그것 참으로 순금같은 사랑이구나.
미인	…!
사내	하지만 어떡하느냐. 나는 일찍이 이토록 더러운 사랑을 본 적이 없음을. 나는 이렇게 더러운 사랑을 본 적 없다!

미인은 그저 백짓장처럼 질려버리고…
이내 울컥거리는 분노와 참담함이 그녀를 짓밟고 지나간다.
그녀는 점차로 몸이 숙여진다.

미인　차가운 바람이 한줄금 있었나 보다. 서늘한 바람….
　　　구름같은 머리털은 그저 바람같이 흩어졌다.
　　　이토록 심한 모멸이라니— 부정당하는 사랑의 억울함이라니.
　　　앵도 같던 입술은 하마 벌써 외꽃 같이 노래졌고나.
　　　샛별 같던 두 눈이야 그저 그득 눈물로만 가득찼고나.
　　　하지만 나는 왜이리 연약하기만 한가.
　　　모멸감을 앞에 두고 제대로 꼿꼿하지도 못하는가.
　　　분 같은 얼굴은 숙여만 졌다. 물먹은 종이처럼, 힘을 잃고 수그
　　　러졌다.
　　　하지만 어찌하여—.
　　　나는 앞으로만, 앞으로만 숙여지는가.
　　　억울함과 분함을 두고, 모욕과 모멸을 앞에 두고 어찌하여 숙여
　　　만 지는가!

　　　미인은 온전히 수그러져 땅에 붙는다.
　　　사내는 그 모습에 마음이 아파지려 한다.
　　　조금씩, 조금씩 아파지려 한다.
　　　그래 사내여, 네가 원한 것은 이것이 아니지 않느냐.
　　　네 이성理性이 너무하여 감성感性을 울렸음에 이제 너의 날카로움을 다스려
　　　야지.
　　　그리하여 사내여, 너는 어떤 말이라도
　　　어떤 작은 행동으로라도 그녀를 달래 주어야 한다.
　　　비록 위태롭지만 어쩌면 위험하지만.

사내　내 마음이 조금은 그렇구나. 그래, 나는 그랬던 게지. 네 아름다
　　　움만큼 네가 강한 줄로만 알았던 게야.

　　　미인은 죽은 듯 미동도 않고

사내 그래 그것이 아프게 했겠구나. 네 연약함을 잠시 잊고 말이지. 그래 넌 연약할 뿐인데. 너는 여린 한 떨기 꽃처럼만 한데….

연약함이란 말이 미인을 일으켜 세운다. 그녀는 천천히 몸을 일으킨다.

사내 (사내는 오해한다) 그럼, 너는 아름답고 말고. 화용월태花容月態라니— 가련한 듯 청초한 꽃의 모습, 애처로운 듯 교교한 달의 자태… 어디, 꽃에 견줄까. 네 아름다움을 무엇에 비교할 수 있겠느냐. 이 마음은 진정이고 어쩌면 한때의 네 사랑 역시 진정일 수도 있겠구나. 아니 당연히 그럴 것이다. 너를 보고 너의 미모를 보고 눈멀지 않을 사내가 어디 있을까. 그 역시도 그 중에 하나였을 테고… 어쩌면 사랑했겠지, 아무렴.

미인 (묵묵히 사내를 쳐다본다)

사내 하지만 이미 떠나갔다. 너도 알다시피 떠나간 것은 부정할 수 없는 사실이다. 비록 사랑하였을 테지만 이미 과거의 일이다.

미인 (그저 묵묵히)

사내 단연코 그는 돌아오지 않는다. 생각해 보아라. 혼사도 치루지 않은 사대가의 자식임에 외방출입이 무엇이겠느냐. 문외송출門外送出은 물론이거니와 과시科試도 치루지 못할 것이다. 그는 잊어라. 그만 잊어버려라. 그를 잊고 나와 더불자꾸나. 네 원하는 것이 무엇이더냐?

미인 (그저 묵묵히, 묵묵히)

사내 네 원하는 것이 부귀더냐, 영화더냐? 그가 이루어 줄 수 있는 것은 나 역시 이루어줄 수 있구나. 내 모든 것을 다 이뤄주겠다. 내 그보다 널 더욱 사랑할 줄 누가 알겠느냐.

미인 값싼 동정, 추잡한 회유 이것이 부사님의 사랑입니까.

사내 (그의 감성은 가파르게 이성으로)

미인 명철한 부사인 줄 알았더니 한낱 욕정에 눈 먼 소인배일 따름입니다. 당신이 절 사랑할 수 있을 것 같습니까.

사내   수치스러움이라니, 모욕이라니. 한낱 계집에게, 그것도 창부에게!
        내가 미욱했구나. 잠시 네 아름다움에 현혹했구나.

미인   사랑이 어디 쪼개고, 나누고, 분석하여 논리로 이성으로 윽박지르는 것인 줄 아셨습니까. 사랑이 회유하고, 협박하고, 강압하여 얻을 수 있는 것인 줄 아셨습니까?
        부사님은 사랑을 모릅니다. 사랑할 자격 역시 없습니다.

사내   네가 날 가르치려 드느냐. 네 음란하고 천박한 피와 네 사랑의 위선을 다 밝혀낸 마당에 되려 날 능멸하려 드느냐!

미인   그처럼 밝으신 혜안으로 미천한 계집의 심중이나 헤아리십니다. 한 끼니 죽조차 어려운 곤궁한 백성들은 헤아리지 않으시고요.

사내   네 이년 모자라 모욕까지!

미인   부사님께선 어찌하여 절 모욕하며 이부二夫를 섬기라고 드시나이까? 기생의 절행이 따로 있고 사대부의 절행節行이 따로 있는 것이 아님을 저 보다 더욱 잘 알지 않으십니까? 충신은 불사이군이요, 열녀부경이부절이라 함은 고귀지엄하신 사대부님네의 논리가 아니옵니까? 부사님은 나라가 불행하여 도척이 강성허면 두 임금을 섬기실 작정입니까!

        사이, 사내는 숨조차 제대로 쉬지 못한다.

소리   남원 부사란 네게 과했던 게지. 아무렴, 관기에게 농락당하느냐. 남원 부사조차 네겐 과했던 게지!

사내   아, 아버지…! (사이) 네 이년, 네 년이 정녕 과했다!

        그는 거칠게 미인을 낚아채 끈으로 허리를 묶는다.
        사내는 끈을 당겨 완력으로 난간 높이 미인을 끌어올린다.

사내   이리하여도 사랑이더냐?

미인　　더 높이 올려주시오. 아직 동림 숲 나무 하나 뵈질 않으니.

사내　　네 년은 죽음 앞에서도 위악이구나.

미인　　더 높이 올려주시오. 오리정五里停 처마조차 보일 듯 말 듯.

사내　　악물惡物에 악한 년이라니… 네 원이 정녕 그러한데 내 어디 못할 쏘냐.

미인　　사대문 밖 다다르면 내 말해 주리다. 하여 그때는 주저 말고 사지를 찢어주오.

　　사내는 악이 바쳐 더욱 높이 그녀를 끌어올린다.
　　끌려 올라가는 높이는 그녀의 그리움의 높이, 자존심의 높이, 사랑과 갈망의 높이.
　　그녀가 올라갈수록 멀어지는 사내는 그녀와의 간극을 말하는 것이리라.
　　이내 사내는 무대 밖으로 사라진다.
　　난간 높이 그저 매달려 있는 미인,
　　그녀의 꺾인 몸과 늘어진 다홍치맛단은 더 없이 붉고 비감하여서.

미인　　어찌하여 당신은 보이지 않는가.
　　내 그리움이 얼마나 절절하여야 당신은 보이랴는가.
　　하늘에 다다르는 혼백이 되어서야 보이랴는가.
　　당신은 머리카락 한 올 보이지 않으시고…
　　먹먹한 통증, 나는 아픈데… 아파서 더욱 그리운데.
　　이내 속상함이야 알아줄리 없다 해도 오마는 약속마저 잊었는가!
　　어이하여 절 향한 그리움일랑 생각지도 못하신가.
　　아흐, 당신은 언제 오시랴고.
　　사해 넓은 바다 육지 되거든 오랴는가,
　　태산 상상봉이 평지가 되거든 오랴는가,
　　마두각馬頭角 하거든 오랴는가, 오두백烏頭白 하거든 오랴는가.
　　나는 이처럼 아픈데 하지만 당신은 언제 오시랴고!

고개가 꺾인다.

밀려드는 어둠.

6. 숨바꼭질 / 꿈夢

무대 밝아온다.

미인은 여전히 매달려 있지만 그녀는 왠지 표정이 밝아서,

몰래몰래 들어오는 그림자, 장난기 가득한 사내(분홍도포)의 얼굴.

인기척에 방긋 웃는 미인.

미인   지는 도련님 보지 못하였다오.

사내   들키었나?

미인   못 보았다고 하지 않았소?

사내   알은 체 다하고선… 내 재미없어서 안 할란다.

미인   에그, 사내가 줏대가 없소? 그냥 모른 척 놀래키면 되지라.

사내   싫다, 네 다 알아 버렸는데 뭣하려고.

미인   헌디 무슨 일 있소? 어째 몰래몰래 행차하시었소?

사내   무슨 일이 있것냐. 너 잠 놀래키려 그랬지. …쪼매는 도둑괭이나 같던가?

미인   (짐짓 놀라는 척) 아이고 무서버라! 하믄요, 꼭 도둑괭이만큼이나 혀 요.

사내   어라? 이제 와서 놀란 척 하면 믄 소용이냐!

미인   눈치 채서 재미없소? 허면 다시 갔다 오오.

사내   에그, 싫다. 아까처럼 발자국만 듣고선 —지는 도련님 보지 못하 였소— 이러려고?

미인   아니어라!

사내	정말로 다시 갔다오면 속아줄랑가?
미인	(끄덕이며) 참말로! 허지만 소녀 가심이 꼭 덜 여문 강낭콩만치 허니 조심허시오.
사내	고건 또 무슨 소리인가?
미인	(가슴에 손을 짚으며) 우얀 일인지 요새 가심이 두근두근 조마조마헌 것이….
사내	어데, 청심환 사다 주랴!
미인	(도리도리) 아니 되얏소. 고것 쓰서 먹고 잡지 않소.
사내	그럼 침이라도 놔주랴?
미인	(흘기며) 짬만 나면 우째 콕콕 찌르려고만 드요? 고것도 되얏소그려!
사내	(조금 능글맞게) 니 말하는 폼새가 침이 직빵인데 뭘 그러냐. 어데, 어데를 놔줄까?
미인	(붉히며) 누가 듣것소. 벌건 대낮부터 남새스러웁게….
사내	너 나 좋아 생긴 병이니 내가 고쳐야제.
미인	(샐쭉거리며) 아직 안 가시었소? 어여 저짝까정 갔다오오.
사내	갔다오면 순순히 한 대 맞을텨?
미인	(농익은 복숭아처럼) 능란한 도둑괭이 조구(조기) 낚아채드끼 하믄 저가 우짤 수 있것소.
사내	그으래? 잠만 기다려라. 후딱 갔다 올 테니.
미인	하믄 지는 모른 척 그네를 타고 있을랴오.
사내	(가려다 멈칫하며) 헌데 왼 종일 추천인가. 어지럽지 않어?
미인	(머리를 짚으며) 글고 보니 쪼매 현기증이 나기도 허요.
사내	빈혈인가?
미인	(갸웃거리다 끄덕이며) 그런가? 아니지, 울 이모 애 뱄을 적하고 꼭 같으네. 어데 애가 찼나?
사내	애가 들어!
미인	뭘 그리 놀라시오? 애가 찼으믄 놓으믄 그만이제.
사내	놓다니! 지금 농담할 때가 아니다. 그거 참말 아니지?

미인	그것이 아리송허지. 근작에 부쩍 시큼한 것이 먹고 잡고… 을매나 좋을꼬, 풋살구 한 입 베어물믄… 아이 셔라! (흉내를 내며 한껏 얼굴을 찡그린다)
사내	무어라!
미인	어마어마 우리 되련님 좀 보소. 이젠 아주 사색이 되얏네? (까르르 웃는다)
사내	허면 농담이지?
미인	(정색을 하고) 애 들었을까봐 그리 걱정되오?
사내	해서 농담 맞지?
미인	(조금 쓸쓸해져서) 걱정 마소. 왼종일 추천해서 좀 어지러운 것이오.
사내	허면서 맨날 추천이야?
미인	되련님은 사내라 잘 모르오.
사내	무에 큰 뜻이라도 있나?
미인	하믄요, 지한텐 그것이 그냥 소일거리가 아니라오.
사내	암만 봐도 노는 것인데 뭘 그러냐.
미인	요즘은 우째 맴이 심란허고 갑갑헌 것이 미치것소. 앞날을 생각 허믄 따신 봄날같을랑가 싶다가도 우짤때는 어쩌키나 불안튼지. 그란때는 그네라도 안타믄 진종일 손에 잡히는 것도 읎고 맴만 어지러브니… 혀도 그네를 타고 있으믄 쪼매 나서라. (먼 데 하늘을 보며) 훨훨 날아가 저게 저 구름 우에 한번 가 봤심은 을매나 좋을 꼬….
사내	너가 종달이냐 꾀꼬리냐 어딜 날아가서 어딜 닿아?
미인	종달이만 같으믄 두말할 것이 있을까. 갑갑하믄 한 번 날갯짓하 고, 가심이 답답해도 한번 날갯짓 하고… 허긴 요런 맴을 당신이 알랑가 싶소만.
사내	야이야, 나도 좀 알자. 그래 그런 맴이 어떤 맴이냐?
미인	됐소. 사내들은 갈켜줘도 모른다오.
사내	사내라도 나는 니 낭군인데?
미인	그리 궁금허믄 기집애로 태어나 보소.

사내 (손사래를 치며) 아니다, 그렇게까지는 되얏다.

미인 그것 보오, 그럴 것도 아님서… 계속 고렇게 있을 거라우? 해 지
     것소!

사내 허, 정신이라니… 어데 저짝 저만치만 갔다오믄 될라나?

미인 (끄덕이며) 도둑괭이처럼 살금살금 갔다 오시오.

사내 (다짐을 받으며) 니 자지러지게 놀랜 척 해 주어야 한다.

     사내는 무대 밖으로 황망히 사라진다.
     미인은 눈을 감고 기다린다.
     하지만 사내는 다시 올 줄 모르고
     속절없이 시간만…

     ― 낙엽이 진다.

미인 (까르르 웃으며) 도련님도 의뭉스럽긴… 오신 것 내 아오. 소리 난
     것 다 들었응께. 아참, 모른 척 해 달랬제. 자 ― 모른 척 헐텡게
     어서 놀래켜줏시오. 으째, 암 소리가 없어라? (살짝 눈을 뜬다, 우수
     수 낙엽) 낙엽? (눈을 감는다) 지는 눈뜬 적 없소. 소리나도 모른 척
     해줄랑게 그저 빨리나 오시오.

     ― 바람이 분다.

미인 (살짝 웃으며) 간지럽소. 지를 흔든 게 당신이지라? 뜸들이지 마시
     고 어서 담쑥 안아 내려주시오. 고렇게 사브작 어깨만 토닥거리
     지 마시고… 왜 암 소리가 없소? 뭐 하고 있소… (살짝 눈을 뜬다, 다
     시 바람이) 바람 늬였냐? 그렇고나… 왜이리 늦으신가? (다시 눈을
     감는다) 지는 눈뜬 적 없어라. 그라고 쬐금 어지럽기도 허오. 그라
     니 어여 오시오.

― 별이 깜빡거리며 뜬다.

미인 깜빡! (조금 새침하게) 되련님 기다리다 목 빠지는 줄 알았소. 내 쪼매만 더 늦었어도 다시는 안 볼 생각했으라. 뭐하고 있소? (살짝 웃으며) 허긴 이젠 그즌 도둑쾡이 다 되긴 되얏소. 고렇게 얕은 소리로 올 줄을 다 아시고… 근데 암 기척이 없소? (사이) 여보 도련님! (눈을 뜬다. 별이 깜빡) 별?! 늬였냐? 작것이! 콩알만한 것이 일케 사람을 놀래키끄나. 헌데 도련님은 이리 늦으신고… 왔어도 발쎄 왔어야 옳을 것인데. (눈을 감으며) 이제 그만 오시오. 늦으신게 불안코 근심스럽소. 그라고 쪼큼 무섭기도 허고, 어지럽기도 어지럽고. 어여 오오.

― 달이 딸각거리며 뜬다.

미인 딸각? 히히 딸각! 내 오신 줄 다 아오. 소리로 안 거 아니어라. 사실 소리도 소리지만 감고 있는 눈자위로 짐 환하오. 그래서 알은 것이오. 되련님일랑 해도 같고 달도 같으니 요리 환한 것은 되련님 말고 또 있것소. 혀도 어지간히 애간장 태우시다 오시엇소그려. 왜 그러오. 그렇게 있시믄 무슨 뽀대가 나오? (눈뜨기가 겁나서) 되련님 걱정 많이 했소. 아니올까봐 걱정한 것은 아니어라. 어데 늑대나 같은 것이 물어 갔으믄 으짤까… 요사한 여수새끼가 혼을 빼갔으믄 으짤까… 혹은 고것들 잡자고 놓아둔 홀랑개에 발목이 죙여서 낭패를 본 것은 아닐까… 히히, 홀랑개는 우스개어라. (사이) 지 많이 힘드오. 인제 정말 내려주시오. 자꾸 의뭉떠시랴오! 눈 뜨고 나설랑 재미없다 못하겠다 해도 소용 읎소! (눈을 뜬다, 주위를 두리번거리며) 여보― 여보, 도련님―! 어데 숨으시었소! (점차로 구름이 가리어지는 달) 달―? 달―! (불현듯 무섭증이 밀려들며) 도련님― 여보, 도련님―! 무섭소, 이제 그만 나오시오―! 나무 뒤에 숨으셨소? 비석 뒤에 숨으셨소. 무섭소, 지가 무섭소― 그만 보듬어 내려주시오! 여보, 도련님—!

속절없이 바람만… 틈타 도채비는 휫휫, 귀신불은 번듯번듯
어데선가 아픈 듯 울음 울며 으으으으— 히히— 어으— 이렇듯 하고.

7. 욕정欲情

미인은 여전히 매달려 있다.
흐트러진 머리, 늘어진 몸—
그녀는 이제 아프다. 아프고 혼미하다.
사내(청사도포)는 술에 흠뻑 취해 들어온다.
매달려 있는 미인의 몸을 더듬듯이 바라본다.
다홍치맛자락에 얼굴을 부비는 안타까운 욕정(欲情)이라니.

미인 이제사 오시었소…?
사내 …!
미인 저짝 저만치만 간다 하시더니 어찌 이리 늦으시어서… 그랴도 오
      시었으니 됐소. 인자 그만 지를 내려 주시오.

      미인을 안아 내린다.

미인 몸이 썽그레 하지라… 지가 많이 아팠더랬소. 그리고 무선 꿈도
      꾸고… 혀도 오시었으니 됐소… 지 좀 꼭 안아줏시오.

      미인을 안는다.

미인   일케 차갑소? 도련님 몸일랑 일케 차가븐 적이 없었는데… 무슨
      일이 있었관데 이리 차가바서… 그래도 이상하지 일케 차가븐 적
      이 없었는데… (사이) 암래도 이상혀라?

      사내는 몸을 움찔한다.
      미인은 이상한 느낌에 정신을 추스린다.
      사내를 확인하고 밀치며 비명—

미인   가…! 제발… 가, 가!
사내   (놀라 몇 발자국 물러섰다가 다시 다가오며 겨하게) 네 정녕 이러느냐!
미인   가 —! 내 사랑은 네가 아닌데 왜 —! 가, 제발 —.
사내   (강제로 안으며) 내 널 강제할 수 있음을 모르느냐! 완력으로든, 권
      력으로든 — 그 무엇으로든.
미인   소름 돋는 징그러움이라니 가—! 나는 네 것이 아니야 가, 가!

      사내는 분노를 느낀다. 그는 다가가 미인의 옷을 찢는다. 강제하려는 듯.
      미인은 마지막 한 모금 남은 힘마저 짜내 발버둥을 치지만….

사내   그는 어디 널 사랑한 줄 아느냐. 아니다, 아니구나. 나는 들었다.
      그 자 널 처음 보고 뭐라 하였는지를. 그네 뛰는 그 계집이 퇴기
      월매의 딸 춘향이라 하자 일개 기생의 자식이라 지가 부르면 부
      르는 대로, 하룻밤 풋사랑이야 익은 밤톨 까기보다 쉬울 것이라
      고!

      미인의 몸은 갑자기 굳어 버린 듯,

미인   너는 나를 협박하고, 너는 나를 회유하고, 너는 논리로, 너는 이
      성으로, 너는 힘으로, 폭력으로 이제 너는 거짓말로… 그저 너는
      차가운 뱀.

사내는 거칠게 미인의 옷을 벗긴다. 미인은 미동도 없이 방언처럼 말을 내뱉고,

미인   나는 뱀을 만났지. 나는 날름거리는 혀를 보았지. 차가운 뱀, 돋는 서늘한 소름이라니. 뱀의 수컷은 갈고리 모양의 성기性器를 가지고 자궁의 상처를, 가슴에 상처를… 다른 수컷을 받아들이지 못하게 상처를. 갈고리의 이기심은 상처를, 수컷의 이기심은 상처를, 다른 수컷이 뿌리고 간 정액을 뽑아 올리는 지독한 이기심, 수컷의 이기심은 상처를. 그 어떤 상처를 주더라도 상처를. 차가운 뱀, 더러운 갈고리. 돋는 징그러움 뱀 — 뱀 — 뱀 — 뱀아 — !

미인은 혼절을,
사내는 급격히 이성을 찾으며 뒤로 물러선다.
미인 주변으로 원을 돌며 괴로워한다.

사내   그도 뱀이고 나도 뱀인 것을! 왜, 왜!

잠시 후, 사내는 천을 당겨 미인을 다시 난간 위로 끌어올리며

사내   아 — 이토록 비참한가!
한낱 계집임에, 더구나 창부임에.
너의 비천함이 날 더욱 비참하게 하는 것을 —!
내 안의 자존심이 널 강제하진 않았다만
내 이 허물어진 자존심이 기필코 널 죽일 것이다!
내 것이 아니라면 네 것도 될 수 없음을!

사내는 폭음을 하고…

8. 사랑가 / 환상 幻想

사내(분홍도포)는 들어와 사랑가를 부르며 춤을 춘다.

미인은 보이지 않는다는 듯 그저 춤만 춘다.

미인 역시 수척한 몸, 지친 낯빛이어서 크게 반기지도 못하고

그저 희미하게 웃는데, 어쩌면 꿈이라는 것을 눈치 챈 듯, 원망치도 아니하고…

사내 사랑 — 사랑 내 사랑이야, 어화둥둥 니가 내 사랑이야 —.

미인 오시었소 — 오시었구려. 오날은 어찌하여 춤을 추며 오시었소. 무삼 기쁜 일이 있으신가? 혼차만 즐겨 말고 저한테도 좀 알켜 주오.

사내 저리 가거라 가는 태를 보자 이만큼 오너라 오는 태를 보자. 목락무변수여천은 창해같이도 깊은 사랑 생전 사랑이 이러허면 사후 기약이 없을소냐 —.

미인 무심하지라. 으째 들은 척도 않소. … 혀도 괜않소. 당신 추는 춤일랑 꼭 옛날만치는 헝게 잘 계신가 짐작되어 저도 그저 기쁘오.

사내 나는 죽어서 버들 유자가 되고 너는 죽어서 꾀꼬리 앵자가 되야 유상앵비편편금이라 가지 마라 놀거들랑 니가 난 줄 알으려므나 —.

미인 (희미한 미소만) 그래 알것소. 지지배배 — 지지배배 — 이건 제비 소린가? 꾀꼬르르 꾀꼬르르 이라믄 쪼끔 만족할랑가? 뭐 어떻소. 되련님 말씀이 그리허면 내 그것 되지라.

사내 너는 죽어 종로 인경이 되고 나는 죽어 인경채가 되야 아침이면 이십팔수 저녁이면 삼십삼천 그저 뎅뎅 치거드믄 니가 난 줄 알으려므나 —.

미인 좀 전엔 꾀꼬리 하라믄서… 사내가 줏대가 없소? 히히 그냥 한 번

해 본 소리라. 아므렴 어떻소. 헌데 머리 박꼬 죽은 까치도 있다 던데… 그 이야기 들어 보시었소? 못 들었음 지가 해 줄라오.

사배는 노래를 멈추고 자리에 풀썩 주저앉는다. 무심히 객석만

미인   과거 보러 가는 나그네 이야기오. 험한 산길을 가고 있었소. 반나 절 넘어 걸었더니 다리도 아프고 허기도 져. 해서 큰 나무 아래 자리 펴고 소금 간 된 주먹밥이나마 먹으려고 이러구 있는데… 까치가 울어라. 요란요란 그런 요란. 뭣인가 싶어 올려다 봉께 구 랭이가 ─ 이만치 한 구랭이요─ 그래 구랭이가 까치 새낄 잡아 먹으랴고 ─ 흐미, 무선 거 ─ 그냥 갈 수 있것소. 까치 새낄 구해 준답시고 고만 구랭일 죽여 버릿소. 이러구저러구 해는 지고 캄 캄하니 어둡소. 그믐밤 오솔길이야 발세 종적없으라. 산짐승 나 타날까 나그네 맴만 오뉴월 널뛰기요. 하이고 꼭 죽겠다 싶은데 저만치서 절 살리는 불빛이… 여릿여릿 나중엔 깜빡깜빡. 가 보 니 아리따운 처자 홀로 있소. ─ 뭐, 처자인지 과부인지 우짠지는 잘 모르지만 여튼 이쁘기는 저 만큼 이뻤나 보요. 히히 지가 이뿌 긴 하지라? 우째 대답이 없소! ─ 우쨌든 그 처자 밥도 채리 주 고… 지가 우렁각시도 아님서 오만 정성을 쏟는 게 아니어라. 배 불르고 등 따시니 나그네 저도 모르게 잠이 들어. 혀서 기분 좋게 잠자는데 나그네 자는 방으로 슬며시 그 처자가… ─ 하이고 남 새스럽기도 하지 ─ 여튼 그 다음 사정이사 도련님이 더 잘 알지. 아매도 우리 첫날밤하고 안 똑같았것소. (사이) 그런데 나그네 새 벽쯤 되어설람 가심이 팍팍하고 어지러버, 벌떡 잠이 깨 바라보 니 이만치한 구랭이가 몸을 칭칭 감고. ─ 아이고 무선거 ─ 그람 서 그 구랭이가 낮에 니가 죽인 거시 내 남편이다이랑께 꼭 죽을 상황 아닐끄라. 참말로 이젠 꼭 죽겠는데 나그네 이란저란 사정, 빌고 울고불고 이라니 하룻밤 살 섞은 몸 그 처자구랭이도 조금 은 안됐던지. 허믄 새복에 저짝 절에서 종소리 나믄 살려 줄 것이다. 혀도 그 절간이란 것이 몇백 년동안 아무도 없는 절인데… 종소리가 날 까닭이 있을까. 그저 죽을 순간만 기다리는데… 그때 심정이란 지금으 제 심정만큼 원통하고 절통허지. 하이고 종소리가 나야 될 텐데. 뎅그랑 뎅 뎅 뎅. 고렇게 종소리가 나야 될 텐데. 그 기다리는 맴이 을매나 불안코 무서웠을까. (사이) 헌데 표정이 왜 그렇소? 재미없소? 들은 이야기요? 에그, 몹쓸 되련님일세. 아는 얘기믄 안다고 혀야지.

사내는 일어서 다시 사랑가를

사내   또 니 죽어서 될 것 있다. 너는 죽어 이백도화 삼촌화란 꽃이 되고 나는 죽어서 범나븨 되고 네 꽃송이를 담뿍 물고 너울너울 춤을 추거들랑 니가 난 줄 알으려므나 (退場하며) 사랑이아 — 내 사랑이아 내 사랑이로구나 사랑이로구나 어화둥둥 네가 내 사랑이야.

미인   도련님 — 날랑 두고 그냥 가시랴오… 그려요 그래. 저가 도련님 사랑하고 당신 또한 절 사랑하는 줄 아는데 무에 원망스럽겠소. (사이) …허지만 당최 저는 모르겠어라. 신관 사또가 절더러 죽을 죄 많이 지었다고 죽으랍듸! 뭣이 울컥하며 치밀고, 아무리 생각혀도 무슨 죄인 줄을 모르겠는데… 신관 사또 말 듣고 나믄 지가 죽을 죄를 져도 한참을 지은 게 되어가 있어라. 어쩌면 좋소. 지는 어째야 좋소. (사이) 도련님 지 사랑한 거 참말로 맞지라 … 맞아야 하오. 맞아야만 하오. 지는 도련님 사랑했소. 참말로 하나 의심 없이 사랑했소. 하나 가식 없이 사랑했다오. 그리워라 사랑아!

9. 북鼓

사내(청사도포), 술에 취해 거칠게 거문고를 뜯고 있다.
줄이 끊어진다. 정적.

사내 무에 그리 그립단 말이냐. 몇 해가 흘렀다. 어디 그에게서 소식
일 장 있었느냐. 진정 널 사랑했다면 그랬겠느냐? 아니 조금이라
도 널 위한 마음이 있었다면! 이것은 사랑이 아니다. 사랑이 아닌
것을! (사이) 이제 와 널 찾더라도 사랑은 아니다. 알량한 사대부의
체면치레인 것을. 그런데도 그리워하느냐.

미인 (꿈결처럼) 보고파라 그리움아 ─ !

사내 무엇을. 무엇 때문에! (괴로워하며) 한 계집의 마음조차 사로잡지
못하는가. 사대부란, 벼슬이란 무슨 소용인가. 아무것도 아니다.
아무것도 아닌 것을!

소리 하혜로운 짐의 은혜를 의심하느냐?

사내 아, 아버지…! 그, 그것이 아니오라. 아버지…!

긴 사이.

소리 호남 어사로 이몽룡을 제수하라!

사내 아버지!

소리 두 눈과 두 귀를 항상 열어 두어라. 암행어사라 곧잘 도척에게 살
해돼 죽기도 하는 법, 소리소문 없이 죽어진들 누가 아랴? 그를
죽이지 못하면 단연코 네가 죽을 것이니!

사내는 미인이 매달리어 있는 곳으로 간다.
북을 매어 난간 높이 올린다.

미인	(핏기 없는 얼굴로 바라만)
사내	네 목숨이 일주일만 남았구나.
미인	(그저 바라만)
사내	철없는 네가 가엾어 주는 마지막 기회구나. … 일주일 안에 북소리가 울리면 너를 살리겠다. (사이) 네 스스로 이 북을 울려도 살리고, 누가 이 북을 울려주어도 너를 살리겠다.
미인	(그저 바라만)
사내	네 스스로 이 북을 울려도 살리겠다는 것은 그간의 너의 맹세, 너의 사랑, 너의 다짐, 너의 모두를 뉘우치고, 부정하며 울린 것이라 믿고 너를 살리는 것이며.
미인	(그저 바라만)
사내	행여 다른 누가 이 북을 울려도 너를 살리겠다는 것은 죽음의 위험을 감수하고라도 네 목숨을 살리려하매… 그 자를 죽이고 너를 살리겠다.
미인	(고개를 떨어뜨린다)
사내	명심하여라. 7일째 되는 날 새벽까지구나.

10. 애고哀告

미인	어젯밤 진저리나도록 무서븐 꿈—
	다홍치맛단에 불길이 일어 온몸이 타고
	옥같은 이는 담쏙 빠져서 그렇게 무서븐 꿈.
	수삼 차 편질 올렸관데 소식 일 장 없으시니,
	행여 무슨 일이 있으신가, 불안한 맘.
	(사이)

사랑이라니.

그저 당신 좋아 사랑한 것, 어쩌다 시절이 모질어 죄라고 하지만 어찌 그것이 죄가 되겠소.

죽어 썩어지믄 없어질 몸, 이 한 몸의 몸뚱어리가 그리 아까븐 것이 아니었으라.

나도 사람이고 저도 사람이관데

계집이 무엇이고, 창기의 딸이 무엇이관데…

없수이 여기고 모욕하며, 의심하여 부정하며

더하여 힘으로 강탈하여 취하려 하는 그것이

기가 차고 더러바서, 증오스럽고 징그러바서 나는 그랬소.

지금으 심정이야 눈물이 피가 되어 한 자 쓰며 눈물짓고, 두 자 쓰고 한숨 쉴 뿐.

(사이)

아흐 사랑아! 어쩌실끄라우 사랑아. 날랑 잊었는가. 오지 않는 사랑아.

하지만 추스려야 할 사랑임에….

바라옵건데 도련님은 길이 만종록을 누리시오.

그저 천추후생으론 다시 만나 이별 없이 사사이다 사사이다.

슬플 애哀— 고할 고告— 소녀少女 춘향春香, 애고哀告 애고— 애고!

사내는 목소리만

사내   니가 아픈 게지… 니가 을매나 아프기에 이리 안타까운 소리냐 —
미인   누오—? 어데서 많이 듣던 소리, 누오, 누오—! 이제는 귀까지 어지러바서 누오, 누오 —!
사내   나다. 도련님이다. 니 서방이다. 니 낭군이다. 니 님이다. 니 사랑이다.
미인   도련님 —? 도련님 —!
사내   어디 — 어디 — 어디? 너는 어찌 보이질 않고 네 애달픈 소리만 절절이 메아리치느냐—.

미인   도련님 —! 도련님 —! 도련님 —! 여요, 여기요— 어째 형체는
없이 소리만 들리시나— 도련님— 님아 —!

거센 바람이 소리를 휩쓸어 간다.
비로소 조금 정신이 드는 미인.

미인   꿈 —?
꿈 —?!
꿈이라니 —! 아, 무심한 꿈아 —.
오시는 도련님을 붙들고 잠든 나를 깨워주지.
이제 언제 님을 만나 목소리라도 듣고지고
이제 언제 님을 만나 만단정회를 풀어 볼끄나.
무심한 꿈아 — 몹쓸 꿈아 — 잔인한 꿈아 —!
아아, 잠아 —!
잠아 오너라 —!
꿈아, 네 꾸어라 —!
오시는 도련님을 꿈속에서나 만나자 하였더니 —!
아수버라 꿈아!
너 꿈아!

사내(분홍도포) 생시인 듯 꿈인 듯 나온다.

사내   춘향아!
미인   이제는 이명耳鳴이 들리는고나. 휴—모질고도 긴 목숨이 하는 짓.
사내   이 애 춘향아!
미인   참말로 이젠 죽을란갑다. 이명에 헛것까지 보이니….
사내   이 애 춘향아! 나다, 정말 나다.
미인   그래 헛것이믄 어떻고, 귀신이믄 어떨까.

님 닮아 반가우니 담소 아니 나눌까.

거 뉘게요?

도채빈가, 허깨빈가, 귀신인가, 혼백인가

거 누게요?

거 누게요!

거 누가 ―!

허지만 그리 마오. 가련한 이내 모습 측은키도 아니하오.

어찌 님을 흉내내어 절 놀리시려 드시오.

사내 나다. 정녕 나다. 나다, 정녕 나다!

미인 참말로 도련님이오…?

도련님 꼭 닮은 사람이 참말 도련님이었소!

아니, 그리 마오. 거짓말 그리 마오.

허깨비라면 혼몽한 정신 탓이거니와

도채비라면 죽을 몸을 가지고 놀래키며

귀신이라면 낼 저녁이면 늬와 같이 될 몸.

그러니 진정 도련님 아니시라면 가련한 소녀 놀리지 말아 주오.

뉘게요?

도련님 꼭 닮은 사람이 참말 도련님이오?

사내 그래 나다. 정녕 나다. 내 기필코 나다. 나 이몽룡이 니 낭군이다.

미인 당신이 정말 당신이오!

도채비가 아니고 당신이오!

허깨비가 아니고 당신이오!

귀신이 아니고, 혼백이 아니고,

환영도 그림자도 허상도 아니고, 아니고

진정한 당신이오?

사내 그래 정녕한 나다.

미인 아이고 여보 도련님 ― !

이것이 꿈이라면 깨지 말게.

아니, 또다시 꿈이라면 나는 이 밤에 죽고 말지.

생시야, 생시이길―!

정녕한 생시라면 도련님 날 향하여 손짓 한 번 하여 주오.

사내   (손짓하며) 춘향아!

미인   아이고오, 도련님―! 내 단 한시도 잊지 않은 도련님. 잊을래야 잊을 수 없는 내 님이여. 당신이 참말로 당신이라니요.

사내   그래 나다. 나 맞구나. 네 어쩌다 옥중고생이며― 만사가 내 죄로구나.

미인   도련님 어디 보사이다. 도련님 오셨거든 손 한 번 잡아 주오.

매달려 있는 미인과 손이 멀어 잡을 수 없음에.

미인   이리 무정헌가?

하늘로 올라가는 사다리는 두꺼비가 가져가서 별을 박나, 달을 박나 손 한 번 잡지 못하는 통곡할 만남임에―

야속한 사랑아. 어찌 이리 늦으시었소. 소식 일 장 없으시었소.

보고프고 그리워서 간장이 타고 오장이 녹았거늘….

사내   미안하다. 미안하구나.

너 듣지 못하였구나. 기묘년 환란患亂으로 집안이 풍비박살이 났음을.

내 네 볼 낯 가이없어 거지 중에 상거지로 팔도를 알밤로 비럭질하다 하도 춥고 배고파서 염치불구 네게 온 것이다.

미인   아이고 도련님 어찌 그리 기구하여서. 도련님 그 말 들으니 내 오죽 슬퍼오오.

하여도 그것이 무에 부끄러버서 머뭇거리었습니까.

출세하지 않아도 내 사랑이고, 과거에 급제하지 않아도 내 사랑이고, 살인 역적을 하여도 내 사랑인 것을… 괜찮소 ― 괜찮소 ― 괜찮은 것을.

이제 이렇게 오시었으니 저는 한도 원도 없습니다.

제 죽기 전에 원이라 도련님 얼굴 한 번 보는 것이었으니….

사내	죽기 전에 원이라니? 아니 그럼 빙모님 말씀이 참말이었더냐!
미인	괜찮소… 이제는 괜찮소. 도련님 수척하신 모습이 마음을 아프게 할 뿐이지 절랑 참말로 괜찮소. 이제 이렇게 오시었으니 인제는 죽기 전에 원도 없고, 도련님과 진심으로 사랑하였으니 처녀귀신으로 구천을 헤매지도 않을 것이오.
사내	이 애… 춘향아! 그 무슨 날벼락 같은 소리더냐?
미인	괜찮소. 참말로 괜찮소. 그라고 고맙소. 지가 지금 흘리는 눈물일랑 당신 와 주어 고마워 우는 것이오. 돌아오마는 약속 지켜준 당신이, 그가 우리의 사랑을 그렇게 의심했지만 이것 보오. 순금 같은 사랑이 아니오. 믿음 없는 사랑이 없고, 의심하는 사랑이란 없는 것을 저가 어찌 알겠소. 제가 믿고 제가 이리 한 것은 이와 같은 우리의 사랑뿐이었음을.
사내	그래 그래… 내 그 마음을 뉘라서 모르랴. 혀도 여가 오래 있을 때는 못되니 이제 그만 가 봐야겠다.
미인	그래요, 이만 가세요. 어서 바삐!
사내	우지 마라, 우지 마! 하날이 무너져도 솟아날 궁기가 있거늘.
미인	그래요. 혀도 내사 행복하오. 그저 내일 본관 사또 생신 끝에 날 죽여 내리치거든 삯군인 척 오시어서 우리 처음 인연 맺던 부용당으로 옮겨 주시오. …염포 입관일랑 허지 말고 정결한 곳에 묻으실 제 서방님 속적삼 벗어 나으 가슴팍에 덮어주며.
사내	이 애 춘향아….
미인	도련님 그래요… 이제 가세요… 그만 빨리….
사내	춘향아… 하날이 무나져도…. (나가려 한다)
미인	도련님!
사내	(돌아서 쳐다본다)
미인	이 북 한번만 쳐 주시면 안되실끄라우! 제발 이 북 한 번만 둥둥…. 그저 절 업고 도망가며 둥둥!
사내	(주위를 두리번거리며) 야심한 시각에 여서? 사단이 나도 크게 안 나 것냐?

긴 사이.

미인 그라지요, 그라지를. 아니, 아니오! 어서 가시오. 그냥 이 미친년이 결기에⋯ 어서 가시오! 어서! 어서 바삐⋯ 북소릴랑 괜않으니⋯ 그저 바삐⋯.

사내, 바삐 퇴장한다.

미인 아흐, 도련님. 제 어찌 오늘 밤을 이겨낼 수 있으리오!

일순 바람은 불고, 도채비들은 몰려나와 무대를 헤집고, 그렇게 오래⋯. 밀려드는 적막. 이화에 두견 울고, 오동에 밤비 내리는데.

11. 근원根源

횃불이 밝혀져 있는 밤, 미인은 창백한 얼굴로 혼잣말을⋯

미인 죽기로 작정하고 들었건만 막상 죽는다니 그게 아닌 갑소. 되련님 뵙고 나니 더욱 살고지븐 맘. 그래가 그랬겄죠. 귓속으로는 둥둥둥 살고지븐 북소리가 울려 퍼지고 요상한 꿈을 꾼 것은⋯ 나가 어데 한 마리 연어가 된 마냥 어둠 속을 헤집고 한없이 올라가는 꿈이었소. 아매도 삼황오제三皇五帝의 시대도 발쎄 지났을 것이오. 그저 까마득하니⋯ 그저 암흑과 혼돈뿐인 세상, 시간도 빛도 없소. 첨에는 아픈 듯 어지러븐 듯 했소만 신새벽에 세수하듯 얼렁 정신 채려 앉아 있었소. 그라니 요상한 것들이 사방으로 배회하는 것이 아니어라. (사이) 그래요, 그래. 허긴 첨 봐도 알긴 알 것 같소. 누렇고 푸르죽죽한 덩어리를 도끼질하는 저 머슴애는 반고라는 신이요, 벌거벗은 채 정욕의 눈빛을 띄우는 가시내는 여와임이 틀림없을 것이요. 반고의 오랜 도끼질이 끝나자 둘은 엉기기 시작했소. 을매나 징그럽게 서로를 탐하든지. 허긴 냉혈의 하반신을 가진 것들이니 쪼매는 따신 것이 그립기도 했을 것이요만. 그래도 징하지 피처럼 붉은 땀을 쏟으며 한 천 년을 탐하였으니. (사이) 무수한 씨앗들이 흩어졌어라. 가까스로 엉킨 하초를 풀었을 때. 아, 사방천지로 하얗게… 어떤 것은 꽃이 되고, 어떤 것은 나무가 되고, 어떤 것은 나비가 되고, 어떤 것은 짐승이 되고, 또 어떤 것은 사람이 되고… (사이) 그런데 이상하지라. 그 어떤 것 중에 유독 사람만이 어떤 것은 노비가 되고, 어떤 것은 양반이 되고, 또 어떤 것은 왕이 되고, 암수의 구별마저 상하로 나뉘었으니… 이상하지라, 그것 참 알 수 없지라.

한 손엔 횃불을 들고 한 손에 술상을 받쳐들고 사내가 들어온다.
다른 날과 틀리게 흰옷을 입고 있다. 또한 그의 목소리는 왠지 조금 눅눅해 있다.

12. 의심 疑心

사내 벌써 7일째 밤이구나.

미인 곧 동이 틔어오겠지… 곧 새벽이 밝아오겠지.

사내 너는 그저 무정히 죽으랴느냐?

미인 어찌할 거나. 나는 그저 무정히 죽을 수밖에 없음을.

사내 스스로 북 한 번만 울려도 사는 것을!

미인 (사이) 그렇게 사는 것은 사는 것이 아님을.

긴 사이, 사내 술을 한 잔 쳐서 올리며

사내 술 한 잔 치지 못하겠다니 내 대신 올리마.

미인 (바라만)

사내 받거라. 이 밤 몹시 길고, 몹시 추울 것이니.

미인 차가운 술임에….

사내 차가운 술이 도리어 속에선 홧홧거리며 타오르는 것을.

미인 …!

사내 무에 그리 어려울까? 내 넉 잔의 술을 네게 쳐서 올리마. 한 잔의 한 가지씩 가장 소중한 것들을 반추하여라. 날랑 없다고 생각하고, 죽기 전에.

미인 죽기 전에….

사내 죽기 전에.

미인 (술을 마신다)

사내 아버지.

미인 아버지…? 우리 아버지. 나의 아버지. 아, 아버지….

사내 너의 아버지.

미인 아버지… 아버지… 아버지… 아버지.

사내 그저 아버지라고만 하느냐.

미인 본 적도 없고, 얼굴도 모르는 나의 아버지. 아무리 그리워도 볼 수 없던 아버지. 볼 수 없기에 더욱 그리웠던 우리 아버지.

사내 이조 참판 네 아버지. 네 어미와 널 거두어 가겠다 약조하고 저버린 네 아버지.

미인 … 끝내 저버린 우리 아버지. 서러움과 그리움을 동시에 남긴 아버지. 미움과 사랑을 함께 남긴 우리 아버지. 나의 아버지. 잔인하게 그리워서 우리 아버지.

사내 네 사랑은 아버지의 대한 애증이지? 네 사랑의 공고함은 아버지에 대한 독한 그리움이요, 네 지독한 기다림은 다시 돌아오지 않았던 아버지의 대한 원망인 것이지? (사이) 하긴 우리들의 아버지

는 모두 똑같은 것을…. (다시 술을 한잔)

미인 (술을 받는다)

사내 어머니.

미인 어머니…

사내 애써 부정하던 네 어머니.

미인 어머니….

사내 칠 세에 소학 읽히고, 사서삼경, 예기춘추 읽히게 만든 네 어머니.

미인 우리 어머니….

사내 기적妓籍에 이름 올리지 않고, 여공에 침선이며 풍류가 달통하게 오로지 널 위해 헌신하던 네 어머니. 명문대가 도련님과 백년가약 맺었다고 그토록 좋아하던 네 어머니. 하지만…. 네가 애써 부정하던 네 어머니.

미인 우리 어머니. 아, 우리 어머니… 나의 어머니. (그저 눈물이)

사내 ….

미인 우리 어머니. 우리 어머니… 자신의 삶을 주지 않겠다고 자기를 부정하라 이르신 우리 어머니… 하지만 우리 어머니… 나의 어머니 … 아니, 그저 내 엄마.

사내 네 이리 나약하지 않았음에…. (사이, 다시 술을)

미인 (술을 받는다)

사내 네 정인情人.

미인 내 사랑….

사내 백년가약 맹세코도 소식 일 장 없던 네 정인.

미인 그래도 내 사랑… 하여도 내 사랑… 피치 못할 사정으로 내 사랑… 금같은 맹세 옥같은 다짐 변함없는 내 사랑… 하나 의심 없이 내 사랑….

사내 (차갑게) 허나 널 의심하는 사랑.

미인 …!

사내 네 사랑은 그러할지 모르나 널 의심하는 사랑.

미인	(가파르게 술이 깬다)
사내	의심하고 또 의심하는 사랑.
미인	무슨 말을 하려….
사내	북 하나 치지 못하는 비겁함. 사랑이 죽어 가는데… 이 밤이 괴로워 죽을지도 모르는데. 겁먹은 새앙쥐처럼 염탐하곤 몰래 사라졌겠지? 하긴 주도면밀하고 의심 많은 자이니….
미인	아, 아니요…!
사내	왔다갔지만 북소린 들리지 않더구나. 뭘 그리 놀라느냐? 그가 다녀간 걸 안다.
미인	그이는 아무 잘못 없소. 행여 죽이려 들지 마시오!
사내	그 부탁일랑 내가 하고 싶은 지경이구나. … 어쨌든 진정으로 사랑했다면 오늘 당장 북을 치고 널 내려야 마땅한 것을.
미인	제 원치 않았소!
사내	아무렴 어떻겠느냐. 허나 의심하고 또 의심한다.
미인	무엇을 자꾸 의심한다 말씀이오?
사내	사랑을! 네 그토록 믿어 의심치 않는 너희들의 사랑을 말이다. 오늘 널 이토록 기만하고도 내일은 또 널 가혹히 시험하려 들 것이매.
미인	아니오, 아닙니다! 아니, 당신이 여전히 사랑을 의심하고 싶은 따름인 것이지요? 더하여, 그이가 무슨 수로 날랑 시험할 수 있겠소!
사내	호남어사 이몽룡. 그 자가 호남어사가 되었구나. 파발보다 더 빠른 것이 소문이다. 내 귀가 한양에 가 있는데 날랑 모르겠다 생각했다면 오산이지.
미인	어사…! 어사라구요? 제 낭군이 참말로 어사가 되었단 말씀이오?
사내	하여도 두려워 북 하나 울리지 못하는 사랑이다. (혼잣말처럼) 두려워 북 하나 울리지 못하는 것은 그도 나도 마찬가지인 것을… (사이) 네 의심하는 것은 사랑이 아니라고 했더냐?
미인	…!

사내 그 자 네 혹여 미덥지 않아 걸인행색으로 와서 자신을 속였더라. 간장이 녹고 오장이 녹는 원통한 밤을 보낼 줄을 알면서도 말이다. (사이) 어디 이쁜일까. 내일은 또 널 어떻게 시험하고 의심하는지 보아라. 네 소상한 내력을 알고도 말이다.

사내, 부채로 얼굴을 가린다

사내 너는 기생으로 자칭 수절한다 관정발악 하였으니 그러고도 살기를 바라느냐?

미인 …!

사내 어디 어떻느냐? 본관 사또 수청은 마다했지만 내 수청은 어떠하냐?

미인 도, 도련님…!

사내 네 이년! 천기의 자식으로 관정발악하고 이제 내 수청마저 거절하려 드느냐? 만일 네가 내 수청을 거절한다면 살아남지 못하리라.

미인 도련님…!

사내 네 이년 정녕 수청을 들지 못하겠느냐!

미인 제발, 도련님…!

사내 그래 좋다. 네 한사코 수청을 마다하니 더 이상 권친 않겠다. 하여도 솔직히 말해 보아라. 혹여 네가 열녀인 척 수절한 것이 불순한 마음이 아니더냐? 천기의 자식으로 사대부가 자제와 혼인하려던 교활한 방편은 아니더냐?

미인 도, 도련님… 어찌… 어찌 자꾸 이러시나요… 어찌하여… 제발…!

13. 각성覺性

사내, 부채를 거둔다.
미인은 고개를 숙이고 갑갑히…

사내   마지막 잔이다. (바닥에 내려놓으며) 이 술은 내려와서 먹으려므나.
(미인을 매달아 놓은 끈을 풀어준다)

미인   (다리가 풀려 풀썩 주저앉으며)

사내   아버지, 어머니, 정인情人… 이 마지막 잔은 너다. 전라좌도 남원부 태생, 성춘향.

미인   나…? 나! 전라좌도 남원부 태생 성…춘…향….

사내   (한갓진 쪽으로 물러서며) 너를 찾고 또 찾아보아라. 북 하나 울리지 못하는 연약한 사랑일랑 빼고. (좌정한다. 혼잣말처럼) 그도 나다. 그도 나도 뱀인 것을. 상처뿐인 이기심인 것을. (사이) 북이 울리지 않았으니 나는 살지 못하겠구나… 하여도 내 정적政敵의 자식에게 수모를 당할 수야 없지 않느냐. (사이) 허나 너 역시 저 계집을 다시 안을 순 없을 것이다. 네겐 너무 과한 아름다움이라. (사이, 단도를 빼어 가슴에 찌르며) 잔인한 아버지, 나를 버리신 아버지…!

사내, 고개를 꺾는다. 사이

미인   나는 누구인가….

횃불이 하나 켜진다.

미인   나는 누구인가….

횃불이 하나 더 켜진다.

미인 나는 누구인가?

횃불이 또 하나 켜진다.

미인 아, 나는 누구인가!

미인은 다시 천을 타고 오른다.
미끄러져 내리면서, 자꾸만 미끄러져 내리면서.

미인 나는 누구인가? 나는 누구인가? 나는 누구인가? … 그리고 그는 누구인가? 오를수록 높아만 진다. 오를수록 아득해진다. 오를수록 캄캄해진다. 무엇인가? 사내는, 계집은, 양반은, 상놈은, 천기는… 무엇인가? 고귀함은, 비천함은, 아름다움은, 추함은, 정절이니 수절이니 순결은 무엇이고, 또 음탕은 무엇인가? 이성은, 감성은, 사랑은, 증오는… 무엇인가! 도대체 무엇인가. 오를수록 몰라만 진다. 오를수록 캄캄해진다. 그는 누구이고 아, 그리고 나는 누구인가!

긴 사이, 그저 매달리어

미인 사랑했음을. 진심으로 사랑한 것을. 볼 수도 만질 수도 없는 사랑이… 그 사랑이, 날 지탱하고 날 건사했음을. 그 어떤 부귀도 아니었음을. 그 어떤 영화 역시 아니었음을. 그 어떤 높은 상승 또한 아니었음을. 모진 시간 속에서, 고난 속에서, 시련 속에서, 사랑 하나 홀로 반짝였음을. (사이) 나 진심으로 사랑했음을. 모든 것을 주고 싶었고, 주려고 했고, 또한 그렇게 했음을. 내게 그리운 아버지였음을, 어머니였음을, 환한 빛이었음을, 세상 전부였고,

내 전부였음을. 추호의 의심 없는 사랑이었음을. 믿음뿐인 충만한 사랑이었음을… (사이) 하지만 당신은 어찌하여… 어찌하여 절랑 의심하시었는가! 어찌하여 시험하려 드시었는가! 아, 한순간에 와르르 무너뜨려 버렸는가!

긴 사이.

미인 한때 저가 오르려 하던 저 높은 곳에는 홀로 반짝 순금 같은 사랑이… 그저 사랑이 반짝이고 있었다오. (사이) …날이 새면 어쩌면 당신은 절랑 찾겠지요. 하지만 내일이랑 늦어요. 그래요, 내일이랑 너무 늦었으니. (사이) 저는 이제 갈 길도 잃고, 오갈 곳 역시 없답니다. 그래요, 천지간에 제가 있을 곳은 더 이상 없답니다. 그저 가엾이 시들어 버린 것을. (사이) 당신의 사랑을 알고, 이제 당신의 사랑을 믿을 수 없으니… 더 이상 당신을 믿고, 당신을 의지하지 않을 테요.

횃불이 모두 꺼진다.

미인 제 스스로 나를 찾고, 저를 채찍하여 날 돌아봅니다. 전라좌도 남원생 성춘향. 양반과 기생의 피가 섞인 어디에도 속하지 않는 경계의 딸이요, 빛을 잃고 스러지는 붉은 꽃이요…

반짝, 품속에서 거울이 떨어진다.
분분히 조각나는 거울.
…
깜빡, 별이 뜬다.
깜빡, 달이 뜬다.
깜빡, 바람 분다.
희미한 미명 아래 어렴풋 드러나는 그 밤의 일들.

조금씩 틔어오는 새벽 하늘 아래, 목을 매고 흔들리는 미인.
바람에 붉은 치맛단이 나붓거린다.

막.

김치 없인 못살아

등장인물

사내

여대생

형수 　　사내의 형수

형 　　　사내의 형

여자 　　여대생의 친구

라디오, 여고생 / 일인다역

중년사내, 면접관, 사채업자, / 일인다역

그 외.

1. 프롤로그

새벽 미명이 틔어온다.
꼭 창살 크기만큼의 빛이 방 안에 떨어진다.
옅은 푸른색이 감도는 방 안에 사내 웅크려 누워 있다.
자명종의 알람, 곧이어 핸드폰 벨이 울린다.
마지못해 전화를 받으면 텔레마케터 복장의 여대생 나온다.

여대생 (밝고 명랑한) 안녕하십니까 회원님? 저는 엘지카드의 김지연입니다. 오늘도 화창한 하루가 시작되었습니다. 그렇지 않은가요? 하지만 이렇게 화창한 날씨와 달리 고객님의 신용정보는 우울하기 그지없군요. 회원님의 신용정보는 또다시 한 계단 하향….

사내 (전화를 끊는다, 다시 벨이 울린다. 귀를 막고 몸을 떤다)

2. 김치

사내, 이력서를 뿌리며 돌아다닌다.

사내 이력서요. 이력서요. 이력서요.

청소부, 이력서를 쓸어 모으면서 무섭히 따라온다.
사내, 그 모습을 뒤돌아보곤 허물어지듯 벤치에 주저앉는다.
환상처럼 달콤한 음악이 흘러나오기 시작한다.
음악에 맞춰 낯설고 기이한 행렬이 들어선다.

- 단정하게 교복을 차려입은 여고생이 들어와 수줍어 한다.
- 솜사탕을 든 연인이 들어와 밀어를 속삭인다.
- 유모차를 밀며 다정한 부부가 들어온다.
- 노부부가 들어와 비둘기에게 먹이를 던져주며 활짝게 웃는다.
- 그리고 그들은 풍선 하나씩을 들고 있다.

갑작스런 사내의 핸드폰 벨소리, 여고생의 풍선이 터진다.
그 소리에 다른 등장인물들은 풍선을 놓쳐 버린다.

사내 여보세요. 예. 예. 예. 갚아야죠. 갚겠습니다. 오후 4시까지요? 그건 조금 힘들… 내일. 아니 모레. 예? 안 갚겠다는 게 아니라. 아니 그게. 말했잖아요. 오늘은 좀. 지금 돈이 없는데 어떻게 오늘까지 입금이. 뭐라구요? 누가 안 갚는다고 말했어요? 갚는다잖아요. 단지 오늘 바로는. 이런 씨… 말했잖아. 어떻게든 갚는다고!
(거칠게 핸드폰을 끊는다)

모두가 사내를 쳐다본다.

사내 (결심한 듯 핸드폰을 들고) 아버지.
아버지 (노부부 중에 남자) 나도 죽겠다. 나도 죽겠어. 효도 같은 건 바라지도 않아. 집에 무슨 돈이 있어? 올해로 나 일흔이다. 이제 그만 애비도 좀 살자.
사내 (고개를 저으며) 안돼. (사이) 형. 처음이자 마지막이다. 한 번만, 한 번만 살려 주라. (전화를 한다)

유모차를 밀던 여자, 앞으로 나와 무표정하게 말한다.

형수 김친 있어요.
사내 형, 형수님?

형수 김친 있냐구요.

사내 김치요?

형수 되련님 김치 담가 준 지 벌써 6개월이 넘었잖아요. (사이) 아니, 8개월인가. 아니, 6개월인가?

사내 예?

형수 김치요.

사내 아유 괜찮아요 김치.

형수 김친 있어야 밥을 먹죠. 집에 한 번 들리세요. 다른 건 몰라도 김치만큼은 책임질 테니까.

사내 있어요 김치. 진짜요.

형수 정말 있어요? 거짓말이죠? 담가 준 지가 언젠데.

사내 형수님 정말 괜찮아요 정말.

형수 자꾸 괜찮다고 그러세요. 김치는 있어야 밥을 먹죠. 근데 밥은 먹고 지내요? 어쩜, 얼굴이 반이 됐네. 되련님 정말 밥은 먹고 지내요?

사내 예?

형수 밥요 밥!

사내 제가 몇 살인데 밥을 굶겠어요. 저 잘 지내요, 형수님.

형수 정말요? 믿겨지지가 않아. 어쩜 그럴 수가 있어요. 김치도 없이 밥을 먹다니.

사내 형수님도 참, 저 진짜 잘 먹고 잘 지내요. 김친 괜찮다고요. (말을 돌리려 유모차에 다가가며) 어디 아파요? 계속 우네. 병수야, 병철아 그만 울어야지.

형수 (한숨) 소용없어요. 단 일 초도 울음을 그친 적이 없으니까. 왜, 믿기지 않아요? 하지만 정말인 걸요. (조금씩 겪해지며) 지금까지 단 일 초도 쉬지 않고 울었다구요. 심지언 젖 먹을 때하고 잠잘 때도 울었어. 한 녀석이 잠자면 한 녀석은 깨어서 울고. 한 녀석이 젖 먹으면 한 녀석은 자기도 달라고 울고. 정작 울고 싶은 건 나라구!

사내 그만 울자. 뚝. 엄마 힘들어하잖아. 자, 웃어봐. 김치이—.

형수 소용없어요. 지 애빌 닮았는데 그런다고 그치겠어요.

사내	형, 형수님.
형수	미, 미안해요.
사내	괜찮아요. (사이) 근데 형은 잘 있죠? 할 얘기가 좀 있는데.
형수	잘 있겠죠. 무슨 얘기요. 저한테 말하세요.
사내	형한테 직접 좀.
형수	(사이) 경마장에 가 보세요. 아주 경마장에서 사니까.
사내	또 경마장 가요?
형수	예. 그래요. 또 다녀요. 허구헌날 다니죠. 미쳤어. 미친 새끼. 그 새낀 미쳤어. 아니 이젠 나도 미치겠어. 지긋지긋해. 나도 미치겠다구!
사내	너무 속상해 하지 마세요.
형수	미안해요. 저도 요즘 제가 왜 이런지. 그만 가 볼게요. 참 잊지 말고 김치 가지러 오세요. 배추 사다 담가 놓을 게요. 김치라도 있어야 밥을 먹죠. (나가며 중얼거리듯) 그럼 김치도 없이 어떻게 밥을 먹겠어.
사내	(전화벨, 조심스럽게) 누, 누구? 진혁이?
친구	(연인의 남자, 전화를 하며 나온다) 너, 임마. 너 인간이 그렇게 사는 거 아니다. 아무리 친구가 좋다고 해도 갚을 건 갚아야지. 벌써 언제야? 너 임마 내 더러워서 더 이상 말은 않겠는데 각오해. 동창들한테 다 얘기할 거니까. 빌려갈 땐 언제고 이제 와서 쌩까? 너 임마 친구도 아냐 새꺄!
사내	(괴로워한다. 사이, 행렬의 인물들 모두 퇴장한다)

중년 사내 들어와 맞은편 벤치에 앉는다.

여고생	(썩은 사과가 가득한 광주리를 들고 들어온다) 사 줄래. 사 주라. 사 줘. 제발 사 줘.
중년	(물끄러미 쳐다본다)
여고생	싱싱해. 정말 싱싱해.

중년 (위아래로 훑어본다)

여고생 (한 입 베어 물며) 싱싱하고 달콤해. (중년 사내의 입에 사과를 물리며) 정말이야. 사 줄래. 사 주라. 사 줘. 제발 사 줘!

중년 (여고생의 손목을 잡고 퇴장한다)

장송곡과 함께 광대들이 관을 끌고 들어선다.
노부인은 뒤따라 하염없이 눈물 짓는다.
형수는 아이가 없는 유모차를 밀며 원을 돈다.
여대생은 불러 오른 배를 만지며 절망한다.

3. 신용불량자

여대생 오늘은 어제보다 더 화창한 날이 시작되었답니다. 그리고 회원님은 어제 역시 입금 약속을 어기셨구요. 오늘 부로 회원님은 신용불량자로 등재되셨습니다. 신용불량자로 등재되면 각종 금융활동 뿐만 아니라 취업 등 모든 활동에 있어서 큰 제약을 받는다는 것은 알고 계시지요. 이와는 별개로 저희 회사는 강력한 채권추심단을 통해 빚진 돈을 꼭 받아내고야 만다는 것을 강력히 통보해 드립니다. 회원님 듣고 계십니까.

사내 (중얼거리듯) 개 같은 년.

여대생 예?

사내 개 같은 년.

여대생 회원님 방금 뭐라고?

사내 개 같은 년.

여대생 죄송하지만 회원님.

사내 개 같은 년.

여대생   (억누르며) 회원님의 입장을 전혀 이해 못하는 것은 아니지만.

사내   개 같은 년.

여대생   아니 고객님!

사내   개 같은 년.

여대생   야, 이 개자식아!

여대생, 무대로 뛰어나온다. 뒤따라 그의 동료도 나온다.

여자   일하다 말고 어딜 가.

여대생   안해!

여자   누가 또 욕했어?

여대생   때려 칠 거야!

여자   왜 그래.

여대생   (상의를 벗어 던지며) 징글징글해. 때려 친다고. 개자식. 나쁜 자식.

여자   우리 신경 쓰지 말자. 한두 번도 아니고.

여대생   (주저앉아 울며) 나쁜 자식. 진짜 나쁜 자식. 하나같이 나쁜 자식.

사내   이력서요. 이력서요. 이력서요.

4. 감별사

면접관 앞에 무릎을 꿇고 있는 사내.

면접관   (서류만 쳐다보며) 학교가.

사내   학교가?

면접관   나이가.

사내   나이가?

면접관	집안 식구 중에.
사내	집안 식구 중에?
면접관	어학 연수 한 번 안 다녀왔구만.
사내	그래도 토익 점수는.
면접관	어학은 실전일세. (서류를 뒤적이다가 비로소 사내를 쳐다보며) 카드 쓴 적 있나?
사내	예?
면접관	(덮으며) 가 봐.
사내	예?
면접관	그만 가 보라고. 왜 무슨 문제 있나?
사내	아닙니다. 아니, 그게 아니라.
면접관	그래, 그만 가 봐.
사내	시켜만 주십시오. 정말 열심히 일할 자신 있습니다.
면접관	그래그래 자신감 중요하지. 알았으니까 그만 가 보게.
사내	(나가려다 다시 돌아서) 저 정말 열심히 할 자신 있습니다.
면접관	그럼그럼. 열심히 사는 거 중요하지.

사내, 벤치로 가 주저앉는다. 여대생과 여자, 팔짱을 끼고 들어선다.

여자	아직도 기분 안 좋아?
여대생	괜찮아. 한두 번도 아닌데 뭘.
여자	그래 이것아. 이것저것 다 신경 쓰면서 일 못한다. (다짐을 받으며) 정말 괜찮은 거다.
여대생	괜찮아, 괜찮아.
여자	조금 수상쩍긴 하지만 뭐. 헤헤, 암튼 힘내. 우리라고 맨날 천날 요렇게 살라는 법 없다. 직감인데 조만간 쨍하고 해 뜰 날 제대로 한번 찾아온다. 장담해.
여대생	얼마나 좋겠니. 근데 무슨 수로?
여자	무슨 수는. (귓속말로) 로또.

여대생 (실망하며) 에이— 로또.

여자 에이 로또? 얘가, 얘가 부정타게. 비밀인데 어제 꿈 죽였잖아, 진짜야.

여대생 (관심 없다는 듯) 그래.

여자 얘가, 얘가. 정말 끝내줬어. 돼지가 한두 마리도 아니고… 아유, 입, 입! 요런 건 얘기하는 게 아니랬는데.

여대생 왜 양돈장이라도 갔었나 보지.

여자 어떻게 알았어? 아참 또 말했다. 정말 요놈의 입, 입! 아까워라, 그 엄청난 꿈을 로또 기계에 돌려 보지도 못하고 실토하다니.

여대생 아깝기도 하겠다. 너 그날 – 6시 내 고향 – 보고 자서 그런 거야 그거.

여자 얘가 김새게. 기집애 너 자꾸 이럼 국물도 없다.

여대생 봐 줘. 봐 줘. 봐 주라. (찡긋하며) 되면 꼭 나부터 챙겨 줘야 해.

여자 생각해 보고. (지갑 속에서 조심스럽게 종이조각을 꺼내며) 너만 믿는다. 난 그렇게 욕심 없어. 100억. 이런 거 바라지도 않는다. 10억만. 아니, 10억도 필요 없어. (사이) 그래, 1등이 아니래도 좋아, 2등이라도. 알겠지, 2등. 인생역전! 죽이게 근사하잖아. 제발 역전 한번 해 보자. 좋은 거야, 인생역전. 어감부터가 다르잖아. 아무렴 인생역전. 근데 이러다 역전에서 구걸하면 어쩌지? 아유 입, 입! 방정맞게. (다시 곱게 집어넣고, 골똘히 생각에 잠긴다)

여대생 무슨 생각을 그렇게 골똘히 하실까?

여자 어쩌지? 이러다 진짜 되면. (손뼉을 치며) 어마, 이것도 정말 고민이다. 진짜 덜컥 되면 어째?

여대생 신기하다.

여자 뭐가?

여대생 어쩜 그렇게 혼자서도 잘 노니?

여자 히히히 내가 쬐끔 그렇지. 아 고민하다 죽어도 좋으니 어쨌든 한 번만 돼 봤으면.

여대생 그러게. 안 그렇겠니.

사이, 둘은 서글픈 침묵 속에 빠져든다.

사내 (다시 돌아다니며) 이력서요. 이력서요. 이력서요.

여대생 (절박하게) 미치겠어!

여자 (놀라) 야?

여대생 (머리를 쥐어뜯으며) 지긋지긋해!

여자 정신차려.

여대생 아니. 나 미칠 것 같아. 정말 미칠 것 같아. 넌 미칠 것 같지 않니? 아니지, 너도 미칠 것 같지. 그렇지?

여자 애가 정말? 야, 정신차려.

여대생 터질 것 같아. 미치겠어.

여자 너 좀 쉬어야 되겠다. 아르바이트도 중요하지만 며칠 쉬자. 그러자 응.

여대생 어떻게 살아? 무슨 수로? 뭐 먹고!

긴 사이.

여대생 우리 쇼핑 갈래? 그래 쇼핑이라도 가자!

여자 아, 안돼. 너 쇼핑 가서 또 카드로. 아유, 절대 안돼!

여대생 안 그럴 게. 정말이야! 쇼핑 가자. 쇼핑이라도 가 줘. 나 정말 미칠 거 같거든. 응? 그래 줄 거지. (재빨리 여자의 손목을 끌어 새빨간 구두가 진열된 쇼윈도 앞에 다가간다) 너무 근사하다. 그치?

여자 응? 뭐 좀 이쁘긴 하네.

여대생 좀 이쁘다니. 세상에. 정말. 어쩜. 이렇게.

여자 너 무슨 생각해? 혹시 너… 딴 생각은 말어!

여대생 내가 무슨. 그냥 이쁘고 근사하니까.

여자 왜 이러셔. 우린 오늘 눈 딱 감고 쇼핑만 하는 거야.

여대생 눈 감고 무슨 쇼핑이야.

여자 꿈 깨란 소리야. 어림없어.

여대생　너무 비싸지?

여자　너무 비싸지!

여대생　그래도 너무 근사하다.

여자　난 잘 모르겠다 너무 비싸서. (사이) 야, 고만 쳐다봐. 자꾸 봐봐야 속만 쓰리지.

여대생　저 구두 이 핸드백하고 너무 잘 어울리는 거 같지? 그렇지?

여자　택도 없어 너. 접때 핸드백 그거 사고… 아휴, 됐다 됐어. 차라리 나처럼 로또를 사라 로또를.

여대생　누가 산다고 그랬니. 그냥 잘 어울리는 거 같으니까.

여자　꿈도 꾸지마. 앤 카드회사 알바 하면서 뭐 보고 배우나 몰라? (잡아끌며) 안되겠다. 그만 가자 가.

여대생　벌써 가. 이제 겨우 시작했는데?

여자　오늘 쇼핑 쫑이야 쫑! 니 눈이 지금 어떤 줄 알어? 무슨 동그랑 땡도 아니고. 안돼, 가!

5. 카니발

사내　저번에 면접 본… 예. 알겠습니다. (전화를 끊는다)

가로등이 켜진다.

사내　어떻게 사나. 어떻게 살아가야 하나.

여대생, 신발 진열장 앞에 선다. 손에 카드를 꼭 그러쥔 채.

여대생　잠을 잘 수가 없어. 자꾸만 눈에 아른거려서. 상상만 해도.

여자는 달콤한 환상에 젖는다. 이내 카드로 진열장을 긁어 신을 꺼내 신는다.

여대생   정말. 어쩜. 진짜. 이렇게.

그러면 왈츠가 흘러나오고.

여대생   아, 나는 춤을 추네.

그녀는 신발에 이끌리어 춤을 춘다.

여대생   나는 잊네. 반 지하 셋방의 어둠이며, 개수대의 악취며, 다달이 내야 하는 월세며 공과금이며, 마련해야 할 등록금이며 그리고 카드빚이며, 카드빚이며. 나는 잊네, 나는 춤을 추네.

그녀는 더욱 열정적으로 춤을 추고, 남자들이 쏟아져 나와 환호한다.

사내   (절규한다) 그만! 그만! 그만!

6. 라디오

어릿광대 복장을 한 라디오가 책상에 걸터앉아 있다.

라디오   나는 라디오야. 유익한 정보, 빠른 뉴우스. 히히, 사실은 지껄이기 위해 태어났지롱. 궁시렁궁시렁, 속닥속닥, 쫑알쫑알.
사내   (웅크려 있다)
라디오   아함 심심해. (사내의 어깨를 두드리며) 이봐, 궁금하지?

사내	(미동도 않고)
라디오	이봐. 날 좀 쳐다봐. 에이 날 좀 쳐다봐 줘! (사이) 얘가 귀가 먹었나? 너 혹시 귀에서 매미가 맴맴 울어? 그러면 이명증이고 윙윙 울면 이롱증이야. 에, 맞는 건 아니고. 히히 맴맴 울긴 윙윙 울건다 중이염이라고 하지. 근데 이명증은 뭐지? 하긴 뭐면 어때. (사이) 이봐요. 나 좀 봐요— 나 실연당했다우.
사내	(쳐다본다)
라디오	히히 귀는 안 먹었단 소리네. (사이) 궁금하지?
사내	뭐가.
라디오	오늘 하루 무슨 일이 생겼게… 요?
사내	관심 없어.
라디오	쳇, 왜 그래? 세상이 어떻게 돌아가는지 궁금하잖아.
사내	하나도.
라디오	자꾸 왜 이러실까. 얼마나 재미있는 일들이 많았는데. 자 들어봐. 오늘 경기도 김포의 야산에서 20대 남녀 세 명이 동반자살을 했습니다. 조사결과 이들은 수천 만원대의 카드빚을 갚지 못해 고민하다….
사내	그만해.
라디오	계속 들어.
사내	부탁이야.
라디오	난 라디오고 지껄이기 위해 태어났어. 오늘 서울 강남 일대에서 일어난 심야 납치강도 사건의 범인은 과도한 카드사용으로 궁지에 몰린 20대 청년 두 명인 것으로 밝혀졌습니다. 이들은 카드빚을 갚기 위해 부녀자들을 납치 성폭행 한 후 비밀번호를 알아내는 방법으로 현금을 인출한 것으로 드러났습니다. (사이) 어때 유익하지. 흥미진진하지?
사내	제발.
라디오	입에 쓴 약이 몸엔 좋은 거야. 바른 소리가 듣기 싫은 법이고. 어랏, 속보가 왔네. 어제 새벽 2시경 서울시 노원구에서 일어난 살

인사건은.

사내　그만.

라디오　카드빚을 갚아주지 않는다는 친아들 소행으로 밝혀져 충격을.

사내　그만!

라디오　주고 있습니다. 범인은 어머니와 할머니를 살해하고 도주.

사내　그만. 그만해. 그만 닥쳐. 닥치라고! (멱살을 잡아 흔들며) 응. 응. 응! 제발. 그만하라고!

라디오　히힛 이제야 좀 인간 같은 걸.

7. 급전

여대생, 카드 대금 영수증을 들고 멍하니 서 있다. 여자, 신문에 머릴 박고 들어온다.

여자　6, 24, 32, 33… (한숨) 아, 그놈의 꿈은 무엇이고 이놈의 번호는 무엇이길래 이리도 연관성이 없을까. (자책하며) 병신 같은 년. 지지리도 복도 없는 년이라니. (사이) 뭐야?

여대생　(감추며) 아니. 아무것도 아니야.

여자　(영수증을 뺏는다) 야, 너?

여대생　나 어떡하지. (주저앉는다)

사채업자 돈 뭉치를 들고 나온다.

업자　급전— 급전— 급전. 무담보. 무신용. 무대포 장기할부! (여대생을 보며) 아가씨, 급전이 필요하지 않나요?

여대생　(간절하게 올려다본다)

8. 장마

라디오 뭐해?

사내 자.

라디오 에헤, 근데 어떻게 말을 해?

사내 그래도 자.

라디오 일어나. 저 소리 들리지?

사내 저 소리?

라디오 저 소리!

사내 저 소리.

라디오 잘 들어봐. 들리지?

사내 그래 들려.

라디오 먹구름. 장마. 비.

사내 먹구름. 장마. 비. (몸을 떤다)

빗소리.

라디오 정말 비 오네. (자책하며) 에잇, 일기예보가 맞다니. 이런 적이 없었
는데. 미안해 내 평생 첨이야. 정말 첨이라니까. (사이) 그래 인정
해. 내가 잘못했어. 아유 무슨 실망을 그렇게 오래하고 그러실까.
좋아좋아 내 장담하지. 다신 일기예보 따윈 맞는 일 없도록 할
게. 약속해. 정말이라니깐.

사내 하루하루 살아내기도 지쳤어.

라디오 얘가 곧 죽을 것처럼.

사내 곧 죽을 거니까.

라디오 죽는 거 그거 쉬운 거 아니다.

사내 어떻게 살겠어.

라디오	살 방법을 찾아야지.
사내	내가 무슨 방법이 있겠어.
라디오	설마 정말 죽을 작정이야?
사내	(웅크려 몸을 떤다)
라디오	죽을 각오면 무엇이든 다 하겠다.
사내	내가 뭘 할 수가 있겠어.
라디오	그래서 죽기만 기다릴 거야?
사내	(몸을 비틀며)
라디오	정말 버러지 같군.
사내	난 버러지야.
라디오	왜 이래. 버러지도 꿈틀 하고 죽어.
사내	(몸을 비틀어 몸부림친다) 버러지야. 꿈틀꿈틀.
라디오	아냐. 이제 좀 인간 같아.
사내	난 벌레야. 꿈틀 꿈틀 꿈틀.
라디오	이제야 인간 같다니까. 지금 네 모습 정말 사람 같아!
사내	사람?
라디오	꿈틀꿈틀. 아득바득. 네 몸짓. 칼이라도 하나 들어 봐. (칼을 쥐어준다)
사내	칼?
라디오	칼. 모두들 살려고 발버둥친다. 칼을 들고 꿈틀꿈틀. 칼을 품고 아득바득.
사내	모두들 살려고 발버둥친다. 칼을 들고 발버둥친다. 칼을 품고 버 둥거린다. 아득바득, 꿈틀꿈틀.
라디오	너도 할 수 있어. 너도 살 수 있어. 먹고 먹히는 세상. 칼을 들고 발버둥친다. 꿈틀꿈틀, 아득바득. 죽여 버려!
사내	(사이, 칼을 떨어뜨린다) 안돼.

9. 삼겹살과 김치

□ 식당 ― 형과 사내, 한 테이블 / 여대생과 여자, 한 테이블

형　(경마 정보지만) 7경주… 선행마 공략이 포인트라. 6번마 쾌도난마를 축으로 잡고 9번마 핵탄두. 뭐야 장성일이 기승? 아 하필 이 새끼래. 요거 갈등 때리네. 한 번 믿어 봐? 아, 씨 아니지. 믿을 새끼를 믿어야지. 이 새낄 뭘 믿고. (사이) 뭐하냐 안 먹고?

사내　많이 먹었어.

형　이 새낀 맨날. 얌마, 마 내 니 나이 땐 삼겹살 몇 근은 문제없었다. 기회 있을 때 잘 먹어야 하는 거야, 체면 차리지 말고. 그게 다 나중에 너한테 이익이라니깐. (고기를 상추에 싸서 내밀며) 자.

사내　괜찮아.

형　먹어, 임마.

사내　괜찮다니까. (사이) 근데 형.

형　왜? (사이) 애 새끼가 싱겁긴. 넌 어찌된 게 아직도 세상 사는 법을 모르냐? 마 우리 아버지 그렇게 체면 좋아하다 한평생 저 모양 저 꼴 아니냐. 그 덕분에 우리만 직사허니 고생하고. 새낀 저도 봤을 만큼 봤으면서. (경마지로 눈을 돌리며) 내가 니 생각만 하면 잠이 안 와요. 형도 못 나온 4년제 졸업시켜 놨더니. (사이) 우리처럼 없는 집 자식일수록 지 앞가림은 지가 하고 살아야지. 우리가 뭐가 있냐. 빽이 있어 돈이 있어? 쥐뿔 암것도 없지. 세상이 어떤 세상인데. 한 잔 해 임마.

여자　그만 마셔!

여대생　괜찮아. 정말 괜찮아. 나 안 취했어. 봐 안 취했지롱.

여자　안 취하긴. 아주 눈이 맛이 갔다 이것아. (술병을 뺏는다) 그만 마시자. 알겠지?

여대생	(다시 뺏으며) 마시라고 있는 술입니다요. 어쩜 이렇게 달까. 조청도 아닌 것이.
형	삼겹살 하나 더 해?
사내	많이 먹었어. (사이) 진짜 괜찮아.
형	아줌마! 그래 여기. 여기 불판 좀 갈아줘.
사내	불판은 왜? 괜찮다니까.
형	이 자식은 어째 오리지날을 모를까. 김치, 김치 남았잖아. 아줌마 여기 비계 좀 없어?
아줌마	비계요?
형	김치 좀 구워 먹게.
아줌마	껍데기 하나 추가해요. 얼마 안 하는데.
형	이 아줌마가 누가 돈 때문에 그래? 김치 굽는덴 비계가 최고니까 그러지. 글고 우리 이가 안 좋아서 껍데기 못 먹어. 비계 있음 좀만 가져와 봐. (사내에게) 형은 김치 구워먹는 맛으로 고깃집 온다. 소주에는 이게 최고지. 자글자글할 때 한쪽 먹으면… 고기보다 낫거든. 별미야, 별미.
여자	그건 해결됐어?
여대생	뭐? 뭐가 해결될까.
여자	그거 말야.
여대생	그거? 아, 돈! 돈이라. 그럼 해결됐지.
여자	정말?
여대생	걱정 마세요. 다 해결됐네요. 인제 새처럼 자유로워질 일만 남았지롱.
여자	그렇담 다행이지만. 근데 무슨 수로?
여대생	그냥 해결했지. (사이) 왜 그런 눈으로 쳐다보실까요? 왜, 몸이라도 팔았을까봐?
여자	얘는 말을 해도.
여대생	헤헤, 미안미안. 암튼 마련했으니까 돈 얘긴 더 말자 알겠지?
사내	근데 형.

형	응. 그래 왜? (사이) 이 자식은 자꾸. 말해 봐 뭐?
사내	아니, 아니다. 한 잔 해.
형	싱겁긴. 아까 경마 안될 때는 속에서 열불이 나더만. 정보 확실한 거였는데. 조금만 기다려라. 큰 거 한 방만 터지면….
여자	미안하더라. 네가 오죽하면 나한테 부탁을 했을까 싶은 게.
여대생	얘가 자꾸 왜 이러실까. 괜찮아요, 괜찮아.
여자	미안한 건 미안한 거잖아.
여대생	지루해. 어라 술이 떨어졌네요. 언니!
여자	야, 그만 마셔.
여대생	죽기밖에 더 하겠어요. 언니 이슬 하나 더.
사내	근데 형.
형	그래, 형 뭐?
여자	어떻게 형부한테라도 빌려 보려고 했는데 언니 눈치도 있고.
여대생	야, 너… 다 해결됐다잖아, 왜 자꾸.
여자	그래도 미안하니까.
여대생	뭐가 자꾸 미안해? 무슨 죽을 죄졌어. 괜찮다고 몇 번이나 말해야 돼? 니 맘 충분히 알았으니까 작작 좀 해. 뭐가 그렇게 미안하냐고 정말!
형	(홀깃거리며) 세상 좋아졌다. 기집애들이 술집에서 고래고래. (다시 사내에게) 참, 그런데 뭐?
사내	아니, 아냐. (사이) 진짜야 정말 아무것도 아냐.
형	이 새낀 젊은 놈이. 야 임마 뭘 우물쭈물. 말하고 싶은 게 있으면 말하고 당당하게 눈치보지 말고. 니 나이 땐 패기야 패기! 알겠어? 어깨 쫙 펴고 방구도 좀 뽕뽕 끼고. (사이) 나, 니 나이 때 이러지 않았다. 세상아 덤빌 테면 덤벼라. 까짓 맞짱 한번 뜬다는 각오로. 힘들 때 있지. 그래도 집에 손 한 번 벌리지 않았다. 택도 없지! 그럴수록 더 독하게 악착같이! 왜? 나밖에 없거든. 부모형제? 웃기는 소리지. 세상 혼자 사는 거거든.
여대생	(중얼거리듯) 혼자 사는 거지. 그럼 혼자 사는 거고 말고. 아무도

없지.

형   내 딴 건 몰라도 그거 하난 확실해. 또 그렇게 살아왔고. 장가 갈 때만 해도 안 그래? 집에서 어디 십 원짜리 한 장 보태줬어? 안 보태줬지? 그래도 보란 듯이 아파트 하나 마련했다 이거야. 시골에서 올라와 맨땅에 아파트 한 채, 그거 보통일 아니다. 독한 맘 없으면 택도 없어 그거. (사이) 물론 중도금 좀 남았어. (사이) 그래니 형수도 고생했다고 치자. 그래도 그 아파트 90프로 이상 내가 해낸 거야. 씨발 왜 이래 나도 할 만큼 했다고!

사내   왜 그래 형. 형 열심히 산 거 누가 모른다고. 형 고생한 거 다 알아.

형   그럼 열심히 살았다고. 회사 한번 짤릴 수 있어. 장사 한번 말아 먹을 수 있고! 안 그래? 다 그렇게 사는 거지. 그게 무슨 대수라고. 인생 쫑 친 사람 취급을 하고 말야.

여대생   (중얼거리듯) 쫑 쳤어. 쫑 쳤다고. 그래 쫑 쳤지.

형   (여대생에게) 저게 보자보자하니깐. 야 이년아 뭐 쫑?

여대생   흥. 왜 저런데? 내가 당신한테 뭘 어쨌다고 이 자식아!

형   이게 진짜.

사내   (말리며) 왜 이래 형. 저 여자 술 취했잖아. 그만해.

여자   죄송해요. 얘가 술이 많이 취해서. (여대생) 야, 너 정말 왜 이래.

형   (자리에 앉으며 사내에게) 내가 너 봐서 참는다.

여자   (사태를 수습하고) 너 너무 많이 마셨어 진짜.

여대생   (사이) 너 아까 나 때문에 삐쳤지?

여자   삐치긴. 괜찮으니까 술이나 그만 마셔.

여대생   너밖에 없다. 그럼 너밖에 없지. 그래도 술은 마시고 싶어. 딱 한 잔만.

여자   얘가 진짜.

형   경마 한다고 뭐라 그러는데. 왜 이래 잘만하면 경마도 괜찮아. 열심히만 하면 증권이나 경마나 똑같지 안 그래? 막말로 돈 놓고 돈 먹기 똑같은 거다 그거. 암, 그거 똑같은 거야.

여자	에이 씨 로또. 꿈은 정말 죽였는데 어떻게 만 원짜리가 하나 안 돼. 생각하면 생각할수록 열 받네. 그것만 됐어도 니 인생도 알싸하니 한 번 피는 거였는데.
여대생	로또 좋지. 그래 얼마나 좋겠니. (사이) 근데 니가 됐는데 왜 내 인생이 알싸해지남?
여자	왜 이래 이것아. 난 나만 잘 먹고 잘 살 생각 없다. 원래 우리 민족이 그런 민족이 아니잖아. 그거 왜 홍익인간!
여대생	홍익인간? (자지러지게 웃으며) 고맙다 홍익인간. 인제 되기만 하면 되는 거네.
형	룸싸롱 한 번 가 보자고 이러는 거 아니다. 너, 니 조카, 니 형수, 부모님 다 생각하고 있어. 더도 말고 딱 5천만 마련하면. 그래 딱 5천만 마련하면. 씨발 그래 꼬로 박은 거 빼고 5천. 그땐 진짜 마음 잡는다. (사이) 어떻게 살아?
사내	내 걱정은 마, 형.
형	걱정이 안돼. (지갑에서 몇 만 원을 꺼낸다) 이거라도 받아.
사내	괜찮다니깐 형.
형	괜찮긴… 안 봐도 뻔하지.

핸드폰 벨소리 요란하게 울려 퍼진다.

여자	야, 니 전화야.
여대생	내 전화?
여자	누군데? 이리 줘봐.
여대생	받지 마!
여자	누구야, 누군데 그래? 너 혹시.
여대생	아무것도 아냐. 너 무슨 생각해? 정말. 진짜. 뭘 그렇게 쳐다봐? 아무것도 아니라간 정말!
형	하나같이 살기가 힘든지. 죽으라고 살기가 힘드냐. (일어서며) 형, 먼저 간다. 어깨 좀 쫙 펴고. 우리 같은 놈들은 죽으나 사나 깡이

다 깡! 세상 엿 같을수록 더 악착같이. 어떻게든 돈만 벌면… 에이 씨, 간다.

10. 흔해 빠진 비극

□ 형수의 집 / 여대생의 집

여대생　난 두려워.

형수　난 한숨도 못 잤어.

타임벨, 사채업자 나와 여대생과 형수의 집을 오고가며 협박한다.

업자　내 돈! 내 돈!

여대생　살, 살려주세요!

형수　왜, 왜 이러세요!

업자　죽을래. 죽을래. 죽을래!

여대생　제, 제발 살려주세요.

형수　그 인간한테 말해. 남편이 빚진 거잖아!

여대생　미안해요. 살려주세요.

업자　미안할 필요 없이. 내 돈, 내 돈, 그저 내 돈! 미치겠군. 어디 이것들을 파묻어 버릴까. 산 채로 심어 버릴까.

여대생　살려주세요!

업자　정말 파묻어 버리고 싶다. 아, 진심으로 파묻어 버리고 싶다. 진짜 미치겠군. 이, 죽어야 마땅한 년. 돈도 없는 년. 버림받은 년. 이 땅에선 살 수 없는 년. 살아서 안되는 년. 이 모든 것을 합해도 시원찮은 년. 아, 내 아까운 돈을 어떻게 한다. 어떻게 해야 하지?

부위별로 잘라서 내다 팔까? 아, 이러지도 저러지도 못하게 쓸모 없는 년. 어떻게 내 돈을 갚을 거지? 이 택도 없이 몸뚱어리만 남은 년아. 그래, 네년 몸이라도 팔자. 팔아서 받자. (사과 광주리를 내주며) 나가!

여대생 (내팽개쳐진다)

업자 말해! 말해! 말해! 사, 주, 세, 요.

여대생 사… 주…세…요… 사 주세요. 사 주세요.

업자 더 크게. 더 크게. 더 크게.

여대생 사 주세요. 제발 사 주세요. 제발 절 사 주세요. (그만 울음을 터뜨린다)

업자 (형수 집으로 가 대자로 드러눕는다) 에이스 침댄가. 편안하니 조오타.

형수 (거의 울듯) 나가… 나가… 나가라구!

업자 (몸을 반쯤 일으키며) 돈만 줘 봐. 얼싸 좋다 김일병 신나는 어깨춤이 나야. 내 돈!

형수 나가. 그 인간이 다 털어 먹었잖아. 아무것도 없다고.

업자 아파트! 아파트! 아파트! (다시 드러눕는다)

사내 (여대생에게 다가간다, 걱정스럽게) 어디 아프세요? 무슨 일이 있나요?

여대생 (간절하게) 사 주세요!

사내 예?

여대생 절 사 달라고요!

사내 그게 무슨?

여대생 사 달라고요. 이 몸뚱어리 하나밖에 없는 이 몸을 사 주세요 예. 제발 사 달라고요. 혼자만 갖고 놀고픈 장난감이 될까요? 마음껏 가지고 노세요. 그저 파닥거리는 물고기가 될까요? 마음껏 요리해 드세요. 그러니 절 사 주세요. 그러니 돈을!

사내 미, 미안해요. 저도 돈은.

여대생 (멍하게) 왜 내 앞에 얼쩡거리지. 왜? 뭘 바라고. 도대체 왜!

사내 그러니까 그게 당신은 울고 있고.

여대생 불쌍해 보였어? 그래서 동정하고 싶어졌니? 응? 괜찮아. 필요 없어. 필요 없으니까 가 주라. 네 동정 따윈 필요 없으니까 제발. (사이) 왜 안 가니. 난 동정이 필요한 게 아냐. 돈이 필요하다고. 그러니까 꺼져 줄래? 가식 떨지 말고 가 달라고. 제발 가 달라고. (주저앉아 흐느낀다)

사내 (벤치로 가 머리를 묻고 괴로워한다)

업자 질질 짜는데 잘도 사 주겠다. (여대생의 옷, 가방, 구두, 악세사리를 던지며) 입어! 어떻게든 팔아. 어떻게든 빚을 갚아!

여대생 (하나씩 걸치며) 내 스타킹, 내 명품 스타킹. 내 옷, 내 명품 옷. 내 구두, 내 명품 구두. 내 핸드백, 내 명품 핸드백. 내 선글라스, 내 명품 선글라스. 나 죽는 줄 모르고 내가 빚낸 것들. 하지만 이렇게라도 하지 않곤 숨조차 쉴 수 없던 것들. 사 주세요. 제발 절 사 주세요.

11. 주사위

라디오 (칼을 내주며) 받아.

사내 안돼.

라디오 주사위야 받아.

사내 칼?

라디오 한 번이라도 너 꿈틀거리는 모습 좀 보자.

여대생, 술이 흠뻑 취해 벤치에 와 앉는다.

라디오 아주 명품으로 도배를 했는데. 어때?

사내 (치장한 모습의 여대생을 알아보지 못한다)

라디오	계획대로 하자.
사내	계획?
라디오	우리의 죽여주는 계획!
사내	저 여잘?
라디오	그럼 딴 여자 있어?
사내	아, 안돼. (사이) 그게 아니고 어디서 본 것 같기도 하고.
라디오	너 지금도 머뭇하면 그거 인간 아니다. 저런 애 흔치 않아요.
사내	아, 안돼.
라디오	알량한 죄책감? 왜 이러실까. 쟤 입은 것 좀 잘 봐. 명품으로 도배를 했다. 넌 돈 몇 백 때문에 죽을까 말까. 누군 부모 잘 만나서 흥청망청. 하등 죄책감을 느낄 필요 없어.
사내	그, 그래도.
라디오	됐다. 넌 인간도 아니야. 그냥 이렇게 죽어 버리자.
사내	(괴로워한다)
라디오	세상이 널 동정할 거 같니? 너 같은 인간 트럭으로 죽어 준대도 눈 하나 까딱 않지. 도리어 잘 죽었다고 춤을 출 걸. 넌 밥만 축내잖아. 그렇다고 세상이 네게 준 게 뭐가 있어. 그 잘난 가난하고 모멸?

긴 사이.

사내	개, 같, 은, 세, 상.
라디오	그래 개 같은 세상!
사내	더러운 세상.
라디오	좋아, 더러운 세상! 사람 같다. 적개심을 드러내. 뛰어가서 물어!

사내, 여대생을 납치해 무대 밖으로 나간다.
황량한 무대로 유모차를 밀며 형수가 들어온다.

형수 12층, 13층, 14층, 15층, 16층, 17층. 또 17층. 또 17층. 어디까지 올라가야 하나. 언제까지 올라가야 하나. 17층, 17층, 17층. (문득 멈춰서) 이제 나는 어떻게 내려가지.

12. 정지된 카드

여대생은 아직 술에 취해 있다.

사내 (카드를 뿌리며 주저앉는다) 아무것도 없어.

라디오 뭐?

사내 다 정지된 카드라고.

라디오 그럼 쟤 말이 진짜였어? 큰났네. 저 바보 같은 기집애, 주제도 모르고 옷만 번지르 진짜 웃기는 기집애. 미안해, 내 판단 착오였어. 누가 알았겠어.

여대생 뭐랬어. 아무것도 없다고 했지. 그러게 병신같이 나 같은 걸 납치하랬어? 지지리도 못난 것들은 뭘 해도 이 모양이지.

사내 죽고 싶어.

여대생 응. 그래. 맞아. 니 맘대로 해. 못하지? 그래 니가 뭘 할 수 있겠니.

사내 조용히 좀 해. 니 인생은 뭐 대단한 줄 알아.

여대생 니가 뭔데 남의 인생을 들먹여 응. 이 나쁜 자식아!

사내 소리지르지 마. 너 그러다 정말 큰일 난다.

여대생 맘대로 해. 더 이상 살기도 싫으니까. 어서 죽여. 못 죽이겠지. 그렇지 네까짓 게 뭘할 수 있겠어. 병신.

사내 (자기도 모르게 여자의 목을 조른다)

여대생 (반항하지 않는다) 그래 죽여 줘. 나도 이젠 지겹다.

사내 이이! (손에 힘을 푼다, 엎드려 흐느낀다)

여대생 차라리 죽이지.

13. 주사위

조금씩, 조금씩 새벽 미명이 퇴어온다.

라디오 이제 어떡할 거야?

사내 (그저 미동도 없이)

라디오 어떡한다. 저 여잔 네 얼굴도 알고 너 사는 데도 알고. 아, 진짜 어떡하나. 쟤도 대단해. 이 상황에서 잠이 오나 몰라? 하긴 술에 떡이 됐었으니. 잘 하면 기억 못할 수도. 보내 줄까?

사내 (쳐다본다)

라디오 그래도 네 얼굴은 기억할 거야. 그럼 설마 그걸 잊겠어.

사내 (다시 무릎에 얼굴을 묻는다)

라디오 이거 어쩌지. 아무리 생각해도 참 방법이 없긴 없네. (칼을 던진다) 어떻게 할까?

사내 칼.

라디오 주사위라고 생각해. 뭐 그게 그거지만. 어떻게 한다?

사내 (고개를 젓는다)

라디오 이 상황에선 두 가지 방법밖엔 없어.

사내 (쳐다본다)

라디오 첫째, 살려서 보낸다. (사이) 둘째 파묻어 버린다. 물론 죽여서. (사이) 어떻게 할까? 곱게 보내 줘? 곱게 보내 준다. 그리고 네가 감옥에 간다. (사내의 어깨를 토닥이며) 훌륭해. 뭐 넌 이번이 초범이니깐 한 5, 6년 아니 7, 8년 쥐 죽은 듯 썩었다 나오면 괜찮을 거야. 물론 널 아는 친구나, 선생님, 기타 첫사랑 여자 친구나 이런 사람들이 알게 되겠지만 그게 뭐 대수겠어. 네 부모님이나 형, 형수가 이 사실을 알고 괴로워하는 것도 뭐 따지고 보면 대수는 아니지. 납치강도 미수라 훌륭한데.

사내 (고개를 숙이고 몸을 떤다)

라디오 실은 그거 죽느니만 못해. (사이) 죽이자. 잠들어 있을 때 말야. 깨고 나서 살려 달라네 어쩌네 하면 괜히 마음만 찜찜해져. 걱정마. 저런 애 어디 종적없이 사라진대도 누가 알겠어. 집도 절도 없지. 분명해. (칼을 쥐어 주며) 자 해치우자. 걱정 말고. 이 방법이 최선이다. 아니 이 방법밖에 없어.

사내 (몸만 떤다)

라디오 지금 어떤 상황인지 아직도 모르겠어? 너 강도에 납치에 감금이야. 니 얼굴도 알아. 너 사는 집도 알아. 너에 대해서 다 알아. (사이) 그래 좋아. 감옥 가자. 그러면 너만 끝나? 너네 가족 모두 공중분해지.

사내 그만해.

라디오 그래 그만하자. 나도 입 아프다. 그래도 니네 형순 진짜 불쌍해. 너한테까지 실망하면 그 충격 크지. 이래저래 집안이 산산조각 나는군. 그니까 한 집안이 너로 인해 완전 해체되는 거라고. 인생 해체. 공중분해!

사내 그만. 그만해. 닥쳐. 닥치라고! (라디오를 두들겨 부순다)

라디오 (싱긋이 웃으며) 이럴 때 보면 조금 인간 같기도 해. (사이) 죽이자. 가. 떠올려. 아버지, 형, 형수, 어린 조카. 그리고 니 인생. 쟤 하나만 죽으면 아무 일 없다는 듯 말끔해진다구.

사내 (여대생에게로 다가간다)

라디오 과일. 과일이라고 생각해. 복숭아, 참외, 수박, 사과, 배. 내리쳐.

초인종 벨소리.

14. 김치 없인 못살아

사내   누, 누구지?

다시한번 초인종 벨소리. 까치가 종을 울리듯.

여대생   (벨소리에 깨어난다, 사내가 입을 틀어막는다)

사내   조금이라도 소릴 지르거나 허튼 짓 하면 너 죽고 나 죽고야.

여대생   (놀라 고개만)

사내   (간절하게) 정말 너 죽고 나 죽는다.

여대생   (고개만 끄덕끄덕)

형수   도련님! 도련님!

사내   형, 형수님?

형수   도련님! 저 왔어요. 팔 아파 죽겠어요. 빨리요.

사내   예, 예. (여대생의 입을 청테이프로 막고 옷장에 집어넣는다)

라디오   (형수가 들어오면 책상에 걸터앉아 미동도 않고 눈치만 살핀다)

사내   (문을 열며) 형수님. 이 시간에.

형수   김치 가지고 왔어요. 하도 안 오시길래. 휴, 여기 김치요. 애들 잠 깨고 나면 움직이기도 수월치 않을 것 같고.

사내   형수님도 전화를 하시지.

형수   멀기나 해요. 잠도 안 오고… 이상하게 오늘 아니면 다신 못 가져 다 줄 것 같은 생각도 들고. 아유 내가 무슨 소릴. (말을 돌리며) 도 련님 겉절이 좋아하잖아요. 놔둬봐야 물 생기고. (보자기를 풀어 김 치를 찢어 건네준다) 드셔 보세요. 아삭아삭할 거예요.

사내   맛, 맛있네요.

형수   앞이라고 거짓말 아니죠?

사내   정말 맛있어요. 시원하고.

형수	멸치액젓 안 넣었어요. 도련님 젓갈 싫어하시니까.
사내	아셨어요.
형수	그걸 왜 몰라요. 젓갈이라면 그이도 질색인데.
사내	맞아 형도 그랬지. 잘 있죠 형?
형수	그럼요. 근데 도련님 정말 맛있어요?
사내	정말 맛있어요.
형수	다행이다. 이래뵈두 고랭지 배추 속 꽉 여문 놈에다가 배도 넣고, 잣도 넣고⋯ 보통 김치 아니예요. 이거.
사내	배추 값 장난 아니라던데 형수님도.
형수	진짜 정말 비싼 거 있죠. 그래도 되련님이 알아주니까 고맙다. 참 밥은 있죠?
사내	예?
형수	김치하고 밥하고 드시는 거 보고 갈래요.
사내	저 배 안 고파요. 진짜 괜찮아요.
형수	뭐가 괜찮아요. 되련님 밥 드시는 거 한 번 보고 싶어서 그래요. 밥은 있죠? (밥솥을 열어 보고) 도련님! 좀 귀찮더래도 밥은 꼭 해 드시라고⋯ 도대체 언제 해 드신 거예요? 뭐 먹고 살았어요 그동안? (사이) 되련님 정말 이러시면 안돼요. 젊어 이러면요 나이 먹어 고스란히 돌아와요. (솥을 씻으며) 기다려 봐요. 해 드릴 게요.
사내	형수님 알겠는데⋯ 저 지금은 정말 배 안 고픈데.
형수	해 주고 싶어요. 맨날 해 주는 것도 아니고 다시 언제 제가 해 준다고. 기다려 봐요. 앉혀만 놓으면 금방이니까. (솥에 쌀을 앉힌 후 사내 옆에 와 앉는다. 한숨)
사내	(걱정스럽게) 무슨 일 있어요?
형수	무슨 일은요. (애써 웃는다) 맨날 그렇죠 뭐.
사내	무슨 일 있죠. 형하고 싸웠어요?
형수	무슨 싸울 일이 있겠어요.
사내	정말요.
형수	그럼요. (사이) 싸우고 싶어도 싸울 수가 없어요. 집에 들어오질 않

으니깐.

사내 집에 안 들어와요?

형수 안 들어온 지 오래 됐어요.

사내 예?

형수 어디 갔는지. 뭐하고 사는지. 죽었는지 살았는지 찾아도 찾을 수가 없네요. (사이) 전화만 오네요.

사내 전화는 해요?

형수 (가로저으며) 빚 갚으라고. 사채업잔지 깡팬지 뭔지. (사이) 나쁜 자식. 도련님 앞에서 뭐하지만 저 그 인간 죽었는지 살았는지 하나도 안 궁금해요. 차라리 죽던지. 그래 제발 저 혼자 곱게 죽던지. 저만 도망가면 다야. 남은 우린 어떻게 살라고!

사내 그게 무슨 소리예요, 형수님.

형수 전화뿐인 줄 아세요. 협박에 욕에 심지어 거실까지 들어와서 대자로 드러눕고… 얼마나 두렵고 겁난 줄 아세요. 미칠 것 같았어요. 그 지경으로 해 놓고 사라졌어요. 어떻게 그럴 수가 있어요. 그게 인간이예요. 지가 차마 인간이라면 그럴 수 있어요!

사내 (울컥 눈물이 치민다) 어떡해요 형수님.

형수 이젠 괜찮아요. 다 줘 버렸거든요. (사이) 17층 우리 아파트, 젤 높은 층 당첨됐다고 그렇게 좋아했던 우리 아파트. 중도금 해약하고 줘 버렸어요. (사이, 애써 웃으며) 차라리 홀가분해요. 덕분에 그 아파튼 없어졌지만. 뭐 괜찮아요. 첨부터 그랬어요. 그저 꿈만 같았지 집이 생겼다는 실감은 하나도 안 났으니까. 결국 우리 집이 되지 않을 운명이었나 보죠. 과분한 꿈이었죠. 하긴 나 같은 게. (사이) 참 옷 가져왔는데. 그이 입던 건데 아직 쓸 만해요. 그 인간 맘에 안 든다며 한 번도 안 입은 거예요. 아깝잖아요. (옷을 대보며) 딱 맞네. 잘 어울려요. 옷장에 넣어놓을 게요. (말릴 틈도 없이 일어서 옷장에 간다)

사내 (미처 깨달은 듯) 형, 형수님!

형수 예? (옷장 문을 열며 짧게 비명)

긴 사이, 형수는 여대생의 입을 막은 청테이프를 쳐다보며 몸을 떤다.

형수 누, 누구예요?

사내 (자포자기 심정이 돼 고갤 숙인다)

형수 (말이 많아지고 두서가 없어지는) 여, 여자친구? 아 그렇구나. 그, 그렇죠. 도련님 여자친구 맞죠? 맞아, 아까 몇 번이나 초인종을 눌러도… 그때 제가 눈치 챘어야 했는데. (여대생에게) 미, 미안해요. 연락도 없이 불쑥 찾아와서. 그, 그렇다고 도련님도 옷장 속엘. 아가씨 나오세요. 많이 놀라셨죠. 저 사람 형수 돼요. 그러니까 댁남자친구 형수. 내가 왜 이런데. (머쓱하게 웃는다) 저도 당황했나봐. 도련님 여자친구 첨이라.

여대생 (묵묵히 바라본다)

형수 (입을 막은 청테이프를 떼며 몹시 손이 떨린다) 도, 도련님 어쩜 이럴 수가. 정말 그렇게 안 봤는데.

사내 형수님 죄, 죄….

형수 도련님이 변태일 줄은 상상도. 어머 제가 주책없이. 죄, 죄송해요. (여대생이 말할 틈을 주지 않으려는 듯) 놀랐죠. 정말 놀랐죠. 너무 놀라지 말아요. 도련님이 낯을 많이 타서 그랬나봐요. 인사시키기도 뭐하고 하니까. 아유 내가 또 무슨 말을. 부끄러워 마세요. 괜찮아요. 젊을 때 다 그런 거죠. 정, 정말요. 아유 우리 그이도 가끔 그랬는데요. 이 집 남자들이 좀 그런가 봐요. 아유 내가 왜 이래. (웃는다) 주책없는 형수라고 욕할라. 앉아요. 밥 가지고 올께요. 어디 밥이 다 됐나.

여대생 (자리에 앉으며 사내를 뚫어지게 쳐다본다)

사내 (고개를 숙인다)

형수 밥 정말 잘 됐다. 고슬고슬하니. 진짜 잘 됐어요. 좀만 기다려요. 제가 맛있게. (밥상을 차려오며) 차린 게 없어요. 다, 다들 말들이 없을까. 저 때문에 그러신 거? 괜찮아요. 그게 부끄럽나요. 젊을 때 다 그렇죠. 들어요. 찬이 없어 어째. 진짜 달랑 김치 하나밖에. (자신도 모르게 웃음이) 근데 이거 보니까 웃기다. 김치하고 밥. 옛날에요 제가, (별로 웃기지도 않는 이야기를 눈물이 고일 정도로 과장되게 웃으며 이야기한다) 그러니까 제가 고향이 시골이었거든요. 그때 김치서리라고 있었어요. 수박도 참외도 아니고 김치. 그걸 서리 해다 먹었다니까 겨울에. 왜 안 웃기겠어요. 아무리 먹을 게 없었다지만 김치를… (웃음) 그래도 그렇지 김치를. 어떡해요 겨울이라 밤은 길지 먹을 건 없는데 입은 얌냠하지. 그러니 밤마다 남의 집 김칫독 가서 몇 포기 서리 해 먹는 건 예사야. 그런데 하루는 이런 일이 있었어요. 이게 진짜 웃기는 이야긴데… (미친듯이 웃음이 나온다) 에구 왜 이렇게 먼저 웃음이 나오나. 미안해요. 아무튼 눈이 펑펑 내리는 밤이었어요. 옆집 숙자랑… (다시 웃음) 이름도 숙자가 뭐야. 하긴 말자도 있었으니까. 아무튼 숙자랑… 그래 걔랑 나랑 김치 서릴 갔다 왔죠. 참말당 댁이라고 성질 앙칼지기로 소문난 할머니였는데… 뭐 어쨌든. 그래 다녀와서 한창 맛있게 먹고 있는데… 갑자기 문이 벌컥 열리면서 이 도둑년들아 이러며 우리 머리끄뎅일… (다시 웃음) 보니 참말당 댁, 참말당 댁이야. 어쩔 수 있겠어. 직사하니 맞았지. 그래도 억울하지. 저 할마시가 귀신도 아니고 어떻게 알고 왔을까 그래 알아봤더니. 글쎄 숙자 그 가시나가 가져 온 바가지가… 그게 깨진 바가지였지 뭐예요. 하얀 눈에 김칫국물이 뚝뚝 떨어져 있었으니 보고 따라와서 우릴. 아이고 배야. (그렇게 한창을 더 웃다가 머쓱해진다) 면구스러라. 김치랑 밥만 있는 밥상 보니깐 갑자기 옛날 생각이 나서. 미안해요. 그래도 가끔은 이렇게 따신 밥에 갓 담은 김치 한쪽 얹어 먹어도 꽤 괜찮거든요.

사내와 여대생, 밥을 시원하게 먹지 못한다.

형수 아유, 다들 깨작깨작. 김친 그저. 이렇게 쭉쭉 찢어서. (김치를 쭉쭉 찢어 여대생의 수저에 올려주며) 드셔 보세요.

여대생 괜, 괜찮아요.

형수 이런 건 원래 좀 푼수처럼 먹어야 맛있어요. 어때요? 맛있죠?

여대생 예.

형수 이런 말하면 좀 뭐하지만 제가 김치 하난 좀 해요. 제 자랑하는 게 아니라… 도련님도 그랬잖아요, 그죠?

사내 그, 그럼요.

형수 아가씨 김치 맛있게 담는 법 알켜 드려요? 가르쳐줘야지. 되련님 여자친구니까 제가 특별히 전수해 주는 거예요. 일단 재료가 중요해요. 고춧가루 하나, 배추 하나, 무 하나 할 거 없이 좋은 놈으로다 말예요. 싸다고 중국산. 그럼 절대 안돼죠. 물론 싼 게 좋지만 그래도 고춧가루만큼은 절대 국산. 그래요. 그 담에 중요한 게… 사실 이게 유식한 말로 키포인트란 건데… 절일 때 시간하고 소금. 이거 정말 중요하거든요.

여대생 (사래가 걸려 기침을)

형수 사래 걸렸어요? (등을 두드리며) 도련님 물 좀.

사내 (부리나케 물을 가져온다) 여기.

형수 쭉 들이켜요. 괜찮아요?

여대생 예.

형수 다행이다. (웃으며) 아유, 눈물 쏙 빠졌네요. 빨개요 눈.

여대생 그, 그래요?

형수 그래도 흉하진 않아요. 어여 더 들어요.

여대생 좀 드세요.

사내 그래요. 형수님도 좀.

형수 전 괜찮아요. 두 분 먹는 거만 봐도 배부른데요. 정말 보기 좋아요. (상황을 잊고) 어떻게 만났어요?

여대생 예?

사내 형, 형수님.

형수 참. 아, 아뇨. 어떻게 만난 게 중요하나요. 앞으로가 중요하죠. 신경 쓰지 말고 식사들 하세요. 도련님 연애하는 거 꼭 한 번 보고 싶더니. 이젠 제 마음이 조금 홀가분하네요. 여자 친구도 보고. 이렇게 보고 가서 얼마 다행인지. 무엇보다 도련님이 잘 되야 하는데… (사이, 간절하게) 저기요. 아가씨. 그러니깐. 제가 이런 말하는 게 해도 될지 어떨지. 그러니깐 어떻게 말해야 하나. 말하려니까 좀 민망하고 낯부끄럽지만 정말 진심으로 말할 게요. 살아오면서 보고 그랬던 거. 그러니까 우리 도련님요. 사람 하나 정말 착해요. 혹시라도 오해가 생기고, 맘 상하는 일이 생겨도 저 사람 본심은 그렇지 않다. 원래는 참 선한 사람이다. 최소한 근본은 너무 착하고 맑은 사람이다. 아무리 큰 잘못을 해도 딱 한 번만 그저 눈감고 모른 척 딱 한 번. (거의 울먹이려 한다)

여대생 (말없이 쳐다만)

형수 그래 주실 거죠? 꼭 그래 주실 거라 믿어요. 그렇게 해 주실 거죠.

여대생 (얕게 고개를 끄덕인다)

형수 고마워요 정말. 진심으로. (사이, 일어서며) 이만 가 볼 게요.

사내 가시게요.

형수 그만 가야죠.

여대생 (따라 일어서며)

형수 일어나지 마세요.

사내 좀더 있다 가시지.

형수 가야죠. (나가려다) 저기.

여대생 예?

형수 다시 한 번 고마워요. (사내에게) 되련님.

사내 예.

형수 제가 이런 말할 자격이 있는지… 같이 살아야 해요. 힘들수록 더욱. 모두 같이.

사내 ….

형수 그리고 되련님… 김치만 있어도 밥 먹고 살아요. 살 수 있어요.

사내 형수님. (형수 뒤돌아보지 않고 잠깐 멈춘다) 형수님도 같이.

사내와 여대생 한참을 어색하다.

사내　　고마워요.

여대생　뭐가요?

사내　　…!

여대생　전 고맙지 않아요.

사내　　신고할 건가요.

여대생　아유 머리야. 필름이 끊겼었나 아무 생각이 없네. (밥상에 앉으
　　　　며) 마저 먹어도 되죠?

사내　　신고해도 되요.

여대생　(다시 사래) 물 좀!

사내　　예?

여대생　물요, 물!

사내　　(부리나케 물을 가지고) 여기!

여대생　휴, 좀 살 것 같네. 안 드세요?

사내　　예?

여대생　속 쓰려 죽는 줄 알았네. 신기하지, 김치하고 밥만 가지고도 해장
　　　　이 되다니. 뭘 그렇게 멍하니 쳐다봐요? 밥 먹는 거 첨 봐요?

사내　　아, 아뇨.

여대생　안 드세요?

사내　　먹, 먹어야죠.

여대생　벌써 잊었어요? 남자가 깨작깨작. 줘 봐요. 댁 형수님이 이렇게
　　　　쭉쭉 찢어서 먹어라고. (찢은 김치를 내주며) 자요.

15. 에필로그

유모차를 밀며 무대를 도는 형수.

형수　17층, 17층, 17층, 또 17층. 또 17층. 내 모든 것이었던 17층. 내 피눈물이 이룬 17층. 17층, 17층, 17층… (멈춘다) 나는 어떻게 내려가나. 여길 다시 어떻게 오를 수 있나.

사이, 유모차에서 아이들을 꺼내든다. 몇 발자국 걸어 나온다. 난간에 선다. 팔이 떨린다. 손이 떨린다. 그렇게 한참을. 차마 품속에 안고 오열한다.

형수　내 아가! 우리 아가! 하지만 나는 어떻게 사니. 이렇게 어떻게 살 수가 있니.

유모차에 아이들을 넣어 놓고 형수 혼자 걸어나온다.
난간에 선다. 바람결에 아련하고 그리운 소리들이 흩어져 들린다.

— 웃어요. 그렇게 뻣뻣하게 있지 말고.
— 자기 웃으래잖아.
— 내가 지금 우는 거야? 열심히 웃고 있구만.
— 형수님, 형 그 정도면 최선을 다한 거예요.
— 들었지? 이거 이래뵈도 최선을 다한 거라고.
— 그게 웃는 거야. 봐 나처럼.
— 사모님 좋으시고. 남편 되시는 분 논산훈련소 증명사진 찍습니까. 펴요 펴.
— 허허, 저 양반이.
— 아, 좋아요. 그래요 그 자세.

— (웃으며) 형 됐대요.

— (웃으며) 어쩐 일이래 당신이.

— (웃으며) 빨리 찍으라고 해. 이거 삼 초 간다.

— 자자 좋습니다. 웃으면 되는 거예요. 웃어요. 좋아요.

기억하는 형수의 입가로 엷은 미소가 퍼진다.

—「자 찍습니다. 다들 김치이—

찰각, 어둠.

어둠 속에서 타임벨 소리, 핸드폰 벨소리. 소리, 소리만.

라디오	유익한 정보, 빠른 뉴우스. 어젯밤 강서구 화곡동 낙원아파트 17층 난간….
여대생	입을 막아요!
사내	걱정 마요. 청테이프, 청테이프!
라디오	읍. 읍.

하늘에서 어떤 음악.

하느님, 저희를 구원하소서.

막이 내린다.

파행 跛行

등장인물

혼령(魂靈)1, 신부(新婦)1, 왕후(인현왕후) = 일인다역
혼령(魂靈)2, 신부(新婦)2, 희빈(장희빈) = 일인다역
의원(議員)1, 시부(시아버지)1, 우암(송시열) = 일인다역
의원(議員)2, 시부(시아버지)2, 백호(윤휴) = 일인다역
흰가면 왕(현종), 검은가면 왕(숙종) = 일인다역
신랑1, 2(인형) = 인형의 조종은 시부1, 2가 한다.

아비(숯막아비)	순임(아비의 딸)
모1(신부1의 어머니)	모2(신부2의 어머니)
대비(자의대비)	비복1(안잠이), 비복2
시인(詩人)(윤선도)	안부(雁夫)

—이하는 코러스를 겸한다.

유생1   시부 1의 무리
유생2   시부 2의 무리
西人   우암의 무리
南人   백호의 무리

그 외 장사꾼, 백성들…

장소와 시간

프롤로그

너릿재, 현재, 밤

극

1. 신부들의 집. 너릿재. 19세기 중, 후반. (예송논쟁으로부터 200년 후)
2. 어전, 17세기 중, 후반 (현종 · 숙종 연간 ― 제1 · 2차 예송논쟁과 환국(換局)기간)

에필로그

너릿재, 현재, 밤

무대

심도가 깊을수록 좋다.

작가노트

1. 이 극의 모태가 된 것은 경남 하동의 가마고개에 내려오는 설화說話이다.

2. 설화는 혼례를 마치고 신랑집으로 우귀于歸하던 두 개의 가마가 높은령(가마고개) 좁은 길에서 맞부닥친 것에서 시작한다. 이들 두 집안은 학통學統과 당파黨派를 달리하는 오랜 앙숙 집안이었다. 그들은 가마가 지나갈 길을 터주는 것이 마치 상대 집안에 무릎을 꿇는 것이라도 되는 것처럼 생각했고, 한치의 양보도 없이 대치하였다. 그리고 각 문중의 종친과 유생들까지 올라와 응원하는 촌극까지 벌어진다. 절대 길을 못 내주겠다는 두 집안의 한결같은 고집은 종당엔 신부에게 자살을 강요한다. 결국 두 신부를 가마채 절벽에서 떨어뜨리고 길을 넘어갔다고 한다.

3. 극의 구성상 두 가문의 갈등을 좀 더 명확하게 하기 제1차 예송논쟁까지 소급했다. 하지만 1, 2차 예송논쟁과 경신, 기사, 갑술환국 등을 중첩시켜 놓았기에 연대기적 구분은 의미가 없다. 이 극에서 시간의 중첩重疊과 인물의 중첩은 이와 같은 것에 연유한다.

1. 너릿재 / 프롤로그(현재)

자욱한 안개 속에선 모든 사물들이 분별을 잃고
그저 연약한 소리들만 끼어 있어서,
살금살금 뒤꿈치를 내딛는 소리, 두리번두리번 경계하는 소리
얕게 내뱉는 숨소리, 두려워 눈망울을 굴리는 소리, 한숨소리, 탄식소리
사이, 사륜 구동소리와 함께 라디오 주파수 맞추는 소리
— 극한 대치로 치닫던 여야는 / 총선을 앞두고 본격적인 민생 챙기기 /

의원1　안개, 안개, 안개. 안개 때문에 당최 보여야지.

의원2　안개, 안개, 안개. 안개 때문에 더욱 확실허네.

의원1　확실해.

의원2　확실해. 쉿—!

숨는다, 숨는다, 숨는다. 뛴다, 뛴다, 뛴다. 달아난다, 달아난다. 라디오소리
/ 지난달 22일 오후 경기도 팽택시 통복동 여중생 정모양이 생활고를 비관 /
순임 등장.

순임　숨막혀, 나는 겁먹은 사슴, 노루, 고라니.

총소리. 순임 쓰러진다. 의원들 죽창과 엽총을 들고 나와 춤을 춘다.

의원1　잡았다.

의원2　잡았다.

의원1　제대로 맞았군.

의원2　정확히 꿰뚫었어.

의원1　내 사격 솜씬 조금도 녹슬지 않았어.

의원2	미안하네만. 내가 잡았네.
의원1	자네가? 허허, 웃음밖에 안 나오는군. 내가 쏜 총에 맞았네 이놈.
의원2	각도를 봐. 이 사람 우길 걸 우겨야지.
의원1	윤 의원 나 장군 출신일세.
의원2	그게 지금 뭔 상관인가.
의원1	어허, 내가 베트남 가서.
의원2	통신 장교였다면서 뭘. 아무튼 이놈 잡은 건 날세. (만지며) 싱싱하군.
의원1	이거 봐, 윤 의원!
의원2	왜 이러시나, 송 의원!

— 혼령들 나온다.

혼령1	피가 식겠어….
혼령2	그만 해야지….
의원1	사람들한테 물어봐. 장군 출신인 나하고 군대도 안 갔다 온 자네하고 과연 누가 이놈을 잡았겠는지.
의원2	왜 그걸 사람들한테 물어. 요는 지금 이놈을 잡은 건 나라는 사실이지.
의원1	미치고 환장하시겠소. 그렇게 잡았다고 우기고 싶은가.
의원2	우기는 게 아니라 사실이.
의원1	그만 하세, 그만해. (만지며) 고라니 치곤 큰놈이야.
의원2	고라니? 이거 노룰세. (손을 들어 보이며) 봐, 노루 맞잖나.
의원1	이 사람이 아까부터… 작고, 길고 이게 고라니지 달리 뭐가 고라닌가?
의원2	발을 봐. 이게 어디… 요즘 자네 공천 때문에 골치가 아프다더니.
의원1	국회 있을 때 이야기고. 아니지, 자네야말로 정신이 오락가락 하다더니.
의원2	이 양반이 이제 아주 미친 사람 취급을. (밀친다)

의원1　방금 밀쳤냐? … 이 사람이. (총을 가져다 댄다)

의원2　헛…어디 겁날 줄 아나? 그래 당겨 봐. 어서.

의원1　이, 군대도 안 갔다온 주제에 정말… 죽고 싶어 환장했어? 고라니, 고라니, 고라니.

의원2　노루, 노루, 노루.

　　　— 의원들 으르렁거리며 원을 돈다.

혼령1　피가 식겠어….

혼령2　그만 해야지….

의원1　고라니, 고라니, 고라니!

의원2　노루, 노루, 노루!

의원1　고!라니는소목사슴과의포유류로서복작노루라고도하며몸길이는약90센티미터어깨높이약50센치꼬리길이4에서8센치몸무게9에서11그람암수가모두뿔이없으며초식성갈대밭관목림건조한것을좋아하고오월경에한배에하나에서세마리를낳으며
　　　— 호랑이표범곰늑대독수리등에게습격당한다!

의원2　노!루는소목사슴과의포유류로서몸길이가100에서120센티미터어깨높이60센치에서75센치뿔은수컷만있고3개의가지가있는데11월에서12월에탈락하고새로운뿔은5에서6월에완성되며야산삼림지대에서식새끼는생후한시간이면걸어다닐수있고
　　　— 호랑이표범곰늑대독수리등에게습격당한다!

혼령1　잘못했어요!

혼령2　그러지 말아요!

혼령1　제가 아파요!

혼령2　제가 울어요!

혼령1　피가 식겠어!

의원들　그래 피가 식겠어!

— 의원들 죽창을 들어 순임의 목에 찌른다. 마치 윤간(輪姦)을 연상시킨다.

의원1　하…! 달고 꿈꾸는 듯.

의원2　하…! 매운 피 맛인 듯.

의원1　하…! 후끈한 살 맛인 듯.

의원1　하…! 타오르는 듯.

혼령들　살고 싶어요… 제발 살고 싶어요… 아버님… 아버님, 그만요.

혼령1　때는 아득히 멀어 그립지도 않은데….

혼령2　기억나는 것이라곤 천 길, 만 길….

혼령1　춥고 아득해서, 깊고 아찔해서.

혼령2　나는 사면이 벽인 한 뼘 짜리 벽에 갇혀.

혼령1　나는 떨어져 가볍지도 않은 납꽃이어서.

혼령2　나는 떨어져 아름다운 배꽃도 되지 못하고.

혼령1　잠자리 날개처럼 얇은 속곳.

혼령2　하지만 날개도 되지 못하고.

혼령1　아찔해서 그만 시퍼런 불꽃같이 아찔해서….

혼령2　돌보다 차가운 내 몸, 돌보다 무거운 내 몸….

혼령1　그 여리디 여린 내 몸. 여리디 여린 속살….

혼령들　하지만 아버님, 아버님은 왜 그러셨나요?

혼령1　아버님 그 곳은 너무 높았어요!

혼령2　아버님 그곳은 너무 두려웠어요!

혼령1　제가 너무 어렸잖아요!

혼령2　제가 너무 아팠어요!

혼령1　저도 꽃이 될래요!

혼령2　살아서 고운 빛깔. 저도 꽃이 될래요!

혼령1　살아서 고운 자태. 저도 꽃이 될래요!

혼령2　살아서 이쁜 세상!

혼령1　살아서 착한 효녀!

혼령들　살아서, 살아서요! 제발 살아서요. 살고 싶어요. 살려주세요!

의원1 살 것 같군.

의원2 힘이 솟아.

의원1 한 마리 더 해 볼까.

의원2 더 나올라구.

의원1 잊었나. 안개, 안개, 안개.

의원2 그렇지. 안개, 안개, 안개.

— 의원들 순임을 끌고 나간다.

혼령1 집을 떠나기 전 마당엔 오래된 나무가… 그게 뭐였더라?

혼령2 꽃분홍 연분홍 복사꽃. 연분홍 꽃분홍 복사꽃!

혼령1 그래 복사꽃! 복사꽃이… 그래 복사꽃이 얼마나 아름다웠던지….

혼령2 그 붉은꽃, 아주 작은 꽃망울… 그 붉은 꽃, 아주 작은 꽃망울. 그래, 망울만 져! 하지만 수줍은….

혼령1 하지만 수줍은! 그 붉은꽃, 아주 작은 꽃망울… 그 붉은꽃, 아주 작은 꽃망울. 아, 그 붉은꽃… 아주 작은 꽃망울. 아, 그 붉은꽃, 아주 작은 꽃망울….

혼령들 집 앞엔 많은 사람들… 대문, 중문은 말할 것도 없이… 방문이며, 부엌문, 곳간 문들이 제대로 여닫힐 겨를도 없이… 뒤안에는 흰 떡이며 인절미를 만드느라 내려치던 떡메소리와 장작 패는 소리… 다듬이 소리, 안채, 사랑채, 뒤안, 부엌, 앞마당, 중마당, 마루, 대청, 할 것 없이 가득 차, 가득 차.

— 혼례 준비로 바쁜 신부들의 집이 펼쳐진다.

2. 신부의 집 / 극劇(19세기)

— 신부1은 책을, 신부2는 수를 놓고 있다.

신부1 경신년 인경왕후 김씨 승하하시매, 대왕대비께서 존위 비었음을 근심하시어 간택하라는 영을 내리오셔 신부를 구하시니, 길일이 이르매 민공이 어의를 갖추어 혼례를 행하시니, 만조백관이 시위하고 칠보 단장한 궁인 시녀가 큰길을 덮어 십 리에 늘어서고…. (한아름의 옷을 가지고 모1과 비복 들어온다)

신부1 (일어서며) 어머님….

모1 너도 참… 책이 이리 좋을까. 혼례 코앞에 두고.

신부1 인현왕후전입니다. 간택 받고 궁에 막 들어가는 구절요.

모1 세상사 근본을 아는 것만큼 좋은 게 없지. 우리가 여흥 민가이니 현숙하신 인현왕후님은 우리 조상되신다.

신부1 현숙하신 분이셨는데 후에 고초가 심했다고.

모1 시집살이란 왕가와 여염집이 별반 다를 게 없는 게지. …여하튼 네 벌써 시집을 다가고. 오라비들이 살아 있었으면 얼마나 기뻐했을까.

신부1 저 하나만 보고 사셨는데 어머니….

모1 내가 또 괜한 소릴…. 가설랑 너만 잘 살면 된다.

모2 얘가 죽자고 싫어하던 수繡를 다 놓고?

신부2 쳇, 언제는 안 놓는다고 성화더니… 왜요, 시집가기 전에 효도 한 번 하려구요.

모2 그렇다고 혼례 코앞에 두고 얘가. 이것아 다 너 생각해서 시켰던 일이야. 시어미 무서운 줄을 알아야….

신부2 지겨워라 잔소리.

모2 시댁이 좀 대단한 가문이냐. 당대의 석학이었던 백호 윤휴 선생의 종갓댁이다. 알발로 새까지 후리러 다닌 며느리란 걸 알면 어쩔까 싶어.

신부2 아무튼 전 그게 훨씬 신나는데요 뭐. 앗 찔렸다.

모2 어디? 어디. 얘가 어쩌려고 이렇게 덜렁대길….

신부2 귀를 막을까. 알았어요. 알았어. 어떻게든 사랑 담뿍 받고 살믄 그만이지. 근데 이게 다 옷이예요. 하이고 시집 한번만 더 갔다간 울 엄마 등골이 안 남아나겠네.

모2 그런 집안이라면 등골이 열 번 빠져도 상관없다. 목간은 했지? 이제 그만 서둘자.

  ― 신부들 입고 있던 옷을 벗고 반나체가 된다.

모1 다리속곳.

비복 (챙겨준다. 이하 동일)

모2 (옷을 받아서 입히며, 이하 동일) 속속곳.

모1 겹바지 다오.

모2 단솟곳.

모1 고쟁이.

모2 너른바지.

모1 그저 아들 하나만 놓아라. 대슘치마.

모2 시댁이 융성하니 오죽 좋으냐. 너 하나로 가문이 일어서는 게지. 무지기치마.

신부2 덕분에 어머니만 고생하셨죠 뭐. 혼수 장만하는 데만 3년이니.

모2 괜찮다. 내 그래도 하나도 고생스럽지 않더라.

모1 어지럽지? 조금 느슨히 맬까?

신부1 (힘겨워하지만 이를 악물고) 아, 아닙니다 어머니. 더욱 꼭 당겨 매주세요… 한 번뿐인 예식인데. 제 어찌 소홀히….

모1 해도 네 얼굴이 이리 창백해서야.

신부1 곧 지아비가 풀어줄 게 아닙니까.

모1	그럼 신랑 손이 약손인 게다. 속 시원히 벗겨 줄 게야. 다홍치마.
모2	장만하는 것도 수월찮았지만 입히는 것 역시 여간은 아니다.
모1	속 겹저고리.
모2	겉 겹저고리.
모1	삼회장저고리.
모2	거진 다 되었다. 활옷 다오.
모1	어디 한 번 보자. 어여쁘다.
모2	선머슴애 같더니 이리 입혀 놓으니 여간은 아니구나. (수건을 쥐어 주며) 첫날밤에 쓰거라. 허둥대다 칠칠맞지 말고… (오두만히 신랑이 도착하기를 기다린다)

    — 안부(雁夫, 기러기아비)가 홀기(笏記)를 들고 등장해 혼례를 시작한다. 신랑(인형)을 조종하며 시부1, 2가 들어선다.

안부	모도부출母道婦出 — ! 수모는 신부를 데리고 나오시오.

    - 각기 두 명의 수모가 신부를 데리고 무대를 끌고 다니며 절을 하게 한다.

안부	부선재배婦先再拜 — ! 신부 먼저 두 번 절을 하시오.
신부들	(두 번 절을 한다)
안부	부재배婦再拜 — ! 다시 두 번 절을 하시오.
신부들	(다시 두 번 절을 한다)
코러스	한문의 경사라.
	인륜지대사 중 으뜸이라.
	위로는 조상의 제사를 받들고
	아래로 자손을 후세에 남기어
	가문의 대를 이어가라.
안부	부선재배!
신부들	(다시 두 번 절을 한다)

안부	부재배!
코러스	천지 간의 축복이라.
	사람의 일 혼례로 시작되나니
	예로서 높여 서로를 공경하며
	지극한 조화로서 화합하라.
신부들	(다시 두 번 절을 한다)
안부	부선재배!
신부들	(다시 두 번 절을 한다)
안부	부재배!
신부들	(다시 두 번 절을 한다)
안부	부선재배, 부재배, 부선재배, 부재배….

　　　— 신부들 종내는 다리가 풀려 질질 끌려 다니며 절을 한다. …기절한다.

안부	예필철상禮畢澈床 —! 예를 마쳤으니 상을 거두시오.
안부	각종기소各從基所 —! 이제 모두 제 처소를 따라 자리로 가시지요.

3. 초야初夜

비복들, 외설적인 그림이 그려진 열 폭 병풍을 쳐서 신방을 꾸미고,
기절한 신부를 깨워 신랑 인형과 마주보게 앉혀 놓는다.
퇴장했던 하객들 각자의 청사초롱을 밝혀 다시 모조리 들어온다.
신부들을 둘러싼 채 신방의 모습을 낱낱이 쳐다보는 하객들. 오랜 침묵.
신부2가 약간의 잔기침을 한다. 기다렸다는 듯 시부들 신방으로.

시부2	쯧쯧, 부정탈라. 어쩌자고 신부가 먼저 기침을.

시부1 신방에 들어서면 조금도 서두르지 말아라. 먼저 주안상이 들어올 게야. (양쪽으로 술상이 들어온다)

시부2 신부가 술을 따를 거다. 자아, 한 잔 다오. (인형의 손을 조작하여 내밀며)

신부들 (술을 따라 준다)

시부2 그래, 잘한다. 이제 화관을 벗겨야지. (화관을 벗긴다)

시부1 머리 뒤에 큰 댕기, 비녀에 앞 댕기를 풀어 내려라. 그래 잘하는 구나. 잘한다, 잘해. (갑자기 손을 뻗어 신부의 가슴을 만진다)

신부들 (소스라치게 놀라 몸을 움츠린다)

시부1 (신랑 인형을 나무라며) 떽, 가슴을 먼저 만지면 병을 앓게 돼! 흠 흠… 음… 가슴이 봉긋하긴 하구나. 해도 놀라지 않게… 조심조심!

시부2 자자, 활옷의 대대를 끌러주고, 왜 잘 안되느냐? 침착해야지. 그 래 침착. 옳지, 풀었구나! 그래, 그리 하면 되는 게야.

시부1 저고리는 옷고름만 풀어주면 되고….

신부들 (몸을 뒤로 빼며 부끄러워한다)

시부2 애야 안되겠다. 합환주合歡酒라… 너도 한 잔 받거라.

신부들 (술을 받아 입만 살짝 가져다 댄다)

시부1 이제 그만 술상을 치우고 발을 뻗게 해라. 버선을 벗겨야지.

신부들 (신부 발을 뻗는다)

시부1 (겉버선을 벗기려 들지만 쉽게 벗겨지지 않는다. 힘을 쓰다 신랑 인형이 뒤로 날아간다. 혀를 차며) 에이, 변변치 못한 놈.

시부2 삼 년 후에 신부가 우귀于歸 할 때나 될라나….

시부들 인형을 들고 퇴장하고, 신부들은 그 자세로 밤을 새운다.

그렇게 오래, 그렇게 힘겹게… 닭이 울고 날이 밝는다.

하객들, 나무 판자를 가져와 신부 둘레로 상자를 쌓는다.

4. 숯막

숯막아비, 다리를 절뚝이며 숯짐을 지고 너릿재를 넘고 있다. 바구니를 들고
뒤따르는 순임.

순임   아부지 힘들지 않으세요. 잠 쉬어 가세요.

아비   또 쉴 수 있간. 애비땜시 재도 채 못 넘고 날 저물지.

순임   얼렁 자라서 아부지 숯짐일랑 제가 질꺼만요.

아비   순임이 니가? 허헛 야가 얼렁 커서 시집가야지. 니가 믄 숯짐을
           져.

순임   아부지 홀로 두고 믄 시집이래요. 지는 평생 아부지랑 같이 살 꺼
           만요. (길섶으로 뛰어가 살펴본다)

아비   허허, 야가 고집은. 허긴 늬말 들응께 조금 지게끈이 느슨헌 것도
           같다. 배고플 텐디 어여어여 가자.

순임   봐유 아부지! 꽃다지랑, 냉이랑, 달래랑….

아비   한가득이구나. 야들이 어데 숨어 있었댜.

순임   너릿재 길가에 한창이네요. 저녁답에 무쳐 드릴께요, 아부지.

아비   오늘 저녁 참말로 맛있겠구나.

순임   뒤에서 보믄요 아부진 꼭 나비 같구먼요.

아비   나비? 허헛, 내사 반 벵신이지 믄 나비여.

순임   왜유, 훠어이 훠어이 걸으시니께 한 마리 고운 나비쥬.

아비   허헛. 그랴 훠어이 훠어이 내는 한 마리 나비다.

순임   히힛, 훠어이~ 훠어이~.

5. 신부의 집

― 모1, 2 나와 나무 상자를 애닲게 쓰다듬으며.

모1   네 얼마나 힘들었으면 이리 몸이 여의었을까.

모2   이 3년, 감옥 아닌 감옥이라 하루라도 빨리 벗어나고 싶었겠지. 하여도 탈없이 버텨주니 고맙구나.

모1   밖엔 복사꽃이 지더구나. 안에만 갇혀 있어 피고 지는 것조차 몰랐겠지. 승민아 동안 얼마나 갑갑했을까.

모2   마냥 선머슴아 같아 조바심을 내게 하더니. 네 내색은 없었지만 신랑이 너무 어려 마뜩치 않아 했음을 안다. 하여도 희순아 네 지아비인 것을.

모1   다시 언제 볼까 섭섭한 맘. 영 간다니 내 마음이 너무하구나. 둘 있던 오라비들마저 역병으로 그리되고…. (인현왕후전을 배주며) 영 領을 넘어 먼 길이라고 하더라. 혹여 적적할까 싶어서.

모2   속상한 일이 있어도 참고 또 참거라. 지아비란 곧 하늘이니 죽으라면 죽는 흉내라도 내야 되는 것이다. 그저 인내하는 수밖에.

모1,2   (상자 앞에서 공경한 예를 갖춘다) 너 부디 행복하게 살거라.

6. 너릿재

― 시부2의 가마가 들어선다.

시부2   잠시 쉬어가자. (경치를 감상한다)

하인 　재 높고 험하다. 아유, 발바닥에 물집 좀 보소.

하인 　어지러운 것! 길은 솔아 터졌구만 까마득허니 밑은 또 천길 절벽 일세.

하인 　괜히 여가 너릿재여. 다 이유가 있응게, 너릿재지.

하인 　느리고 더디게 간다고 너릿재 아닌가?

하인 　그게 아녀. 여가 원래는 널재여, 널재. 산 험하고 길 험하니께⋯. 호랭이 만나서 하나 죽고, 도척 만나서 하나 죽고, 헛발 내딛어서 또 하나 죽응께⋯. 널을 하나쯤은 지고 와야 된다 너릿재인겨.

하인 　널? 관 말인가? 에그 무선 거.

하인 　오동나무 관은 몰라도 송판때기 하나쯤 지고 와야 되는 길이구마 여게가.

하인 　그나저나 짚세기가 다 헤져서 어쩌나. 안되겠다 칡넝쿨이라도 거둬와야것다.

하인 　아서, 발만 더 아푸지. 헛참 날쌔기도 하지. 고새 사라졌네 그랴.

하인 　어르신, 어르신 큰일났습니다요. 어르신.

시부2 　촐싹 대는 꼴하고는. 어디 벌건 대낮에 호랑이라도 나타났단 말이냐.

하인 　아니오, 그게 아니오라. 그것보다 더 큰일이.

시부2 　귀 아프다. 어서 요를 말해 이눔아.

하인 　그러니까 맞은편에서 떡 벌어진 가마가⋯ 아니, 엄청난 가마가.

시부2 　그래서.

하인 　아이고 그래서라니요. 이 좁은 길에서 그 큰 가마를 만났으니 여차하면 저어기 묵정밭까지 물러가야 비켜갈 게 아닙니까.

시부2 　아이고, 그렇구나. 내리막길로만 들어서면 우리가 먼저 온 것이 될 터이니.

　　　　─ 시부1의 가마가 들어온다.

시부1 　좁은 길에 낭패로다. 그 뉘냐고 여쭈어라.

하인	뉘냐고 여쭈란다.
하인	뉘냐고 여쭈란뎁쇼?
시부2	찬물도 위아래가 있고, 아랫목도 차지가 엄연한 법. 우리가 먼저 왔으니 그쪽부터 먼저 말하라고 여쭈어라.
하인	찬물 아랫목도 법이 지엄하단다. 먼저 말하랍신다.
하인	찬물 아랫목도 경국대전이라는 뎁쇼?
시부1	찬물 아랫목이 경국대전이라니? 네 이놈 그 무슨…. 아서라, 내 직접 말하리라. 기세자못 남다르시니 근방에 이름 꽤나 있는 가문인가 봅니다. 그래 뉘시온지요.
시부2	(하인에게) 가마의 격조나 옷 입은 폼세가 아무래도 노론老論집안 같지 않으냐? (하인 고개를 끄덕) 어쩐지… 허허 향리에 낙향한 지 오래라 근근히 입에 풀칠이나 하고 사는 가문입지요. 실례지만 먼저 좀 물읍시다. 어디 사시는 뉘시온지.
시부1	아무래도 남인들 같지 않으냐? (하인들 고개 끄덕) 허허, 이거 사뭇 죄송스러워서… 저희가 먼저 물었습지요.
시부2	허허, 어쩌면 좋습니까. 저희가 먼저 왔습니다. 선점의 이점 아니겠습니까.
시부1	허허, 그렇지요. 선점의 이점 좋지요. 헌데 먼저 올라온 기준이 뭔지.
시부2	요기 제 발 아래까지가 선先이지요. 이 재에서 가장 높은 데고.
시부1	그 기준 참 자의적입니다. 애매모호하니…. 뭐 좋습니다. 그럼 공평하니 동시에 하시지요.
시부2	아무래도 밑지는 듯한데…. 뭐 제 밑지는 셈치고 그렇게 하지요.
시부1	아니, 밑지긴 또 뭘 밑진다고.
시부2	허면 당신이 먼저 하시든지.
시부1	동시에 합시다. 자, 시작합니다.
시부1	(동시에) 신부 여흥 민씨와 시아비 되는 은진 송이오.
시부2	(동시에) 신부 인동 장씨와 시아비 되는 파평 윤이오.
시부1	인동 장이라, 파평 윤이라!

시부2	여흥 민이라 은진 송이라!
시부1	방금 들었느냐?
시부2	잘못 들은 게 아니렷다?
시부1	(이리 둘러보고) 어허!
시부2	(저리 둘러보고) 어허!
시부1	변고로다!
시부2	변고로구나!
시부1	가문의 원수라.
시부2	학통의 원수라.
코러스	가문의 원수, 만고의 원수, 켜켜이 쌓인 지독한 원한.
	죽어도 잊지 말라는 한 맺힌 절규야 한시라도 잊을쏘냐.
	아, 외나무다리에서의 만남이여, 원수의 핏줄이여!
	선대의 들끓는 울부짖음이야 생시인 듯하는고나!

7. 어전御殿(17세기)

뒤편 상단, 흰색 가면을 쓴 왕(현종)이 비단 이불을 덮어쓴 채 연신 잔기침을 해 댄다. 선왕(효종)의 시신은 미라처럼 염습을 하여 세워져 있고, 대왕대비 (자의대비, 효종의 계모)는 벌거벗은 채 가성(假聲)으로 곡(哭)을 한다. 좌우로 신하들과 상복을 입힌 마네킹, 각각의 마네킹들은 참최, 제최복, 대공, 소공, 시마 등 각각의 상복을 입고 진열돼 있다. 갈려진 신하들의 중심에 우암과 백호가 가마 위에 올라가 대치하여 서 있다. 우암은 당당히 서 있고, 백호는 허리를 숙여 움츠려 있다.

왕   고孤가 어린 나이로, 하늘에 죄를 지어 이 망극한 슬픔을 당하니… (기침) 차호嗟乎라, 슬프고 슬프다. 경들도 슬프고 슬프다. 만민이 슬프고 슬프다. 그지없다 그지없이 슬프다. 가는 새도 슬프고, 오는 새도 슬프다. 차호라.

우암　나는 우암 송시열이다. 회덕 호랑이다.

코러스　(서인들) 높은 학식과 고매한 인품, 굽히지 않는 기개와 덕망.
효종, 현종, 숙종 세 임금의 스승이며 집권 서인의 영수이시라.

우암　일국의 임금께서 연약히 우시기만 하십니다. 승하하신 대왕께서는 만주벌판을 내달리고자 하였거늘 무능無能히 우시기만 하십니까.

왕　죽음은 죽음이고, 삶은 삶이다. 경들은 고의 이런 맘을 헤아려 바른 禮로 가는 길을축원하라. 하여 슬픔을 덜 수 있게 하라. (기침)
허나 차호라, 짐은 슬프고, 슬프다.

우암　각별한 예로서 선왕의 가는 길을 축원하라.

코러스　슬프다. 부모보다 먼저 가는 자식이여.
인조대왕 살아 실제 큰아들 소현이 가고.
자의대비 살아 실제 둘째아들 효종이 가네.

　─ 자의대비 벗은 몸으로 들어와 곡을 한다.

대비　나는 어떤 옷을 입지요. 나는 어떤 옷을 입지요. 나는 어떤 옷을 입지요.

코러스　오호라, 자식의 상을 당한 부모여
장자는 3년 차자는 1년이라
승하하신 효종대왕 둘째시니 1년이나
임금의 상이란 무거워 3년이라고도 하니
임금이며 둘째이신 효종대왕 위해
저 자의대비 대저 어떤 상복이란 말인가, 3년인가 1년인가.

西人　예조판서 윤강입니다. 대비의 상복에 대해 정확한 근거가 없습니다.

西人　참판 윤순지이옵니다. 결정할 만한 예문이 없으니 어떡합니까?

西人	의견이 분분하여 결정이 어렵습니다.
우암	(고민한다) 1년 기년복으로 한다. 선왕 비록 종통을 계승한 임금이나 가통은 엄연한 둘째. 유독 왕가만 차별하여 3년 복을 입게 할 순 없다.
대비	추워요. 저는 무슨 옷을 입지요. 어떤 옷을 입지요. 추워요.
우암	대왕대비께서는 1년 복이 마땅하다.

― 대비 허겁지겁 1년 복을 입고, 걸친 옷을 내려다보며 좋아한다.

백호	나는 남인의 영수 백호 윤휴다.
코러스	(남인들) 높은 학식과 고매한 인품, 굽히지 않는 기개와 지조. 새로운 사상과 해석, 재야 남인의 영수이시라.
南人	장령 허목입니다. 서인들이 대비의 복제를 1년으로 정하였다하옵니다.
南人	우윤 권시입니다. 임금의 면전에다 無能이라 하였다합니다.
南人	내심 서인들의 세상임을 만천하에 유세하는 거 아닙니까.
백호	이 일을 기화로 우리가 정국을 주도하겠다. 윤선도가 명문이니 상소를 지어 올리도록 하라. 당연히 논쟁이 붙을 것이고 허면 우암과 담판을 짓겠다.

― 윤선도, 무대 중앙으로 나와 무릎을 꿇고 상소를 격렬하게 읽는다.

詩人	나는 남인의 詩人이다. 아, 선왕조 시절부터 믿고 소중히 여겨 맡겼던 이로 송시열 만한 자가 있었던가. 허나 은혜를 원수로 갚음이여. 오늘 이른바 중자설을 주장하여 선왕 효종의 적장자 지위를 부정하니 임금의 보위야 차마 바람 앞에 등불. 자신의 안부 존영만 생각하는 간특한 신하여, 임금의 안부 존영이야 이렇듯 내팽개치는가!
왕	저가 무슨 일로 간곡히 읍소하며, 저 상소는 무슨 소리인가?

西人	예를 빌미로 인신을 공격하고 정권을 잡겠단 소리 아닙니까.
우암	윤선도 본시 음흉한 자, 상하를 이간하니 삼수로 유배하라.
백호	대왕대비께옵서는 3년 복이 마땅하다.
우암	대비의 상복 이미 정해졌다. 둘째이니 1년이 마땅하다.
백호	의례 참최장에 이르길 두 번째 아들을 세워 또한 장자라하니 3년이 마땅하다.
우암	의례 참최장에 이런 말도 있다. 장자 이하는 모두 서자니 1년 복을 입는다.
백호	인용된 서자란 첩의 자식을 말함이니 3년이 마땅하다.
우암	인용된 서자란 둘째 아들 이하를 말함이니 1년이 마땅하다.
백호	임금의 상에 신하된 도리로 1년 복을 입는다? 3년이 마땅하다.
우암	임금의 어머니 신하될 수 있단 말인가? 1년이 마땅하다.
백호	군왕 아래 만민이 신하다. 죽어도 3년이 마땅하다.
우암	어이 그리 사사건건 딴지요, 딴지가!
백호	(잠시) 대왕대비께옵서는 3년 복이 마땅하다….
우암	대비의 상복 이미 정해졌다. 둘째이니 1년이 마땅하다…. (처음처럼 다시 반복)
코러스	(백성들의 합창) 간곡히 아뢰오. 급급히 아뢰오.

임진란, 정묘란, 병자란 보도 듣도 못한 큰 난리 엊그제
문전옥답 자갈밭, 난리에 역병에 죽어간 놈년 부지기
작금에 닥친 심한 흉년 기근에 기갈임만
사대부 양반님네 서인남인 제 밥그릇 급급
아전수령 관리님네 거마비 쇄마비 세금포탈 급급
이런터라 유리걸식 백성놈도 급급
초근목피 생목숨도 부지못해 급급
족징族徵인징隣徵 백골징포白骨徵布 황구첨정黃口添丁
온갖 세금 갖은 부역 죽을래야 죽지 못해 급급
간곡히 아뢰오, 급급히 아뢰오.
급급히 대동법을 시행하여 주십시오!

우암	(잠시, 개의치 않고) 천하의 예를 정한다. 1년이 마땅하다.
백호	(잠시, 개의치 않고) 천하의 예를 바로잡는다. 3년이 마땅하다.
코러스	(백성들의 코러스 다시)
우암	어허! 천하의 예를 논하는 자리에 방자히 소란을 일으킨 죄. 저놈들의 목을 쳐라.

8. 숯막(19세기)

순임	아부지, 아부지 큰일 났구먼요! 너릿재로 사람들이 가득 몰려와 설람요….
아비	그게 뭔 소리여, 너릿재에 뭐?
순임	사실이에요, 아부지. 솥을 걸고, 천막을 치고 아주 난리도 아니라니까요.
아비	너릿재에 무덤이라도 쓰겠다는 소리냐, 도시 뭔 소린지 몰르것다?
순임	아이고, 아부지도… 글쎄 가마 두 개가 나란히 마주보고 내려 있고, 사람들이 이쪽 저쪽 험담하면서요.
아비	하이고 그게 참말이여. 내 댕겨 보고 와야겠구마.

9. 너릿재

시부1	오늘은 경사스런 날, 만 대의 한을 삭이고 삭여 태연한 척 참고 가련다.

시부2 선대의 한 맺힌 절규야 마치 생시인 듯 하지만 오래 마주보는 것도 비위가 상하니 길이나 터 주시오.

시부1 흑백黑白으로 두자면 제가 백이요, 당신은 흑이니 당신이 먼저 터 주시오.

시부2 前後로 보자면 제가 前이요, 당신은 後니 당신이 먼저 터 주시오.

시부1 陰陽으로 두자면 제가 양이요, 당신은 음이니 먼저 터 주시오.

시부2 是非로 보자면 제가 시요, 당신은 비니 먼저 터 주시오.

시부1 左右로 두자면 내가 우요, 당신은 좌니 먼저 터 주시오.

시부2 善惡으로 보자면 내가 선이요, 당신은 악이니 먼저 터 주시오.

시부1 너는 선이고 나는 악이라고 했더냐.

시부2 이롱증이 있다더니 그도 아닌 게지요.

시부1 그래서 악이라고 했느냐.

시부2 내 악이라고 했구나.

시부1 정녕 악이라고 했더냐.

시부2 정녕 악이라고 했다.

시부1 (사이) 악이라! 감히 악이라! (분을 참지 못하고 신부만 육박지르며) 어허, 지금 창백하니 낯빛이 질려서 될 일이냐.

신부1 너무 황망한 일이라….

시부1 쯧쯧, 이런 때일수록 곱돌 냄비 물 끓듯 지긋해야지.

신부1 (몸을 숙여 알겠다고)

시부1 공자님께서 예를 실천하매 극기복례克己復禮라 자기를 먼저 극복해야 한다 하셨다

신부1 (몸을 숙여 읍한다)

시부1 자기를 극복한다는 것은 자기 멋대로 하지 않는다는 것이지. 자기 편할 대로 하지 않는다는 것이야, 자기의 이익만을 추구하지 않는다는 것이다. 자기보다 먼저 상대방을 배려하는 것이고. 저 놈들 하는 꼴 좀 봐라. 공자님 가르침하곤 만리장성을 쌓은 게지. (사이) 규문보감에 또 집안을 흥하고 망하게 하는 것이 아내라….

신부1 위중한 때를 당하매 아내의 도리 더욱 분명히 하겠습니다.

시부1 그럼그럼 며늘아이 네가 온몸으로 본을 보이면야 저놈들도 예의가 뭔지 알겠지.

신부1 (몸을 숙여 알겠다고)

시부2 대대로 가문의 원수더니 이제 길행에 길을 막고 이 지경을 만들었구나. 맹자님이 사양지심 예지단야 공경지심 예야辭讓之心 禮之端也 恭敬之心 禮也라 하셨느라.

신부2 (몸을 숙인다)

시부2 좋은 일에 서로 양보하고, 공경함으로서 예의사회를 구현하자 뭐 이런 말 아니더냐. 양보라곤 가마솥에 찜을 쪄먹었는지 짚불에 구워 처먹었는지 저놈들 하는 꼴 가관도 아니니 쯧쯧.

신부2 (고개를 숙인다)

시부2 예기禮記엔 또 이런 말이 있다. 사람이 예가 있으면 어디라도 편안하고 예가 없으면 편안한 곳도 위태롭다 했다. 지 아내로서의 예만 단단히 세우면야 여가 친정 안방보다 편안하달 수 있어.

시부1 그렇게 편안하신 줄도 모르고 걱정을 했더니. 그냥 쭈욱 눌러 앉으시면 되겠습니다.

시부2 허허, 그리 권치 않으셔도 그래볼까 곰곰 생각 중입니다.

시부1 깊이 사색할 것 있습니까. 그냥 그렇게 하시면 되지. 헌데 어쩝니까 저희는 날 저물기 전에 좀 넘어가야겠는데. 잠시 저희 가마 넘어갈 길만 터 주시고 오래오래 눌러 사심이?

시부2 왜 이리 길은 좁나.

시부1 허허, 자꾸 의뭉떠시랍니까.

시부2 듣자하니 예의가 그런 게 아니지요. 저희가 먼저 왔습니다.

시부1 먼저 오신 것이 예의라.

시부2 예의 축에서도 상예입지요. 이치대로 물러 주십시오. 많이도 아니고 조오기 조까지만.

시부1 (사이) 경치 참 수려하다. 이듬해 화전花煎은 이 곳이 적격이로세.

— 버선발로 뛰어오는 시부1의 유생과 가문들.

유생1 득달처럼 달려왔습니다.

시부1 어서 오시게. 내 목이 빠져라 기다렸네.

유생1 아이고, 길일에 이 무슨 흉한 꼴을 당했습니까.

시부1 재종사촌 형님께서 이 먼 길을 오셨습니까.

유생1 저도 왔습니다.

시부1 아이구 이 냥반. 진사시험 낼모렌데 어쩌자고.

유생1 과거가 무에 대숩니까. (달려들며) 내 저놈들을.

시부1 고정하십시요.

유생1 고정이라니요. 당장에 요절을.

시부1 아직은 때가 아닙니다. 확실하게 우세를 점하면 그때.

유생1 어르신, 어르신. 길일에 이 무슨 일입니까.

시부1 뉘시더라.

유생1 뉘시긴요. 우암 선생의 학통을 이어받은 서원의 유생입죠.

시부1 공부하는 어린 학생까지 이렇게. 감격입니다, 감격.

유생1 이만하면 밀어 부쳐도 되겠습니다.

유생1 맞습니다. 저들도 곧 사람들을 불러 올릴 게 아닙니까.

유생1 우세할 때 속전속결.

유생1 길 하나 물러서는 일이 아닙니다. 가문과 학통의 자존심이 걸린 일이지요.

유생1 쇠뿔도 단김에 빼랬다고 화끈하게 밀어 부칩시다.

시부1 여론이 이리 격앙하니 아니 밀어 부쳐 볼 수 있겠습니까.

　　— 시부1의 무리들 일시에 밀어 부친다.

시부2 어허, 이눔들이 머리숫자만 믿고 기습적으로다!

유생2 기습이다. 조금만 버티십시오. 우리편 유생들이 곧 당도한다는 기별입니다.

유생2 밀리면 끝입니다. 조상님들 뵈올 면목이 없어요. 향리 촌민들 볼 낯도 없어요.

시부2	명분은 저희한테 있습니다. 저희가 먼저 왔습니다.
유생2	힘들 내시오. 우리가 명분이 있답니다.

— 시부2의 유생들 몰려온다.

10. 어전御殿(17세기)

왕	차호라! 경들은 어이 그리 소란스러워 심란한 마음을 더욱 심란케만 하는가.
우암	저 자 망령되게 저희 당과 저를 무고하여 국정을 혼란케 하고 있습니다.
왕	그대는 국상을 당해 위중한 때 국정을 어지럽히는가.
백호	전하, 당치 않습니다. 저들이 감히 왕가의 정통을 부정하기에.
우암	(왕에게 다가가며) 아무리 보아도 임금 같지가 않고, 앞으로 다가서도 두려운 구석이 없구나. 저들을 내치십시오.
왕	너희는 나가 있어라.
백호	군약신강이다. 세도재상이다.
왕	과인이 어려 예법은 잘 모르나 아버님의 상喪이다. 3년 복이 낫지 않겠나.
우암	길다고 다 좋은 것이 아닙니다.
왕	해 입히는 수의에 숫자도 3년 복은 12벌이요, 1년 복은 4벌이라고 하더라.
西人	유약한 왕입니다.
西人	심약한 왕입니다.
西人	힘으로 제압하십시오.
西人	완력으로 억누르십시오.

우암	(사람-순임-을 질질 끌고 와) 이 짐승이 무엇입니까?
왕	사슴 아닌가.
우암	고라닙니다.
왕	고라니라고?
우암	저 짐승이 무엇이냐?
西人	고라닙니다. 고라닙니다. 고라닙니다.
우암	대비의 상복은 몇 년 복이 옳으냐?
西人	1년 복입니다. 1년 복입니다. 1년 복입니다.
우암	만인이 1년 복이라고 합니다.
왕	(고민 후에) 국상 중에 국정이 소란한 것은 옳지 않다. 경이여, 짐이 아직 어려 모든 걸 잘 모르니 선왕의 사부이고, 짐의 사부이고, 집권당의 영수인 그대가 복제를 정하라. 그리고 다시는 복제를 가지고 어전을 소란케 마라. 슬프고 슬프다. (이불 속으로 몸을 숨기며)
우암	아들이 어머니를 신하로 삼는 의리가 없다. 후인이 어찌 이를 감히 반박하랴. 대비의 복상은 1년 복으로 할 것이며.
코러스	(南人들) 왕이시여, 정통을 부정당하고 어찌 왕위를 보전하려십니까.
	왕이시여, 저들이 은연 중에 권위를 무시함을 어찌 모르신단 말입니까.
코러스	(西人들) 분쟁의 씨앗은 미리 잘라 버려야 하는 터
	당수여, 후환이 두렵지 않으십니까.
	후환은 독버섯처럼 보이지 않는 곳에서 저절로 자라
	유려하고, 화려한 색깔로 권세를 유혹하니
	저들을 살려두면 앓는 이밖에 무엇이리요.
	다가올 후환을 미리미리 예방하소서!
우암	국론을 어지럽히니 함께 국정을 도모할 수 있으리. 핍박받을 자는 핍박받고 고통스러워야 할 자 고통스러우리라! 남인들을 척출하라.

       — 끌려나가는 남인의 무리들.

백호   지금의 한을 삭여 훗날을 기약하마. (가마 문이 열리며 희빈이 나온다) 궁녀로 들여 임금의 환심을 사게 하라. 기필코 왕자를 생산케 하라. 복수의 기회도 올 터. 너 우리의 한을 씻어다오.

코러스 (서인들) 마음이 편치 않구나. 왠지 불길하구나.
         산 너머로 검은 구름이 오르듯, 짚 무덤에 빨간 불씨가 앉은 듯.
         불길하고 또 불길하구나. 다가올 먹구름을 위해
         기름 천막을 준비해 두듯 먼 미래의 안전을 보위할지라.

우암   왕비를 내어 후환을 없애겠노라. (가마에서 왕후가 나온다) 후일에 어느 한 날 필경 모를 어떤 일이 생기더라도 널 믿고 있겠노라.

       — 우암, 큰 붓으로 — 국혼물실(國婚勿失), 숭용서인(崇用西人).

왕후   나는 숙종대왕의 계비, 인현왕후다. 본은 여흥이고, 병조판서를 지낸 여양부원군 둔촌 민유중의 딸이며, 영의정 송동춘 선생의 외손녀이시다. 대대로 명망 있는 서인西人 명문가의 딸이시다.

코러스 國母는 온 백성의 복이라. 국모는 임금의 밝은 덕이라.
         병조판서 민유중의 딸이 정숙함과 덕을 갖추었노라.
         큰 혼인을 저희의 딸로 완전히 정하소서.
         임금이시여, 중전과 함께 만만세 하소서.

희빈   나는 궁인 장씨다. 이름은 장옥정이요, 중인 출신 역관 장형의 서녀庶女다. 남인南人 조사석의 도움으로 대궐에 들어와 나인이 되었다. 어미는… 조사석의 종이었다. 내 비록 한루한 집안에 천인이지만… 단연코 임금의 총애를 받아 집안을 일으키겠다.

코러스 궁인이 천은天恩을 입어 대궐에 들어왔도다.
         아름다운 용모와 총명한 지혜 이보다 더할 수 있으랴.
         임금이시여, 천은을 내려 후사를 이어소서!

우암   임금의 마음을 사로잡아야 한다. 왕자를 생산하거라. 너 하나로 가문과 당이 산다. 가거라. 전하, 부덕한 여인입니다. 명문 사대가의 딸입니다.

왕후 (다가간다) 당신을 공경하고 당신을 섬기겠습니다.

왕 (외면한다)

왕후 (서성이다) 어찌 이러시나요. 본체만체 하시나요.

왕 너희 편당과 네 가문이 싫기 때문이다.

왕후 지아비를 사랑하라 배웠습니다. 사랑 받으라 들었습니다.

왕 강제한 결혼, 내 네게 줄 정이 없다.

왕후 (차츰 몸이 수그러져 바닥에 붙는다)

백호 외로운 임금이다. 웃어라. 교태를 지어. 임금의 환심을 사라.

희빈 (까르르 웃는다)

왕 웃느냐? 상중이라 적막한데 네 어찌 웃느냐.

희빈 (몸을 조아린다)

왕 널 웃게 한 자가 누구더냐. 그 자 먼저 벌주겠다.

희빈 구름 때문에. 떠가는 구름에 저도 몰래 그만.

왕 구름이라? 간특하다. 너 못 보던 아이다.

희빈 새로 들어온 나인이옵니다.

왕 내 무섭지 않으냐.

희빈 무섭지 않습니다.

왕 허긴 누가 과인을 무서워할까. (웃음) 왜 웃느냐. 또 구름이냐?

희빈 당신이 웃으시니 저도 웃습니다.

왕 내가 울면?

백호 왕은 강하다. 왕은 울지 않는다. 왕은 만민의 아버지다.

희빈 왕은 울지 않는다 들었습니다. 왕은 강하기 때문입니다.

왕 왕은 강하다. 왕은 울지 않는다? 그럼 나는 계속 웃는다.

희빈 저도 계속 웃습니다.

왕 너 이쁘다. 너 참 어여쁘구나. 내 널 위해 춤 한번 추어 볼까나?

희빈 상중인데 괜찮겠습니까.

왕 일개 나인조차 웃는데. 짐은 왕이다. 왕은 강한 것이라며? 나는 춤을 춘다.

희빈　역시 당신은 만인의 아버지시라.

왕　아버지!

西人　남인들이 간특한 여식을 궁에 들여 후일을 도모한다 합니다.

西人　미색으로 용렬한 임금을 유혹하니 큰일입니다.

우암　지금 제정신이옵니까. 상중에 춤이라니요. 혼례가 엊그젠데 여색이라니요.

희빈　어찌 신하가 임금을 이리 하옵니까. 대저 임금은 어디에 있단 말입니까.

왕　아, 군약신강君弱臣强이라.

우암　요망한 계집이로고. 저 년을 떼어놓아!

희빈　(끌려가며) 도와주세요. 도와주세요. 도와주세요.

우암　궐 밖으로 내 쫓거라.

왕　내 기필코 권력을. 잃어버린 권위를. 아버지를!

우암　중전을 사랑하시오. 현숙하고 부덕한 분이오.

왕　서인 민유중의 딸. 너희 편당과 가문의 딸일 뿐이다.

왕후　제가 아직도 역겹습니까.

왕　나는 차갑다.

西人　나인까지 끌어들여 흉계를 꾸몄습니다. 흉를 살려두고 우리 살길을 장담할 수 있겠습니까?

우암　(고민한다)

코러스　저 자를 죽이소서. 간사한 계집을 끌어들여 화禍를 만들고 있습니다.

저 자를 죽이소서. 그가 모든 것의 배후요, 그림자요, 시작입니다.

왕에게 아뢰시오. 왕의 병약을 핑계로 새 왕을 추대하려 한다 아뢰시오.

우암　살지 못할 자 마땅히 죽으리라!

— 백호의 양어깨로 장작을 관통시켜 열 십자의 형상을 만든다.

백호 그대와 나 한때는 절절한 벗이었다. 오로지 죽이려만 드느냐. 政은 正이라 도가 넘치는 세상을 만들자던 맹세. 삼전도의 치욕을 당하던 날, 찾아와 부둥켜 울며 약속했던 북벌의 맹세, 모두 어디에 갔는가.

우암 벌써 잊은 사사로운 인연. 하여도 옛정을 생각하여 하나만 묻자. 마구간에 불이 나면 어이할 텐가.

백호 (사이) 죽어도 말을 걱정하리라.

우암 주자께서 사람을 걱정한다고 했다! 이 나라 주자의 나라다. 주자의 세상이며, 주자의 사상이 지배하는 나라다. 고금 천하에 어찌 악한 자 없겠는가. 허나 저자처럼 주자를 공격하고 배척하는 자 있지 않았다. 살지 못할 자 마땅히 죽으리라.

백호 자손 만대여 이 날을 잊지 마라. (희빈을 향해) 너 한시바삐 이 한을 씻어 다오.

11. 숯막(19세기)

아비 하이고, 어쩌까. 하이고 이 일을 어째야 좋아. 저 숭악한 것들이 이젠 여게까지 쳐들어왔으니.

순임 곧 내려갈꺼만요, 아부지. 저러다 지 풀에 지쳐설람.

아비 하이고 그게 아녀. 양반일랑 오랑캐보다 더 무서운 것들이다. 을매나 숭악헌데.

순임 여서 꼼짝 않고 있는데 설마 믄 일 있겠어유. 걱정 마셔유 암 탈도 없을 텡게.

아비 하이고 그랴도 당최 다리가 후들거린다. 니 에미 그리 죽은 거나 이놈의 다리 이리 된 거나 다 저. 내사 오죽했음 이 깊은 산속까지 도망왔겠어.

순임 그라도 요런 산골짝에서 어데 사날이나 버티겠어요. 낼 아침만 되도 줄행랑을 치기 바쁠거만요.

아비 참말로 그래줄랑가. 그러면야 오죽 좋을까 마는. 먹을 양석도 떨어졌는데.

순임 무랑 감자 몇 알 남아 있구만요. 급한 대로 그걸로.

아비 하이고 야야. 감잘랑 갖다 버려. 싹이 돋아 당최 아린게.

순임 아깝게 어째 버려유. 참, 가마 속엔 누구래요.

아비 신부들인 갑만. 좁은 가마 속에 신부들 처박아 놓고 뭐하는 짓인지. 옷도 제대로 입었으면 몇 십벌은 안되것냐. 한낮에는 땀이 비 오듯 할 것인데.

순임 몇 십벌을 입어요? 글, 글쿠만요.

아비 니는 다홍모시 한 단만 있어도 선녀가 따로 없을 것인디.

순임 아부지도. 지사 그런 거 하나도 부럽지 않구먼요.

아비 그라 우리 순임인 마음결이 다홍모시인게지.

12. 너릿재

유생2 갑자기 들이닥치는데 동래성 기습하던 왜구도 아니고, 새까마니.

유생2 때마침 당도 못했으면 어쨌을까 싶어. 천만다행이지.

유생2 앞에 놈 상투를 요렇게 말아 쥐고.

유생2 확 뽑아 버리지 그랬습니까.

시부2 (흐트러진 머리와 옷을 매만지며) 신체발부는 수지부모라. 이제 몸까지 상하게 하느냐. 조상님의 원통이 귓가에 맴돌거늘 오늘 또다시 욕을 보이느냐. 두고 보아라. 내 죽어도 이번 만큼은 밀리지 않겠다.

시부1 (역시 매만지며) 억하심정을 가진들 네 어쩌겠느냐. 근자 고을 수령도 우리 핏통이고 향리 촌민들 숫자도 우리가 많다. 뭘로 봐도 우리가 우세할 게다.

시부2 가진 논마지기는 우리가 더 많고, 소작 부쳐먹는 농사꾼도 우리가 더 많고, 가뭄 장마 눈 딱 감고 알뜰히 비축해둔 양식은 또 얼만 줄 아느냐.

시부1 이제 상것들이나 하는 돈 자랑이십니다. 고만 합시다. 쯧쯧 기본이 없으니.

시부들, 분을 참지 못하고 신부들만 윽박지른다.

시부2 저저, 저놈들 하는 일이 갈수록 방약자약하거니와 그럴수록 네 몸가짐을 단단히 하여야 하겠다. 너 지금부터 좌정한 채로 먹고, 너 좌정한 채로 자며, 너 좌정한 채로 버텨라. 다 가문을 위한 것이고 너를 높이는 것이다.

시부1 저 집 신부는 좌정한 채로 버티는구나. 저 집 신부한테 질 수 있겠느냐. 너 역시 좌정한 채로 먹고, 너 좌정한 채로 자며, 너 좌정한 채로 버텨라.

시부2 네 언행 하나 몸가짐 하나 지켜보고 있다. 사람들 눈이 얼마나 무서운 줄은 네가 더 잘 알 게다.

시부1 옥의 티를 찾아내듯 네 일거수일거족을 살피는 게지. 네 하는 말 하나, 몸가짐 하나, 곧 가문의 얼굴이다.

시부2 너 하나로 가문이 당당해질 수도 있고, 너 하나로 가문이 큰 우세를 당할 수도 있음을 명심해야 한다.

시부1 단단히 몸을 세워라. 저들이 놀라 기함 할 정도로 꼿꼿하게.

시부2 단단히 본을 세워라. 저들이 먼저 물러설 때까지 빈틈없이.

시부들 너 좌정한 채로 먹고, 너 좌정한 채로 자며, 너 좌정한 채로 버텨야 한다.

시부1	(사이) 해 참 붉다! 마치 마구간에 불이 나는 듯… 참, 마구간에 불이 나면 어이 하시겠소?
시부2	다신 상종하지 않는다면서요!
시부1	불현듯 생각나서… 깐깐하게 그러지 말고, 어디 이것 하나만 물읍시다.
시부2	논어 제 10편 향당鄕黨의 이야기로다. 마구간에 불이 나면 의당 말을 걱정하지요.
시부1	대대로 사문난적이로세. 주자께서 사람을 걱정한다고!
시부2	조상 대대로 주자라면 설설 깁니까.
백성	나으리, 나으리.
시부1	(쳐다본다)
백성	저희는 장사바치들입니다.
시부1	그래서.
백성	벌써 며칠째 여게서 고개 넘어갈 날만 학수고대하고 있습니다.
시부1	그랬는데.
백성	제 지고 있는 것은 어물이라 쉬 상하기 쉬운 물건이고.
백성	제 지고 있는 것은 소금인데 곧 장마 시작된다니 마냥 노심초사.
시부1	어허, 이눔들아 요점을 말해.
백성	오늘 중으론 이 재 꼭 넘어야 합니다. 널이 장이라.
시부1	넘어가면 될 게 아니냐.
백성	아이구, 나으리들 뻔히 아시고도 어찌 이러십니까.
백성	여섯 식구 이거 팔아 근근히 먹고 삽니다.
백성	거간에게 잘못 걸려 딸애 담보잡고 고리로 받은 물건입니다.
백성	어디 한 목숨 가지고 어림이나 있겠습니까.
시부1	결국 길 비켜 달라는 소릴세?
백성	나으리들 저희 살려줄 요량으로 제발 조금씩만 양보하시어….
시부1	어허, 이눔들이 뉘는 여가 좋아서 버티고 있는 줄 알어! 한시바삐 넘고 싶은 건 너희보다 우리다 이눔들아.
백성	이렇게 기다리다간 어물 다 썩어납니다 제발.

시부1 허긴 너희도 딱하다. 어디 저 장승같은 눔들한테 말해보련? 저놈들한테 조금만 비켜 달라고.

백성 (시부2쪽으로 가서) 나으리, 나으리 제발 길 좀 비켜주십시오.

유생2 (시부2에게) 허, 이눔들 이거 알고 보니 순 저 가문 첩잡니다.

시부2 요놈들 태장을 낼까 부다. 너희 백성을 사칭한 저눔들 떨거지 맞지?

백성 천부당만부당이십니다.

시부2 헌데 우리한테만 공갈협박이야!

유생2 어르신 민심이 천심이라 했습니다. 여론!

시부2 흠흠, 내 소리 질러 미안허다. 장담하관데 저눔들은 길 터줄 놈들이 아니다.

유생2 얼마나 숭악한 놈들이라고. 속이 새빨간 놈들이거든.

시부2 허나 우리 가문은 본시 향촌의 백성을 제 자식처럼 두루 아끼고 사랑하였던 바. 해서 특별히 너희 살 방도를 갈쳐줄꺼구마. 네 지고 있는 게 어물이라 했지. 너는 소금장수고.

백성들 예예.

시부2 무식한 것들이 대답은. 단단히 보아 둬. 생선에 소금을 요렇게 톡톡 치면… 알겠지?

백성 예?

시부2 이눔들아 간간허니 절여 놓았으니 이제 무슨 걱정이야. 너는 생선 안 상해서 좋고, 너는 소금 팔아 좋고.

유생2 누이 좋고 매부 좋고, 도랑 치고 가재 잡고, 마당 쓸고 돈 줍고. 一石三鳥!

백성 아이고, 나으리 이 무슨!

시부2 그래 고맙겠지. 뭐 그렇다고 크게 도와줄 건 없다. 그냥 느긋하니 여 밑에서 우리 가문 응원이나 하면서 기다리면 된다.

시부1 하는 일마다 그리 민폡니까? 백성들이 오죽 좋아하겠습니다.

시부2 민폐라니요!

시부1 관둡시다. 어데서 보고 들은 건 많아 가지고. 그 안동에 간…

간….

시부2 간 고등어. 배울 만큼 배운 냥반이 지역특산품을 모르실까요 어째.

시부1 마침 말하려던 참이었소. 여하튼 지금 그거 흉내낸 거죠? 다 압니다. 그렇다고 오징어에다 소금을 에허!

시부2 먼저 물러주시지요.

시부1 그리는 못하지요. 저희가 먼저 비켜 주리란 생각은 마십시오.

시부2 맘대로 하시구려. 피차 뼈를 묻읍시다.

— 시부2의 문장(門長)이 부축을 받으며 삼보일배를 하며 들어온다.

시부1 아이고, 문장 어르신!

유생1 여기까지 삼십 리 길을 삼보일배를 하시고 오셨습니다.

시부1 옥체를 보존 하셔야지요. 제가 죄인입니다.

문장1 니가 무어 죄인이야. 저눔들이 죄인이지. 감히 그 철천지원수들이 길을 안 비켜 줘. 내 면전까지 삼보일배를 계속하마.

시부2 저 어르신이 누구야. 숨 넘어 가시겠다.

유생2 저 댁 문장이랍니다. 환갑도 넘었겠습니다.

시부2 환갑이 무어야. 여든도 너끈히 넘었겠구만.

유생2 삼십 릿 길을 삼보일배하고 왔데요 글쎄. 안 죽고 온 게 용합니다.

시부2 참말로 대단하네. 볼수록 더 대단해.

유생2 감탄만 하고 계실 게 아닙니다. 저 어른 지나온 근자 삼십 릿 길에 동정론이 쫙 퍼져.

시부2 아이고 어쩐지. 우리 문장 어르신께도 기별해. 이보일배 하고 오시라고.

유생2 백 릿 길이 넘습니다.

시부2 더 잘 됐지 않느냐. 근자 백리 여론은 우리 거… 아니다, 우리도 속히 단식을 하든, 단발을 하든 뭣이라도 하자.

유생2 단발이라니요. 상투가 떨어지느니 나라가 망하는 게 낫지.

유생2　단식도 그래요. 힘으로 자꾸 밀어붙이는데 단식해서 되겠습니까. 더 먹어야 해요!

문장1　조놈들. 조놈들. 조상을 욕보이고 상하게 한 놈들. 조놈들, 조놈들, 조놈들! 작신하게 뼈를 부러뜨려 놓아도 시원찮을 놈들. 대대로 쌓인 원한을 생각하면 이가 갈리고 피가 거꾸로. (분에 못 이겨 기절한다)

13. 숯막

초췌한 얼굴의 숯막아비, 안절부절 못하고 있다.

아비　하이고, 어쩌나. 이 일을 어쩌. 벌써 며칠째야. 장엘 가야 숯을 팔아 양석도 사지. 하이고, 어쩌자고 저놈들만 들이닥치면 이리 살길이 막연해지는지.

순임　(바구니를 숨기며) 아부지 들어가 계시지 왜 나와 계세요. 다리도 성치 않으시면서.

아비　빈 바구니구나. 더 벗겨먹을 송기조차 없는 게지.

순임　너릿재까지만 가도 좀 나을 텐데. 밤에 어떻게 몰래 가서.

아비　아서! 순임아 행여라도 그라믄 안된다. 무슨 봉변을 당할 줄 알고.

순임　그렇다고 죙일 이렇게 굶을 순 없잖아유.

아비　그라도 그건 안된다. 며칠만, 며칠만 더 참아 보자, 순임아.

14. 가마

― 신부1, 자세가 조금씩 흐트러진다. 신부2, 자세를 바로잡으려 안간힘을 쓰며.

신부1 몸이 아프다. 조금씩 더 아프다. 자꾸만 아프다.

신부2 숨막히다. 땀이 비오듯하고 숨막히고 또 숨막히다.

작은애 아씨, 접니다.

신부2 여전하더냐.

작은애 쇤네가 죄송합니다.

신부2 네 내게 죄송할 게 무에 있겠느냐. (자세를 더욱 곧추세운다) 괜찮다, 그래 괜찮다.

작은애 어머님께서 보내 주신 속곳입니다. 친정에서 사람이 왔습니다.

신부2 (자세가 조금 흐트러진다) 어머님이… (옷을 얼굴에 가져다 댄다) 건강하시다더냐?

작은애 (고개를 끄덕인다)

신부2 (옷을 내주며) 다시 가져가거라.

작은애 예?

신부2 출가외인이라… 그 집사람이 아니라고 전하거라.

작은애 아씨!

신부2 더하여 시댁이 속곳 한 벌 못해 입힐까봐 이러느냐고 전하거라.

신부1 몸이 아프다. 조금씩 더 아프다.

안잠이 아씨. 몸은 좀 어떠십니까.

신부1 네 고생이구나. 하여도 내 걱정일랑 마라.

안잠이 걱정이 아니됩니까. 마님이 약을 지어 보내셨습니다. 이것은 서간書簡입니다.

신부1 어머님께서? 평안하시더냐.

안잠이 아씨에 대한 걱정뿐입니다.

모1 벌써 시댁에 들어갔겠지 하며 기별을 기다리다 소식을 들었다. 하늘이 무너지는 것이 어디 따로 있으랴… 네 소식을 듣고 내겐 더 이상 하늘도 없었다. 다리에 힘이 풀려 땅조차 없었다. 상상조차 할 수 없는 일이 벌어졌으니 어찌 기막히다 아니하겠느냐. 당장이라도 달려가 너를 보고 싶지만 이제 시댁의 사람임에 그리할 수도 없음을. 그저 참고 인내하라는 말밖에 할 수 없음에. 참고 견디어라. 네 기막힘이 어미의 부덕으로 인한 것이라 삭이고 또 삭이거라. 고진감래라. 약을 달여 보낸다. 각별히 건강에 유념하여라.

신부1 어머니… 이리저리 하여 칠월이 되어 친정에서 송이를 드렸더니 왕후가 보시고 문득 슬픔에 안색이 변하여 눈물을 흘리시니, 궁녀가 꿇어 여쭈기를… 위태로운 때를 당하셨어도 태연하시더니 오늘 새로이 슬퍼함은 어인 일입니까. 내 이렇게 된 것을 무엇을 한탄하리요마는 오늘 본가에서 보낸 송이를 보니 마음이 절로 슬퍼지는구나, 슬퍼지는구나.

15. 어전御殿(17세기)

왕 (장작을 휘두르며 돌아다닌다) 짐은 왕이다. 짐은 아버지다. 오로지 짐만이 강하다.

西人 후궁을 들이고 무척 총애하시니 불안합니다. 저희를 대한이 예와 같지 아니하고, 폭우 직전의 찬바람 마냥 서늘하기 이를 데 없습니다.

우암 왕비께서는 아직 태기가 없으시냐.

西人 그렇습니다.

코러스 슬프도다, 다시 맞은 국상이여.

임금의 어머니이자 효종 대왕의 아내 인선왕후 승하하시니라.

아, 영모애통하여라 다시 맞은 큰 슬픔이여.

왕후 슬프도다. 상의 어머니께서 돌아가시니 영모애통하더라….

— 헝겊에 쌓인 대비(인선왕후, 효종의 비)의 시신이 들어온다. 벌거벗은 자의대비가 들어온다. 남인의 무리들이 박제된 백호의 시신(나무 널빤지에 압정으로 사지를 고정시킨)을 이고 와 장작더미 위에 세운다.

대비 이번에는 어떤 옷을 입지요? 어떤 옷을 입지요?

우암 선왕비의 복제가 선왕과 같을 수 없다. 1년 복인 기년 복으로 하면 선왕의 예와 같아지니 고례에 의거해 9개월 복인 대공복으로 해야 옳으리.

백호 (몸은 죽고, 입만 살아 움직인다) 우리의 딸아, 나의 딸아! 임금께 고하거라. 전에 효종대왕의 상에 대왕대비에게 1년 복을 해 입힌 것은 국제를 참고한 것이었다고. 국제에 아들과 큰며느리의 복제가 다 1년이라고 나와 있는데 이번에는 하필 고례를 뒤져 둘째 며느리 복인 9개월로 한다니 모순 아니냐고! 널 키운 이유가 단 하나 이날을 위한 것이었으니, 어서!

희빈 전하, 저들이 왜 저번은 국제를 참고하고, 이번은 고례를 참고하는지 이상합니다.

왕 듣고 보니 그러하다. 기해년에는 국제를 쓰고 지금은 고례를 쓰니 앞뒤가 어찌 이리 서로 다른가?

우암 기해년이나 지금이나 예법을 참고함에는 똑같았습니다.

백호 의례주소에 이르길 둘째아들이 후사를 이으면 장자라 했습니다. 선왕은 당연히 적장자인데 저들이 정통을 부정하였습니다. 역신의 무리를 처단하고 왕가의 권위를 바로 잡으소서.

희빈 의례주소에 이르길 둘째 아들이 후사를 이으면 장자라 했습니다. 선왕은 당연히 적장자인데 저들이 정통을 부정하였습니다.

코러스 (南人들) 선왕은 적장자. 왕가의 권위를 바로 잡으소서.

처단하소서. 정통을 부정하는 역신의 무리.

억누르소서. 왕의 권위를 능멸하는 권세의 신하.

우암 정통을 부정하고, 역신이라니 무슨 당치 않은 소리더냐.

백호 저자가 저리 부정하니 더욱 의심스럽습니다. 지금 상을 고례에 의거했다하니, 예전 선왕의 상에 고례를 적용한다면 어떤 복인지 물으십시오.

왕 고례대로 한다면 저번 기해년의 국상은 어떠한가?

우암 전하!

백호 3년 복입니다.

왕 선왕의 상에 3년 복을 1년 복으로 한 네 참된 저의가 무엇이냐.

백호 죽어서도 네놈을 잊은 적 없더니 천운이 오는구나. 너 살기를 바라지 마라. 전하, 저들이 임금의 적장자 지위를 부정한 것은 군왕의 정통을 부정한 것입니다.

왕 불쾌하고 불쾌하다. 왕과 신민臣民이 같다는 얘기인가. 신하는 무겁고 임금은 가볍단 얘기인가.

詩人 아! 적통을 바로잡는 것이 신하의 가장 큰 도리인데, 시열은 간교와 거짓으로 일관했구나. 이제 이를 사실대로 말하면 자신의 죄를 자수하는 것이요, 이를 은폐하려 하면 선왕의 성덕을 매몰시키는 것이니 시열은 기필코 살지 못하겠구나.

코러스 (南人들) 죽여버리소서, 왕을 능멸하는 권세의 신하!

죽여 버리소서, 왕의 권위를 위협하는 독사의 권세!

죽여 버리소서, 방자함이 왕의 권위를 넘고 있습니다!

왕 인두를 가져오라, 베틀을 가져오라, 친히 국문 하리라!

코러스 급급 결박하소서!

역률을 쓰시옵소서!

우선 형문을 치려니와 압슬 화형기구를 치옵소서!

백호 저자가 모든 것의 발단이요, 시작입니다! 죽여 피를 종묘에 고하소서!

우암	중전은 어디에 있는가. 나의 딸아, 우리의 딸아!
왕후	그 죄 비록 무겁다하나 세 임금의 사부였던 자 어찌 죽이려 드시나이까.
백호	박덕하여 생산도 없는 중전은 폐하소서. 후궁 장씨를 중전으로 맞으소서.
왕	중전의 간청 대단하니 시열 사형만은 면하여 절도絕島로 위리안치 하고.
왕후	성은이 망극….
왕	허나 중전 민씨는 폐서인 하라.
왕후	전하!
왕	생산을 못하면 칠거지악이라 일반 여염집에서조차 내쫓김을 당한다. 하물며 왕가랴! 후궁 장씨를 중전으로 봉하라.
왕후	(서인들에게) 도와주세요. 도와주세요. 도와주세요.
서인들	(외면한다) 임금의 마음이 떠난 마당에 두둔하여 무엇하리. 왕자만 생산했던들 이런 일 있겠더냐. 척박한 자궁 때문에 우리 살 길조차 막막하거늘.
왕후	어이 이리 박정한가요. 어이 이리 무정한가요. (체념하며) 죄인이 어찌 색깔 있는 옷을 입으리요. 무명으로 옷과 이불을 만들라. 나는 이제 한낱 폐서인이다.

― 南人들 희열에 찬 환성, 西人들 죽기살기로 반대한다.

왕	더불어 희빈의 아들 원자정호하라!
西人	판서 오두인 아룁니다. 대왕 춘추 한창이신데 원자정호라니요.
西人	전하 어찌 이런 실덕을 저지르십니까.
西人	엎드려 바라건대 전교를 거두소서!
왕	너희가 신하 된 도리로 임금을 비방하니 그 죄상이 삼족에 가 미쳤다. (장작으로 머리를 내리쳐 죽이며) 감히 충의로운 마음으로 원자정호를 받들지 않겠느냐.

코러스 죽여 버리소서, 죽여 버리소서, 죽여 버리소서. 방자함이 왕의 권위를 넘고 있습니다.

우암 저 아이 세자 되면 언제 다시 훗날을 기약하리요. 전하, 원자정호만은 죽어도 아니되오!

왕 짐이 네놈을 자식처럼 어여삐 여긴 지 오래거늘 이렇듯이 하는고. 전부터 분수를 넘어 독살을 부리니 괘씸히 여기면서도 여태껏 모른 체 했으나, 이제 죽는 줄 알라!

우암 너희는 이날을 잊지 마라. 자손만대여 너희도 이날을 잊지 마라. 받은 대로 고스란히 되갚아 주어라. (왕, 내려와 우암을 장작으로 패 죽인다)

신부1 임금이 더욱 노하여 무릎을 빻고 능장으로 치시니 좌우의 사람들이 차마 보지 못할 지경이고, 살과 피가 떨어지고 뼈마디가 드러나 튀는 피가 곤룡포 아래 떨어졌으나 안색이 씩씩하여 조금도 굴복치 않더라….

16. 숯막(19세기)

― 순임이 배를 잡고 떼굴떼굴 구른다.

순임 아부지!

아비 하이고, 야가 와 이랴. 하이고 참말로 야가 와 이랴. 순임아, 순임아.

순임 배가, 배가… 아부지 배가….

아비 하이고 이걸 어째. 하이고 야가 싹이 돋은 감잘 먹은 게지. 하이고 어쩌자고, 그렇게 갖다 버리라고 했더니. 하이고 어째. 이걸 어째. 소금물이라도 멕여 토하게 해얄 텐데. 소금이 어데 있나.

하이고, 하이고.

순임　아부지, 아부지. 배가 끊어질 것만….

아비　하이고 어째 이러다 애 잡고 말제. 참말로 순임이 쟈가 죽고 말
제. 하이고… 그랴 어떻게든 너릿잴 넘어 아랫 마실에만 가면. 그
랴 어떻게든. 순임아 내 어떻게든 댕겨 올 테니 조금만 참아라.
순임아 조금만 참아. 하이고, 하이고.

17. 가마

― 번쩍이는 섬광, 쏟아지는 비.
몸을 가누지 못하는 신부1, 이를 사려물며 몸을 세우는 신부2.

신부1　장마가!

신부2　장마다!

신부1　수시로 한기와 신열이 번갈아 오며 밤이면 뼈마디가 찌르는 듯
아프다가 상태를 가늠할 수 없었으며… 백설 같은 피부는 많이
상하여 또 수시로 누런 진이 엉기었다 없어졌다 하시니 어의들이
모두 병세를 다스리지 못하더라. (심한 기침)

안잠이　아씨, 아씨… 괜찮습니까?

신부1　(기침을 달래며) 괜찮다.

안잠이　어쩝니까. 기침에 고열이니….

신부1　참을 만하니… 괜찮다 않겠느냐. (다시 기침)

안잠이　아니되겠습니다. 약이라도 달여 와야. (퇴장)

작은애　곳곳에 물난립니다. 이런 비는 몇십 년에 한 번 있을까 말까….

신부2　(그저 말없이, 사이) 몸을 세우겠다.

작은애　낮에 큰 싸움이 있었습니다.

신부2   (말없이) 나는 그저 몸을 세운다.

작은애   이곳저곳 불만이 대단합니다. 길이 막혀 낭패를 본 장사바치들의 기세는 자못 흉흉하다고… 아랫것들이야 죽든 말든. 죄송합니다. 아씨.

신부2   (사이, 더욱 몸을 곧추 세운다) 나는 몸을 세우고 또 세운다.

작은애   아씨, 조금만 편하게 하세요. 누가 본다고. 아참 이거.

신부2   무엇이냐?

작은애   어르신이 주셨습니다. 읽어 보시고 더욱 분발하라며.

신부2   (쳐다만)

작은애   학통을 같이하는 서원의 유생들이 보내온 격려문이랍니다. 아씨에 대한 칭송과 인내를 찬양하고 있습니다.

신부2   (자세가 흐트러진다)

작은애   아씨, 왜 그러십니까?

신부2   너무들 하는구나.

안잠이   약 달여 왔습니다.

신부1   네 고생이구나. 거기 놔두고… 그만 가서 자거라.

안잠이   드셔야 됩니다, 아씨.

신부1   있다가, 있다가… 지금은 아무 생각이 없구나….

안잠이   (울먹이며) 어쩝니까, 아씨… 시어른께선 저리 막무가내니… 아씨, 친정 마님에게라도 기별을 해 볼까요? 시댁 어른이야 아씨가 죽든 말든 신경이나 쓰니까. 제가 몰래 내려가서….

신부1   절, 절대 아니 된다. 안잠아 절대… 부탁이니 절대….

안잠이   이러다 아씨 죽어요. 죽는다고요. 목숨은 살려야지요!

신부1   내가 왜 죽느냐… 아니 죽는다… 그러니 걱정일랑 말아…. (기절한다)

안잠이   아씨! 아씨!

18. 너릿재

— 숯막 아비 주위를 살피며 들어선다.

안잠이 뉘, 뉘냐! (놀라 비명)

시부1 (몽둥이를 들고) 무슨 사단이냐.

아비 하, 하이고. 나, 나으리 살, 살려 주십쇼.

유생1 이놈이 뭣 하는 놈인데 감히 여길….

아비 하, 하이고 나으리. 하이고 우리 딸애가, 하이고 배가 아파 곧 죽을 판이라. 하이고 해서 이 잴 넘어.

시부1 어허 이눔이 어영부영… 자꾸 뭐라는 게야?

유생1 하이고 배가 아프니. 하이고 딸애니 뭐니.

시부1 가련한 소리하고 자빠졌구나.

유생1 안 그러게 말입니까. 여가 감히 어느 안전이라고.

유생1 이눔아 여가 강변 형장터보다 더 서슬 퍼런 곳이다.

유생1 가만 이눔 이거 우리 신부 보쌈하려고 저쪽 놈들이 보낸….

시부1 옳거니! 이눔. 이 망측한 놈. 죽으려고 환장한 놈. 그러잖아도 몸 좀 풀렸더니. (두들겨 팬다)

아비 (시부2쪽으로 도망가며) 하이고, 아닙니다. 하이고 그게 절대 아닙니다. 하이고 살려줍쇼.

시부2 어허, 이눔이 누구야. 흥부네 제비도 아니고 다리가 작신 부러져서 이쪽으로.

시부1 시치미 떼지 맙시다. 당신네들이 보낸 첩자 아닙니까.

시부2 첩자? 첩자는 무슨 첩자!

아비 하이고 그것이 아니오라. 제가 배가 너무 고파. 하이고 고만 눈이 헷가닥 뒤집어져.

시부2 이눔, 이눔이 뭐라고 중언부언.

유생2 어서 굴러먹다 온 상것이라고 함부로.

유생2 아무리 봐도 저눔들 떨거집니다. 이쪽 일을 한번 염탐해 보겠다고 부러 때려서 보낸.

시부2 맞구나. 이눔이 일테면 이중첩자란 게구나.

유생2 감히 이놈이. (마구 때린다) 네 이놈 그래 잘 왔다. 어디 한번 제대로 죽어봐라.

아비 하이고 나으리 무슨 천부당만부당. 정말 아닙니다. 하이고 한 번만 살려 줍쇼.

시부2 아니긴 뭐가 아니야 이눔아. 냉큼 불어라. 저눔들 첩자라고.

아비 맞, 맞습니다. 하이고 맞습니다. 제발 살려만 줍쇼.

시부1 저, 저 쳐죽일 놈. 말하는 폼세가 아니나 다를까 저눔들 편이 맞구나.

유생1 네놈이 죽고 싶어 아주 기를 쓰는구나. 그래 소원이라면 어디 죽어봐라. 뭐 어째. (시부1, 2 할 것 없이 마구 때린다)

아비 하이고 맞습니다. 하이고 아닙니다. 하이고 목숨만. 하이고 우리 딸애가 죽을 판이라. 하이고 고만 눈이 헷가닥. 제발. (사이, 외마디) 순임아! (낭자하게 죽는다)

시부1 헛참 그눔 약하기도 하지. 탁하고 치니 턱하고 죽는다더니.

시부2 볼썽사납다. 내다 버려라.

19. 가마

신부1 아프다. 자꾸만 더 아프다. 어머니⋯ 어머니⋯ 내 정신을 차려야 하는데⋯ 내가 이리하면 안되는데.

신부2 숨막히다. 숨막히다. 또 숨막히다.

순임 아버지. 아버지. 아버지.

모1   사랑하는 딸아. 사랑하는 승민아. 비가 이렇게 많이 왔구나. 온통 붉은 흙탕물이구나. 자식보다 부모가 오래 사는 법이 어디 있느냐. 그럼에도 부덕하여 몇 안되는 자식을 모두 가슴에 묻었다. 너는 차츰 죽어 가는데 지켜만 봐야 하는 심정이 어떤지 아느냐. 너만은 살리겠다. 시댁에서 한사코 너를 놓아주지 않는다만 설마 부모상인데도 잡아두려 하겠느냐. 유서를 남기면 자살한 어머니를 두었다 욕할까 두려우니… 그저 바람에게나 적어놓고 간다. 너 부디 사랑받고 살거라.

― 꿈처럼 실족사失足死 처럼… 강물에 몸을 놓는다. 벼락소리.

20. 너릿재(19세기)

유생1   함경도에 또 민란이랍니다.

유생2   대포를 탕하고 놓으니 강화도가 쑥대밭이 되었다고.

유생1   유래 없는 장마 비에다, 보도 듣도 못한 역병이라 민심이 흉흉한데.

유생2   양이洋夷에다 왜놈들에다… 그 참!

유생1   하루라도 옥죄지 않으면 쉬 상하를 몰라보는 것들인데 어떡하나.

유생2   상것들마저 분수를 모르고 날뛴다니.

유생2   큰일이군요.

유생1   단단히 단속을 해야지요.

유생1   내려가서 단속을 하긴 해야겠는데.

유생2   원수에게 본때를 보이는 것도 좋지만 하루 이틀도 아니고.

유생1   재를 막고 이러하니 향민들이 불만으로 가득 차 있다하니.

시부1   큰일입니다. 큰일입니다. 큰일입니다. 허나 지금 물러서면 온 향

	리 우세 아닙니까. 체면이 있지….
시부2	난감합니다. 난감합니다. 난감합니다. 허나 비껴갈 틈이 있어야지요.
유생1	허, 가마만 없으면 양보하고 자실 것도 없을 터인데.
유생2	가마가 없다면 길이 좁다 하겠습니까.
시부들	무슨 소리십니까.
유생1	길을 비껴주는 것이야 조상과 가문에 씻지 못할 치욕이 될 테지만….
유생2	신부는 또 든다고 무슨 하자가 있겠습니까.
유생1	흉흉한 소문이 들립디다. 야밤에 생면부지의 남정네와 싸돌아 다녔다는….
시부1	그건 저놈들이 지어낸… 생각을 해 보세요. 저렇게 앓고 있는데 어딜 싸돌아다닙니까.
유생1	그럼 가문이 본시 생산이 귀한데 시름시름 앓고나 있으니.
유생1	신부가 병약하면 칠거지악이라 내쫓아도 무방하다 했는데.
유생2	야밤에 혼자 고개를 싸돌아 댕긴다는 뭐 그런 소문이 들립디다. 잘 아시지요?
시부2	다 저놈들이 지어낸 흑색선전입니다.
유생2	어디 남들이 그걸 신경 써 줍니까. 사실이든 아니든 이미 말이 돌았으니.
유생2	사실 신부가 너무 대가 세요. 음양이 다르듯 여자는 약하고, 남자는 강한 것인데 신부가 대가 저리 세니 신랑이 걱정입니다. 규문보감에 이르길 여자는 낳으매 쥐와 같을지언정 호랑이 같을까 두려워한다 했는데….
시부들	내치자는 소리십니까?
유생1	사대가 체면에 내칠 수야 있습니까. 저들도 신부를 탐탁지 않게 여기는 눈치던데.
유생2	잘 타협해 보십시오. 대를 위하는 것 아닙니까. 게다가 가문에 열녀 하나 없었는데 이 기회에 열녀 한 번 만듭시다.

21. 가마

— 시부1, 2의 무리들 신부들의 가마를 둘러싸고 아녀자의 도리에 대한 유교
경전을 읽는다.

신부1 (실신할 듯) 아프다. 아프다. 아프다.

신부2 (비명처럼) 숨막히다. 숨막히다. 숨막히다.

시부1 경치 수려하다. 마음 같아서는 이쪽으로 아예 종가를 옮기고 싶
지만.

시부2 단도직입적으로 본론을 말씀하시오.

— 순임, 무대를 헤매며.

순임 아버지. 아버지. 아버지.

시부1 그 놈 고라니, 아주 산천을 벗하고 사니 좋겠구나….

시부2 얼굴에 저승꽃만 핀 게 아니라 눈에도 핀 게로군요. 저거 노루지
요.

시부1 고라니 맞지요, 저거!

시부2 저거 노루지요!

시부1 어허, 고라니라니까.

시부2 어허, 노루라니까.

시부1 고라니.

시부2 노루.

시부1 고라니.

시부2 노루

— 사이

시부1 그만 본론을 얘기합시다.

시부2 그러십시다.

시부1 주자께서 이런 말씀을 하셨지요. 아픔을 참고 억울함을 머금지만 시세가 절박하여 어쩔 수 없다.

시부2 우리 조상님은 이랬지요. 일이 위급한데 수신修身한들 뭔 소용 있겠는가.

시부1 집안에 열녀 하나 없다고 하더군요.

시부2 그러는 댁엔 열녀 하나 있어서 하는 소리십니까.

— 사이, 노려보다.

시부2 시절이 어수선하니 나라 걱정 하는 마음에 편치도 않고.

시부1 상하가 분명하거늘 위아래 모르고 설친다니 단속을 해야겠고.

시부2 신부는 또 들이면 되는 법이고.

시부1 그렇지요. 신부야 또 들인다고 상관없지요.

시부2 열녀 하나 나서 나쁠 것 없고.

시부1 제 말이 그 말입지요! 열녀가 나기만 하면 아주 떡 벌어지게!

시부2 열녀비를 세우시겠다? 그거 좋습니다! 그걸로나 승부를 가리도록 합시다!

시부1 좋은 돌을 캐어다, 구구절절 유려한 명문名文으로… 좋지요! 그럼 됐군요. (일어서며) 평안지절이라 고라니가 깡충깡충 어사와….

시부2 뿔 달린 고라니라, 점 박힌 고라니라 내 보지 못하였느니라.

— 흰 천이 깔리고, 유생들 상복을 입고 도열하기 시작한다.

22. 가마

신부1 　예와 이제를 생각하시매 온갖 슬픈 생각이 일어, 산을 그린 듯한 고운 눈썹에 슬픈 안개가 일어나고 새벽별 같은 두 눈에 구슬 같은 눈물이 맺히시니, 안색이 처연하여 애원하는 기색이 얼굴 가득 나타나시니 좌우의 사람들이 감히 마주보지 못하더라,

안잠이 　아씨…!

신부1 　그래, 안잠아.

안잠이 　다들 짐을 챙기고 있습니다.

신부1 　이제 내려가는 게지….

안잠이 　헌데 이상합니다. 모두 상복을 입고….

신부1 　상복을….

안잠이 　어쩝니까, 왠지 불안합니다.

신부1 　(사이) 어머니를 꿈에서 뵈었다. 아마, 좋은 소식일 게다….

작은애 　(신부2에게 소리)

신부2 　그, 그것이 정말이더냐!

작은애 　(울먹이며) 은밀히 이야기하는 걸 들었습니다….

신부2 　왜, 나를 죽인다더냐! 이유는 무엇이며, 무엇 때문에! 내가 너무 지독하여 아니되겠다더냐? 내가 본분에 충실함이 버겁다더냐? 사람을 죽임에 이유가 있을 것 아니냐!

유생1 　칠거지악이라 불순부모거하며

유생2 　부모에 순종하지 않으면 버리고

유생1 　칠거지악이라 음거하며

유생2 　음란하면 버리고

유생1 　칠거지악이라 투거하며

유생2 　투기하면 버리고

유생1 　칠거지악이라 무자거하며

유생2	자식 못 낳으면 버리고
유생1	칠거지악이라 유악질거하며
유생2	나쁜 병이 있으면 버리고
유생1	칠거지악이라 다언거하며
유생2	말이 수다스러우면 버리고
유생1	칠거지악이라 절도거하며
유생2	도적질하면 버리고
유생들	버리고, 버리고! 이래도 버리고, 저래도 버리고! 이유 있어도 버리고, 이유 없어도 버리고. 죽여서 버리고 살려서 버리고. 가문을 위하여도 버리고 또 버리고!

23. 어전御殿(17세기)

― 왕후는 온몸 고름이 돋아 죽어가고, 희빈은 사약을 앞에 두고 있다.
왕은 새로운 나인(숙의 최씨)을 희롱하고.

희빈	내 무슨 죄 있어서 사약 하리요!
왕	내 앞에서 죽일 것이로되, 네 얼굴 보기 더러워 약을 보내니.
왕후	가렵다. 거머리야, 벼룩이야, 이야. 지아비에게 버림받고 한뼘 방에 갇혀 온몸 가득 고름이구나. 아아, 가렵다. 거머리야, 벼룩이야, 이야! (쓰러진다)
희빈	민씨 단명하여 죽음이 제 아랑곳이옵니까?
왕	네 강악이 되게 무섭구나. 사약을 재촉하라.
희빈	사랑을 갈구하는 지어미에게 사약을 내리는 법이 있으리까!
왕	무엇 하느냐, 어서 먹이지 않고.
희빈	내게 무슨 죄가 있으며!

왕	천고에 저런 요악한 년이 또 어디 있으리요. 자식의 낯을 보아 특별히 신체만은 보전하는 은혜를 베풀었거늘 점점 더 큰 죄를 짓느냐!
희빈	(애원하며) 전하 비록 마음이 떠났다 하나 어린 자식을 보아.
왕	붙들고 먹이라!
희빈	(南人들에게) 살려주시오. 살려 주시오. 살려 주시오.
南人들	(외면한다) 임금의 마음 떠난 마당에 두둔한들 무엇하리. 우리 살길도 막막하다.
왕	붙들고 먹이라!
희빈	(사이, 체념하며) 자식의 얼굴이나 보게 하여 구원의 한이나 없게 하여 주오.
왕	당장 붙들고 먹이라!
희빈	전하께서 정치를 아니 밝히시니 임군의 도리가 아니더라!
서인들	붙들고 먹이라! 붙들고 먹이라! 붙들고 먹이라!
희빈	(죽임을 당한다)

24. 가마(19세기)

안잠이	(말을 못하고 울먹일 뿐)
신부1	왜… 아무 말도 아니하고 울고만 있느냐? 이 옷이 무엇이냐?
신부2	가마 속에만 세 달을 있었다. 몸에 쥐가 나고, 등창이 생겼다. 땀이 비오듯 흐르고 숨이 막혔다.
작은애	아씨….
신부1	왜 울기만 하느냐? 안잠아 말을 해 보아….
안잠이	어떡합니까, 아씨….
신부2	그럴수록 자세가 흐트러지지 않으려 했다. 그럴수록 더욱 곧추

앉으려 했다. 내 왜 그랬는지 아느냐.

신부1 우지 마라, 우지 마. 더 이상 울게 뭐가 있다고… 뭐가 더 나빠진다고.

안잠이 아씨… 이 옷으로 갈아입으시랍니다!

신부1 수의壽衣 아니냐… (사이) 이 옷을 어찌 내게 주느냐.

신부2 내 지금껏 지독히 자세를 곧추세우려 함이 가문을 위한 것인 줄 아느냐. 아니다. 원수 집안의 본때를 보여 주려고. 아니다. 친정의 누를 끼치지 않기 위해서. 아니다, 아니다. 그것 역시 아니다.

신부1 그리 섧게 울기만 하느냐… (자신도 모르게 눈물을 흘리며) 너 때문에 내가 다 울음이 나지 않느냐… (사이, 눈을 감으며) 혹여 내가 죽어야 한다더냐.

신부2 처음엔 그랬구나. 하도 어이없고 기도 안 차 분을 삭이느라 그리 지독히 몸을 세우려 하였다. 허나 너무나 합당치 않은 일을 겪으매 도대체 나는 무엇이고 저들은 무엇인지 궁금하더구나. 비좁은 가마 속에 속수무책으로 처박혀 비지땀을 뻘뻘 흘리는 나란 도대체 무엇이며 또한 그것을 강요하고, 길을 막아 숱한 이들에게 고통을 안기고, 천지가 무너져 내려도 꿈쩍 않는 저들은 또 무엇인지….

신부1 (몸을 억지로 일으켜 세우며) 아니다. 이럴 순 없다. 내가 병약해서 그런 게지. 몸만 제대로 세우면야 설마 죽이기야… 내가… 내가 어떻게 죽느냐. 어머니 혼자 두고 어떻게… (다시 쓰러진다. 사이, 체념하며) 그래서 어머니가 수의를 입고 자꾸만 꿈에 나타난 게구나. 실은 내가 죽으려고 그랬던 게지… 안잠아… 어머니 뵐 낯이 없구나… 만 가지 불효 중에 젤 큰 죄가 부모보다 일찍 죽는 것이라… 자식 셋이 모두 먼저 가니 참으로 몹쓸 짓이다.

신부2 온몸을 비틀어서라도. 세우고 싶었고, 세우려 했다. (사이) 나중에 어느 한 날 어머니를 뵙거든… 내 세우고자 한 것이 몸뚱아리 하나만은 아니었다고 전하여 주거라.

신부1 나 이제는 살지 못할 것이니 너희의 정성을 무엇으로 갚으리요.

내 천인賤人인 너희 신분을·면천하리니 나의 삼년상을 지내고, 각
각 돌아가 부모 동생을 보고, 아들딸을 낳아 인륜을 갖추며 살다
가, 죽은 후에 다른 날에 지하에서 만남을 기약하자. (책을 덮는다)

신부들 내 너희를 종에서 면천하리니 부디 행복하게 살거라.

안부 모도부출 — 신부는 그만 나오시오!

신부들 수의를 입고 천천히 무대로 나온다.

안부 부선재배 — 신부 시아버님을 향해 먼저 두 번 절을 하시오.

신부들 (이끌려 절한다)

안부 예필철상 — 예를 마쳤으니 신부는 이제 그만 좌정하시오.

신부들 (표정 없이 정좌한다. 체념한 듯)

신부2 (아무런 감정 없이 회상한다)
복사꽃이 망울질 때 초례를 올렸지요.
꼭 하루 신랑을 보았답니다.
첫날밤에 쓰라고 어머니께서 챙겨주신
삼팔주 수건은 펴 보지도 못하고
그저 첫서리처럼 새하얗게 새벽은 밝았답니다.

신부1 복사꽃이 피고, 복사꽃이 지고, 또 피고, 또 지고
그렇게 삼 년이 흘렀답니다.
수줍은 마음과 두려움에 신행을 올랐답니다.
영을 하나 넘어 멀고도 먼 길이라 하더니…
종내는 시댁 처마 한 번 보지 못하고.
지루한 장마더니…
이제사 그 비 다 그치고.

삼팔주 수건에 돌이 싸여져 두 신부의 부풀어진 치마 속에 들어간다.
신부들 잠시 서로를 마주본다. 파르르… 창백한 미소를 건넨다.

신부1   당신이군요….

신부2   당신이군요….

신부들   (상대를 마주봄에 측은함과 안타까움과 연민이 들어 상대를 진심으로 공경하고 높이며) 당신… 당신께 미안합니다.

하늘에서 펄펄펄 붉은 꽃송이 조각들이 떨어진다.
신부들의 형체가 안 보일 정도로 수없이 떨어진다.
동시에 가마를 내던진다. 거대한 열녀비가 들어선다.

소리   (신부들 동시에) 경사스런 일이다.
집안에 열녀 하나 없어 가묘에 부끄럽더니
이제 이보다 더한 열녀가 어디 있으랴!
가문을 위하여 목숨마저 아까워하지 않으니 열녀 중에 열녀로다!

순임   (배를 감싸고 엉금엉금 기어다니며) 아부지, 아부지, 아부지.

25. 너릿재 / 에필로그(현재)

― 4륜 구동소리. 라디오소리. / 여야는 총선 승리를 위해 민생정치 상생정치. / 카드 빚을 비관한 40대 가장이 일가족 4명과 함께 음독자살. /

의원1   안개, 안개, 안개. 안개 때문에 당최 보여야지.

의원2   안개, 안개, 안개. 안개 때문에 더욱 확실허네.

의원1   확실해.

의원2   확실해. 쉿―!

― 순임 나온다. 뛴다. 겁먹은 사슴, 노루, 고라니의 얼굴 또 몸짓.

— 라디오소리 / 정 양은 두 동생을 위해 전기밥솥 가득 밥을 해 놓은 뒤 / 댄스음악. / 평택시 팽성읍 대추리 강물에 뿌려져 서해바다로. / 댄스음악 / 멘트, 오늘은 참으로 화창한 봄날입니다. 정말 기분까지 상쾌해지는 하루죠.

총소리 타앙ㅡ! 순임 쓰러진다.

막이 내린다.

봄꿈 봄 같은

등장인물

여자

아내

남편

무대

1. 신문지로 벽지를 바른 낡은 골방, 담이나 집을 양식화한 흙
벽 / 1장(프롤로그), 3장, 4장

2. 유리와 거울, 얼음으로 만들어진 거실 / 2장

3. 꽃의 화원 / 5장(에필로그)

1. 프롤로그

쓰레기 투성이의 방, 폐허 같은. 그것은 1970년대 쯤의 시골 농가의 모습이나 변두리 달동네 셋방의 모습을 연상시킬 수도 있다. 무대가 밝아지면 의자에 앉아 있는 여자의 모습. 미동도 없이. 그녀의 옷은 얇고, 비추는 조명은 차갑다. 두렵고 큰 눈을 하고. 그녀는 어딘가를 그립게 응시하고 있다. 그곳은 어디일까. 어쩌면 산너머 어느 곳일 수도 있고, 바다 건너 어딘가 일 수도 있다. 또 어쩌면 우리가 갈 수 없고, 볼 수 없는 그녀만의 어떤 세계. 기다림, 동경 혹은 꿈에 닿아 있을 수도 있다. 그녀는 우리에게 패 오랜 침묵을 강요한다. 하지만 그녀의 긴 침묵을 견뎌내야 한다. 어쨌든 그녀 얼굴의 멍자국은 분명하고, 그녀의 낯빛은 겨울처럼 파랗게 질려 있으니까. 또한 그녀에게도 말할 준비는 필요한 것이고 첫 만남이란 때로 어색한 법이니까. 황량하고 무료한 분위기는 패 오래 지속된다. 이윽고 팡하며 형광 불빛이 터진다. 비로소 얼어 있던 그녀 몸이 풀린다.

여자 아버지가 절 이곳에 가둬 버렸죠. 모든 것들이 죽어 있는 이곳에. 생명 있는 모든 것들부터 생명 없는 모든 것들까지 이곳에선 생장을 멈추고 죽어 버리죠. 시간마저 죽었죠. (시계 쪽으로 걸어가서 태엽을 감는다) 아무리 밥을 줘도 시계추도, 분침도 도무지 움직일 줄 모른답니다. 시계는 이곳에서 한 시간도 살지 못했어요. (객석을 보고) 도무지 믿지 못하는 얼굴들이군요. 이건 어때요. 이 콩나물시루? 전 하루에도 몇 번씩 물을 줬지만… (썩어버린 콩나물을 들어 보인다) …썩어 버렸어요. 이곳에서 살 수 있는 것은 없어요. (사이) 저만 빼고. (천장에 쥐가 뛰어다니는 소리) 쥐도 빼고. (몸을 긁으며) 벼룩도 빼고. (더욱 발작적으로 긁으며 소리 지른다) 벼룩! 그래요 벼룩이예요. 벼룩이라구요! 이곳은 벼룩이 너무 많아. 너무 많다구! (사이) 미안해요. 처음부터 이런 모습을 보이고 싶진 않았는데. 어쨌든 이곳은 폐허죠. 보세요. 한 뼘의 볕도 없이 좀이 슬어 버린 옷과, 쥐 오줌만 가득한 벽. 바람 한 점 없이 공기는 무겁게 눌러져 있고 게다가 울어 줄 새 한 마리 없다구! 아버지가 이렇게 만들었어. 벼룩을 키워야 했으니까. 청소도 못하게 하고 모든 걸 썩어가게 했다고. 날 이곳에 처박아 놓고. 믿어지세요? 이곳에서 전 제 생의 전부를 살았다구요. (사이) 딱 하루만 빼고. 어제 가출을 했었죠. 보시다시피 실패했죠. (거울을 꺼내 얼굴을 살펴본다) 아버지가 때렸어요. 반항? (고개를 젓는다) 전 아버지 목소리만 들어도 다리에 힘이 풀리는 걸요. 죽은 듯 맞고만 있었어요. 그게 더욱 아버질 화나게 했나 봐요. 나중엔 거의 정신을 잃고 때렸으니까. 그리고 다시 이곳에 갇혀졌고. (반쯤 타다만 일기장을 가져온다) 엄마의 일기장이에요. 엄만 오래 전에 집을 나갔죠. 다락에서 일기장을 찾기 전까지 왜 집을 나갔는지도 몰랐어요. 짐작만 할 따름이었죠. 그때 아버진 밥 대신 술을 드셨고, 일 대신 엄마를 때리는데 시간을 보내셨으니까. (기억에 젖어들며) 그 날을 잊지 못해요. 환한 봄날이었죠. 전 담에 기대어 해바라기를 하고 있었어요. 그날 엄마가 떠나갔죠. 그 모습이 전 꼭 꿈만 같아서 붙잡지도 울지도 못하고 그저 멍하니. 그렇게 엄만 갔어요. 환하게 빛나며 한 점. 아, 엄마. (사이, 추억에서 깨어나며) 그때 엄만 세상 봄볕을 다 이고 떠났던 거예요. 제겐 싸늘한 그리움만 남기고. (다시 일기장에 눈을) 당장 읽기 시작했죠. 그리고 곧 충격에 휩싸였어요. 엄만 온통 눈물과 회한뿐인 인생을 살다 가신 것 같아요. 일기 속에는 죽고 싶다는 말이 무려 1974번에다 이혼하고 싶다는 말이 2000번 하고도 두 번, 그리고 가출해야 되겠다는 결심이 3136번이나 있었죠. 그 뿐이면 다행이죠. 결론은 모두 불행하다고 끝맺고 있는데 무려 7976번이나 되었으니까. 일기장이 눈물에 지워져 버리지 않은 게 신기할 정도였죠. (사이) 전 숨도 쉴 수 없었어요. 엄마가 살았던 인생을 그대로 살고 있었던 거니까. 하지만 아버진 그러지 않았죠. 이곳을 낙원이라 했고 엄마를 유혹에 빠져 도망가 버린 창녀라 말해 왔어요. 하지만 이젠 알아 버렸죠. 아버지의 말들이야말로 모두 거짓이란 걸. 억압을 순리라고 속이고 복종을 미덕이라 말해 왔던 것들. 쥐가 제 영혼을 갉아먹는 소리를 아름다움이라 가르치고 벼룩에게 던져진 제 몸을 순교라 말했던 것들까지. (급하게 옷가지를 챙기며) 도망쳐야 돼. 이곳에 있다간 죽어 버릴 거야. 전 도망갈 거예요. (도망가려 한다. 남편 등장)

남편   그곳은 위험해! 넌 그새 잊은 거냐?

여자   (놀라 뒷걸음을 치며) 아버지, 전 단지 바람을 쐬려고.

남편   (무섭게 다가서며) 날 속일 수는 없다. 넌 또다시 유혹에 몸을 맡긴 거야.

여자   (점점 더 뒤로 물러서며) 아버지 정말요. 바람을 쐬려고 봄이 왔나 보려고.

남편   아직 겨울이다. 길은 온통 빙판이고 바람은 뼛속까지 스며! 이 옷가지는?

여자   (감추며) 빨래를 하려고.

남편   끝까지 거짓말! (여자의 머리카락을 휘어잡고) 냄새를 맡으면 알 수 있지. 니 체온을. 니 살갗을. 니 몸의 냄새가 온통 거짓을 말하는구나.

여자   (절망적이 돼서) 살려 주세요. 이러지 마세요. 전 당신의 딸이라구요.

남편   (거칠게 여자를 내팽개치고) 화냥년! 또 누가 널 유혹했지? 내가 얼마나 사랑하는지 알면서. 항상 도망칠 궁리!

여자   제발!

남편   (방 안을 가리키며) 벼룩이 굶기 시작했다. 그래 넌 저 비명소리가 들리지도 않니? 기아와 기근에 휩싸였다. 한발과 대재앙이 덮쳤다고 이년아! 정오가 지났건만 밥 줄 생각은 조금도 없이 도망 칠 궁리. 옷을 벗어라. 어서 들어가! 그리고 명심해라. 니 몸이 60억 마리의 벼룩을 먹여 살린다는 걸. 자그마치 60억 마리다. 그 가여운 것들을 버리고 어딜 도망가. 그건 죄악이다. 지독한 죄악. (시계를 보며) 빌어먹을 벌써 일 나갈 시간이군. 갈수록 시간은 빨라지고 있어. 마치 총알처럼. 밖은 전쟁터다. 잊지 않도록 해라. 내가 널 먹여 살리기 위해 매일같이 전쟁을 하고 있단 걸. 최소한 너도 이 정도 일은 감내해야지 않겠니? 고갤 끄덕여 봐. 그렇지? (여자 고개를 끄덕인다) 그래 넌 현명하니까. (퇴장한다)

여자 죄예요. 아버진 제 몸을 사랑해선 안돼요. 그 촉수로 인해 제 피부는 두렵게 부풀어 올라요. 제 살갗은 미칠 것만 같게 가렵구요. 그 더듬이로 절 만지지 말아요. 습습한 혀를 내밀어 절 핥지 마세요. 더 이상 죄는 안돼요. 이제 그만 죄는 거둬 주세요. 더 이상 죄는 안된다구요. (사이) 바람에 쓸려가요. 제 외침은 바람결에 쓸려 갈 뿐. 오지 않을 봄을 기다리듯 돌아오지 않을 엄마를 기다리듯 제 외침은 공허할 뿐. 할 수 있는 일이란 그저 죽는다는 것처럼 잠드는 것 뿐. 참을 수 없는 가려움으로 인해 최면을 걸어야 한다는 것 뿐. 이 공포를 벗어나기 위해서. 이 참혹을 짓누르기 위해서. 죽지 않기 위해서. 살기 위해서. 애타게 기다리는 것들을, 그리워 미칠 것만 같은 것들을, 그러나 결코 오지 않을 것들을 호명하며 나는 아주 얕은 잠에 빠져드는 일 뿐. (사이) 그러면 항상 똑같은 꿈을 꾸고, 그 꿈 역시 괴롭고 힘들지만. (사이) 당신들을 초대할게요. 그 꿈 비록 고단하더라도, 흔들어 깨우려 들진 마세요. 행여 그 꿈 다 꾸고 나면 봄이 올까봐. 나는 스스로 잠을. (눈을 감고, 중얼거리듯) 어지럼, 기다림, 기억, 망각, 환상, 불륜, 환생, 여자, 사랑, 봄, 꿈.

여자는 최면에 든다.

2.

사방이 유리와 거울과 얼음으로 된 거실. 쇼윈도가 있는 옷가게 같은. 푸르스름했던 조명이 점차 붉어지면서 윤락가의 유리방 같은. 지나치게 깨끗해서 무균질의 반도체 공장 같은. 무대가 밝으면 여자는 하반신을 솔로 가리고 의자에 앉아 뜨개질을 하고 있다. 그녀는 불길할 정도로 새빨간 드레스를 입고 있다. 가끔씩 멀리서 날카로운 비명소리가 들린다.

여자 얼음은 투명하고 얼음은 투명해서 이 얼음의 세상은 투명하기만 해서 이곳은 백합. 백합의 순결과도 같은 이 집에서 저는 살고 있어요. 그렇게 믿고 그렇게 살아왔죠. (관객들을 보고 비로소 인사를 하며) 오셨군요. 매서운 바람과 눈발을 뚫고 용케도 이곳까지 오셨군요. 어쨌든 지구의 극지이며, 세계의 극지이며, 세상의 마지막 마을인 이곳에 오신 여러분을 진심으로 환영합니다. 하지만 저의 불친절을 용서하시길. 대접할 따뜻한 물 한 모금 줄 수 없으니. (혼잣말처럼) 남편들에게 따뜻함은 치명적이니까. 그리고 저의 불행도 용서하시길. (말을 돌리며) 저는 이곳에 살고 있답니다. 이렇게 깨끗한 집에. 너무 깨끗해서 미칠 것 같은 이 집에. 그런데도 잠시 후 전 또 청소를 시작해야 하죠. (한숨) 저는 결혼을 했고 그건 계약이니까요. 그래요 전 결혼을 했답니다. 백합처럼 정숙한 아내를 꿈꾸는 남자들의 아내죠. 제겐 무려 11명의 남편들이 있답니다. 하지만 이건 놀랄 일도 못되죠. 그들이 전부 하나의 체세포에서 분열했다는 것을 안다면. 예, 11명의 남편들은 일란성 쌍둥이랍니다. 똑같은 키, 똑같은 얼굴, 똑같은 머리색, 똑같은 목소리에 심지어 습관, 버릇, 취미까지 똑같은. (사이) 게다가 그들은 태어난 게 아니죠. 그들은 만들어졌어요. 그들을 탄생시킨 건 이곳의 거대한 유전과 이곳의 혹독한 기후와 그리고 석유를 사랑하는 한 천재적인 상인에 의해서죠. 그들은 그 상인을 아버지라고 부르며 매우 두려워한답니다. (혼잣말처럼) 저는 남편들을 두려워하고. (관객들을 바라보며) 제 결혼식에 대해 이야길 해 주지 않을 수 없겠군요. (입고 있는 드레스를 훑어본다) 이 붉은색 드레스가 어울리나요? 웨딩드레스예요. 그날 전 순백의 드레스를 준비했는데 남편들은 이 붉은색 드레스를 입게 했죠. 전 영 마음에 들지 않았지만 남편들의 뜻을 거역할 순 없었어요. 그리고 다신 벗지 못하게 했죠. (추억하며) 똑같은 키, 똑같은 얼굴, 똑같은 양복에 똑같은 타이를 맨 열한 명의 남편들이 식장에 들어섰어요. 하객은 바람소리 외에 정말 아무도 없었지만 식장을 가득 메운 남편들을 보는 순간 그런 건 불평할 이유가 못됐죠. ─ 만년 동안 눈은 내리고, 만년 동안 녹지 않아서 그것이 유일한 시간의 나이테가 되어버린 이곳에 최초의 결혼이 있었음이라. 이들의 결혼과 이들의 계약을 축복하사 아내는 공경을 남편은 감시를, 아내는 복종을 남편은 지배를, 아내는 청소를 남편은 일을 소홀히 하지 말지어다. 하여 이곳은 낙원이니 집 밖을 나서지 말 것이며 진실을 보려고도 하지 말 것이며 죽어도 회사 일은 알려 하지 말 것이라 ─ 이렇게 주례사가 흘러 나왔어요. 주례는 그들의 아버지였다는데 보진 못했어요. 이렇게 녹음된 목소리만 스피커를 통해 나왔으니. 소린 웅얼거리기도 하고 바람 또한 너무나 매서웠기에 의미를 가늠한다는 것은 정말이지 불가능했죠. 게다가 제 신경은 온통 반지에 가 있었어요. 전 정말 정신이 없었답니다. 남편들이 열 개의 손가락에 끼워준 반지가 얼마나 꼭 조였는지 한 점의 피도 돌지 않았죠. 통증으로 다른 건 생각할 겨를이 없었어요. (손을 들어 보이면 손가락마다 반지, 반지는 크고 기괴하다. 그녀 왼손 세 번째 손가락엔 하나가 더 끼워져 있다) 반지는 두 번 다시 뺄 수 없었답니다. 어떠한 노력에도. 이제는 통증마저 잃어버리고 하얗기만 한 손. 결혼식은 곧 엄청난 불행의 시작이었죠. (비명, 그녀는 깜짝 놀란다) 들었나요 저 비명? 남편들이 오고 있단 소리예요. 남편들이 집 가까이 다가올수록 저 비명소리부터 들리죠. 이유야 저도 알 수 없어요. 전 집 밖으로 단 한 발자국도 나가지 못하니까. 전 청소를 끝내야 해요. 조금이라도 깨끗하지 않으면 남편들은 정말 무서워지죠. (잠시 암전, 진공 청소기 소리)

여자 (전기의자에 앉은 사형수처럼 그녀는 초조하게 앉아 있다. 비명소리, 더욱 가까이서 들린다. 불안하게 주위를 살펴보며) 전 불안하지 않아요. 청소는 구석구석 깨끗이 했다구요. 출입문이며, 거실이며, 부엌이며, 화장실까지 전 정말 꼼꼼히 했으니까요. 몇 번이나 쓸고 닦고 청소를 했으니까. 전 조금도 두려울 게 없어요. 몇 시간이나 허리를 펴지도 못했어요. 당신들이 알잖아요.

남편은 양복을 입고, 피묻은 망치를 들고 들어온다. 그는 재빨리 집 안을 살펴본다. 청소 상태를 확인한 후 그는 들어와 망치를 아무렇게나 던진다. 털썩 소파에 주저앉는다. 이 한 명의 남편이 11명의 남편 역할을 한다. 그는 등, 퇴장하며 매번 이와 같은 행동을 하고 나중엔 11개의 피묻은 망치만 쌓인다.

남편 나는 피곤하오.
여자 (안도의 한숨을 내쉬며) 그래요, 당신은 피곤해요.
남편 아니, 아니오. 나는 너무, 너무 피곤하오.
여자 그래요, 당신은 너무나 피곤해요.
남편 빌어먹을, 난 완전히 지쳐 버렸다구. 단 일 초의 여유도 없었으니까. 휴식이라곤 일 초도 없었어. 이게 다.
여자 그래요, 저 때문이에요.
남편 아니, 아니오. 부양할 가족 때문이지.
여자 그게 바로 저예요.
남편 (여자를 말없이 바라보다 일어선다) 좋아요. 당신은 도무지 남편을 위로할 줄을 몰라. 당신과 얘기하느니 TV나 보겠소. 형제들은?
여자 당신이 첫 번째예요. (남편 퇴장) 우리는 더 이상 소통을 원하는 게 아니죠. 남편들은 그들의 말을 내뱉을 뿐이고, 전 그들이 원하는 대답을 할 의무가 있을 뿐이죠. 그건 제가 꼭 지켜야 할 의무죠. (제 2의 남편 등장)

남편　나는 피곤하오.

여자　그래요, 당신은 피곤해요.

남편　아니, 아니오. 나는 손을 들 기력마저 없다구. 나는 죽을 지경이야.

여자　그래요, 당신은 죽을 만큼 피곤해요.

남편　아니, 아니오. 당신은 죽음을 몰라. 죽음은 우리들이나 아는 것이오. 알지 못하는 것을 아는 것처럼 이야기하지 마시오. 내가 듣고 싶은 건 그런 상투적인 대답이 아니라 이 피곤한 정신을 위로해 줄 위안을 듣고 싶단 말이라구.

여자　(얕은 한숨) 당신의 피곤한 눈동자, 당신의 처진 어깨, 당신의 흐트러진 머리카락이 저는 너무나 안쓰러워요.

남편　집어쳐요! 그건 위로가 되지 못해.

여자　전 최선을 다해서 당신을 위로했어요.

남편　당신은 한숨을 쉬었다구. 난 분명히 들었소. 휴 하는 한숨을. 씁하는 한숨을. 얕은 또는 미세한 그런 한숨을. 그러니 당신은 마지 못해 위로를 한 게 아니오? 어디 그걸 부정할 순 없겠지?

여자　여보!

남편　그걸 어떻게 부정할 수 있겠어. 당신은 한숨을 내쉬었으니까. 그건 결국 마음은 그렇지 않다는 소리겠지? 이러니 아버지가 항상 당신의 품행을 걱정하지. 하긴 당신은 한 번도 제대로 계약을 이행한 적 없으니. 당신과 얘기하느니 들어가서 TV나 보겠소. 형제들은?

여자　당신은 두 번째예요. (남편 퇴장, 한숨) 전 남편들을 위로할 의무가 있어요. 하지만 제가 이 상황에서 어떻게 해야 될까요? (제 3의 남편 등장)

남편　(예의 그 모습) 나는 피곤하오.

여자　그래요, 당신은 피곤해요. 당신은 조금도 쉴 시간이 없었죠. 회사 일은 점점 어려워만 지고, 손을 들 기력조차 없을 거예요. 이게 다 부양할 가족 때문이기도 한데.

남편　(차갑게 노려보며) 왜, 내게 그런 가식적인 소릴 하는 거요? 혹시 당신은 뭔가 찔리는 게 있소?

여자　아뇨. 그런 게 있을 턱이… 정말이에요. 전 다만 당신이 피곤해 보여서.

남편　그렇지 않담 당신은 뭔가 숨기는 게 있구려. 뭘 숨기고 있는 거지? 혹시 그 우편배달부를 마음에 두고 있는 게 아니오?

여자　당치도 않아요. 여보 전 그 사람을 한 번도 본 적 없어요. 그건 당신이 더 잘 알잖아요. 전 집 밖에 나갈 수도 없는 걸요? 게다가 그 사람은 1년에 한 번밖에 오지 않는 걸요.

남편　당신이 그 사실을 어떻게 알지? 내 이럴 줄 알았소. 아버진 당신을 의심하고, 의심하고 또 의심해도 부족함이 없다고 했소. 조심하시오. 우리 11명의 남편들이 당신을 감시하고 있다는 것을. 형제들은?

여자　당신은 세 번째예요. (남편 퇴장, 한숨) 그들의 비위를 맞추긴 점점 더 어려워만 져요. 그리고 그들은 말도 안되는 의심까지 품고 있어요. 전 그 사람이 누군지 알지도 못하는데 그들은 절 의심하고 그래서 괴롭고 불행해 할 때 더 없이 즐거워하죠. 아이를 가지라구요? (고개를 저으며) 그들은 아이를 가질 수 없죠. 그들을 탄생시킨 건 살아 있는 모든 것들을 죽여 버리는 혹독한 추위라고 말했죠? 그래요, 그들은 추위에 맞게 만들어져서 따뜻한 것을 죽도록 싫어하죠. 제 몸을 만지는 것을 징그러운 벌레를 만지듯이 했죠. 11명이나 모두 똑같이. 전 낙담했답니다. 남편들도 의무적인 섹스에 대한 계약만큼은 몹시 후회했고 바로 삭제를 했죠. (쓸쓸하게 웃으며) 계약의 파기는 다수결로 따르고 결제는 그들의 아버지가 한다고 하더라고요. 하지만 잘 됐죠. 저도 남편들과의 섹스가 싫긴 마찬가지였으니까. 그들의 몸을 안을 때 전 꼭 얼음기둥을 안고 있는 것만 같았어요. 게다가 그들의 정액은 몸이 시릴 정도로 차가워서 그것을 받아 낼 때마다 전 심장마비가 오지 않은 것을 다행으로 생각했을 정도니까. 하지만 전 그런 것들마저도 이해하려 노력했어요. 어쨌든 불러도 대답해 주지 않는 하느님을 가진 저와 살아서 움직이는 조물주를 확인할 수 있는 그들은 모든 게 틀릴 수밖에 없다고 생각하며. 그러나 남편들은 한 번도 노력을 기울이지 않았죠. 그들은 저와의 차이점을 발견할 때마다 무시했고 화를 냈고 의심했고 매도하려 들었어요. 그래요, 저의 결혼은 최악으로 치닫고 있어요. (제 4의 남편 등장)

남편 뭐가 최악이란 말이지?

여자 아, 아뇨!

남편 빚을 내서 살아 버린 당신 인생을 저주하는 것은 상관없지만 우리까지 들먹여선 안되오. 당신의 빚을 갚아 준 건 우리라는 사실 역시 잊으면 안되고. (버려진 망치들을 보며) 집 안 꼴이 이게 뭐지? 도대체 당신은 뭘 했소? 지나가는 바람을 잡고 이야기했나?

여자 전 하루 종일 청소를… 이건 당신의 형제들이.

남편 변명은 필요 없소! 이건 명백히 계약 불이행이오. 계약을 들먹이지 않는다고 해도 청소 따윈 세상 모든 아내들이 하고 있는 거고.

여자 전 하루 종일 청소만 했어요!

남편 (차갑게) 청소 때문에 불만을 토로하는 아내는 단 하나도 없소. 남편들은 밖에서 일 초도 쉬지 않고 일을 하는데 당신은 집에서 게으름만 피우고 있었단 증거라구.

여자 저도 피곤했어요. 저도 일 초도 쉬지 않고 청소만 해야 했다구요.

남편 그래서 당신은 지금 어쩌겠다는 거요? 우리가 균에 얼마나 약한지 알면서 그럼 청소를 하지 않겠다는 소리요? 게다가 청소는 중요한 계약 중 하나요. 설마 그걸 잊진 않았겠지?

여자 (사이) 그래요. 전 피곤하지 않아요. 다시 청소를 하죠.

남편 청소 따윌 가지고 불만을 토로하는 아내는 어디에도 없소. 그리고 청소는 당신을 위한 것이기도 하오. 청소마저 하지 않으면 당신이 뭘 하겠소? 한가한 여자는 유혹에 취약하오. 특히 당신은 더 취약하오. 당신의 과거를 잊지 않았겠지? 우리도 남편이 11명이나 되는 여자가 바람 폈다는 소리 따위 듣고 싶지 않다고. 형제들은?

여자   당신은 네 번째예요. (남편 퇴장, 한숨) 겨울이에요. 겨울만 있는 세상. 전 겨울을 살아요. 혹독한 추위와 매서운 바람 제 한숨까지 보태져 더욱 차가울 뿐이네요. 하지만 혹시라도 봄이 올까요. (제 5의 남편 등장)

남편   나는 피곤하오. 그런데 당신은 뭘 기다린다구?

여자   아뇨, 전 아무것도 기다리지 않아요. 아니 당신이 오나 안 오나 기다렸어요.

남편   아니, 아니오. 당신은 뭘 기다리는 눈치였소. 그게 뭐지? 누굴? 누구지? 그 우편배달부? 그렇지! 놀라는 표정이 맞다고 말하는군. 당신은 그를 기다렸어. 왜지?

여자   말도 안돼요. 전 그 사람을 보지도 못했어요. 그는 고작해야 1년에 한 번 세금고지서 아니면 영수증이나 남기고 가잖아요.

남편   왜 그렇게 민감하지? 아무튼 당신은 불결해. 당신의 과거가 그걸 증명하잖소. 안 그렇소? 아내란 자고로 눈처럼 순결해야 한다고 했는데. 당신은 불결하오.

여자   그런데 왜 저랑 결혼했죠?

남편   아버지의 뜻이었으니까!

여자   그렇게 순결하고 정숙한 아내를 들먹이는 당신의 아버지는 왜 절 그곳에서 일하게 했어요? 날 창녀로 만들었고 그것도 모자라 이곳까지 와서 팔아먹었잖아!

남편   우린 속았다구. 당신은 불결했고! 그리고 지금 행동은 뭐지. 남편을 위로할 의무가 당신에겐 있단 말이오!

여자   계약은 불공평했다구요.

남편   계약은 지극히 공평했소. 우린 당신의 빚을 갚아 주었어. 우린 결혼을 대가로 당신 몸의 장기를 모두 내다 팔아도 갚지 못할 빚을 갚았어! 더 이상 얘기하고 싶지 않소. 형제들은.

여자 당신은 다섯 번째예요. (남편 퇴장, 한숨) 날 사기 위해 쓴 돈이 두고 두고 뇌리에 남아 괴롭히고 싶은 거예요 저들은. (제 6의 남편 등장)

남편 돈이 곧 이 세계의 질서고 법이니까. 당신은 하등 억울할 게 없소. 당신보다 우리가 더 억울하니까. 우리 형제들이 평생 번 돈이 겨우 당신 같은 여자를 사기 위해 들어갔다니. 형제들은?

여자 당신은 여섯 번째죠. (남편 퇴장) 그래요 고맙네요. 제 지긋지긋하던 빚을 갚아 줬으니. (한숨) 그때 그 신발을 보는 게 아니었는데. 쇼윈도에 보석으로 치장한 빨간 신을 봤을 때부터 내 불행은 시작된 거야. (제 7의 남편 등장)

남편 이제야 이해를 하시는 군. 당신의 사치를 위해 우린 잠도 못 자고 일한 거였다구. 형제들은?

여자 당신은 일곱 번째예요. (남편 퇴장) 그래요. 그 신발은 상상도 못할 만큼 비쌌어요. 제게 그건 감당할 수도 없는 사치였죠. 그래도 어떡해요. 전 잠조차 잘 수 없는 걸요. 그 선명한 빛깔은 너무 강렬한 유혹이었어요. 하루에도 몇 번이나 쇼윈도 앞에 서성이는 날 발견했죠. 그러나 유리에 어른거리는 초라한 내 모습만 곱씹으며 돌아가야 했어요. 전 몇 번이나 이를 악물고 참았다구요. (제 8의 남편 등장)

남편 하지만 그때 당신은 벌써 악마에게 영혼을 팔더라도 신발만은 사기로 결심하고 있었던 거였어. 그러니 우릴 원망할 아무런 근거도 없잖소? 당신은 분수도 모르고 허영에 들떠 있었소. 생각해 보시오. 그날, 그 신발을 산 날. 형제들은?

여자 당신은 여덟 번째예요. (남편 퇴장) 그래요, 그날을 잊지 못해. (눈을 감는다) 신발을 신고 춤을 추었어. 그동안 초라했던 내가 아니었지. 세상 모든 여자들은 날 부러워했고, 남자들은 흠모의 눈길을 거두지 않았어. 난 춤을 추었어. 모든 비참한 것들을 잊을 수가 있었지. 볕이라곤 손바닥만큼도 들지 않는 지층방, 직원이라곤 둘밖에 없는 사무실, 더럽혀져 있는 쟁반과 커피잔, 개수대의 악

취마저. (제 9의 남편 등장)

남편 그뿐만이 아니지. 신발로 인해 상상도 못할 액수의 빚을 지게 된 것조차. 형제들은?

여자 당신은 아홉 번째예요. (남편 퇴장) 그래요, 상상도 못할 만큼의 빚. 참혹해. 난 열 개의 카드하고도 세 개나 더 되는 카드를 만들어야 했죠. 아브라함이 이삭을 낳듯, 카드가 카드를 낳고, 죄가 죄를 낳고, 빚이 빚을 낳는 끝없는 악순환. 빚은 금새 산더미처럼 불었고, 나는 자포자기 심정이 되어 갔고. (제 10의 남편 등장)

남편 당신은 창녀가 되어 갔지. 당신에게 남은 건 쓸모없는 몸뚱아리 하나뿐이었으니까.

여자 제발, 당신들은 제 남편이예요. 아픈 과거를 들춰 뭐가 기쁜가요! 당신들에게 뭐가 덕이 되죠?

남편 (애원을 무시하고 차갑게) 당신은 창녀가 되었소. (머리채를 휘어잡고 코를 댄다) 뭔가를 그리워하고 있군. 11명의 남편도 부족하단 소린가? (살결을 만져 본다) 이 뜨거운 피는 다름 아닌 정욕의 다른 말이겠지? 그렇지? (여자를 강하게 내팽개친다. 그녀는 넘어지며 잘려 버린 발목이 드러난다) 불결해! 당신은 하염없이 불결해. 그 몸을 가지고 우리에게 시집을 왔지. 창녀가 되고도 다 갚지 못한 빚을 우리 형제들이 갚아야 했다고.

여자 하지만 이 지상의 극지, 세계의 극지, 온통 겨울만 있는 곳까지 도대체 누가 오겠어요? 이곳에 오고 싶은 여자가 누가 있겠냐구요! 당신들이 비참한 만큼 저도 비참해요.

남편 우린 백설처럼 순결한 여자를 원했소. 정숙한 아내를 맞고 싶었다구. 당신의 과거에선 온갖 악취가 하늘을 찔러. 당신은 씻지 못할 죄밖에 없는 몸뚱아리를 가지고 왔어. 더럽고 불결한 몸만!

여자 그래서 제 발목을 잘랐나요? 아니면 당신들의 돈이 모두 들어간 재산이 도망갈까봐? 한 번이라도 당신들의 아내인 적은 있나요? 당신들의 가정부? 당신들의 노리개?

남편 (차갑게) 당신 발목은 스스로 잘랐던 거잖소. 그 신발로 인해 망쳐 버린 당신의 인생을 저주하면서. 당신이 스스로 잘랐소. 그 흉측한 발목을 보기가 뭐하구려. 나는 그만 들어가겠소. 형제들은?

여자 당신은 열 번째예요. (남편 퇴장) 아직도 잊혀지지가 않아. 어떻게 잊혀지겠어. 그때의 피로연을. 피로연이 열리던 곳은 수술대였어요. 그 줄톱, 마취제의 고약한 냄새, 당신들의 섬뜩한 눈빛. 당신들이 내 발목을 잘랐어! (제 11의 남편 등장)

— 남편 들어와서 여자의 입을 틀어막고 말한다.

남편 당신이 그렇게 생각한다면 매우 유감스런 일이오. 우리는 당신의 남편이지 살인자나 도살장의 도살자가 아니오. 그건 알겠지? 그리고 좋지 못한 기억의 일부를 남편에게 전가하는 것 역시 잘못된 것이오. 그건 아내의 도리가 아니지. 명심해야 될 것은 또 있소. 우린 당신이 당신의 신체 모두를 떼어서 팔아도 갚지 못할 빚을 갚아 준 생명의 은인이잖소. 대체 그까짓 발이 중요한 게 뭐가 있냐구? 오핸 마시오. 당신이 잘라 버린 발목을 우리가 잘라 버렸다고 말하는 게 아니니. 단지 끝나 버린 것을 가지고 애걸복걸할 이유가 전혀 없단 소리요. 발이 있다고 해서 할 수 있는 일이란 고작 집 밖을 벗어나는 일인데 매서운 바람과 추위 얼음 밖에 더 있겠소. 그건 당신이 증오하는 것들이잖소? 그렇지 않소? 고개를 끄덕여 봐요. (여자 고개를 끄덕인다) 당신은 현명하오. (입을 막았던 손을 풀며) 형제들은?

여자 당신이 마지막이예요.

남편 늦었군. 다시 한번 말하지만 우리가 이렇게 열심히 일하는 것은 모두 당신 때문이오. 우린 그동안 벌어놓은 돈을 한 푼도 남김없이 당신을 위해 써 버렸다구. 명심하시오. (퇴장)

여자 하지만 발을 자른 건 당신들이야. (잠시 암전)

— 진공청소기 소리, 무대 밝으면 예의 여자 휠체어에 앉아 있다.

여자	몇 년의 시간이 흘러갔어요. 어쩌면 몇십 년의 시간일 수도. 계절 은 겨울 밖이고 전 한 발자국도 나갈 수 없으니. 그래도 변한 건 있죠. (사이) 남편들은 이제 더 이상의 의무적인 말도 없고, 회사 일은 더욱 바쁘고 그 만큼 더욱 비밀은 많아졌고 그리고 비명소 리. 그 찢어지는 비명소리가 더욱 심해졌어요. 그때 그 피묻은 망 치가 기억나요? 남편들은 시추공을 박는데 쓴다고 하지만 더욱 흥건해지는 그 피. 전 그만 그 피가 무엇을 말하는지 알고 말았어 요. 공포에 떨었죠. 그 사실과 그 사실을 알게 됐다는 사실로 남 편들은 절 죽이려 들 테니까. 어떻게든 이곳을 탈출해야 돼요. 하 지만 어떻게? 실낱 같은 희망이 찾아왔죠. 꼭 1년 전이었어요. (문 밖으로 남편이 와서 우편함에 편지를 넣는다)
여자	(문간까지 가서 귀를 기울인다)
남편	(교활하게 웃으며 가성으로) 전 당신이 얼마나 불행한 삶을 사는지 알 고 있어요.
여자	(몸이 굳어 말도 못하고)
남편	아마 듣고 있겠죠. 저는 당신이 갇혀 있다는 것도 알고 있구요. 벌써 십 년이 되었군요. 열 번을 왔으니깐. 헌데 이 집엔 항상 세 금고지서와 영수증 뿐이네요. 하긴 모두가 그렇죠. 그저 우린 전 기세, 가스비, 카드대금영수증이나 나르는 사람으로 전락한 걸 요. 그래서 요즘은 어딜 가도 우릴 반기지 않는답니다. 예전엔 우 리도 낭만이 있었는데. 그렇지 않은가요?
여자	(차마 말을 못한다)
남편	너무 말이 많았죠? 미안해요. 아무튼 전 당신이 어떤 사람일지 궁 금했어요. 당신은 어떤 사람일까. 십 년 넘게 갇혀져 있는 당신의 불행은 또 얼마나 안타까운가. 내게 작은 힘이라도 있다면 전 정 말 당신을 돕고 싶어요. 듣고 있나요? (사이) 전 이만 가 봐야 돼 요. 하지만 이것 하나만은 약속할게요. 부탁할 게 있으면 언제든 말씀하세요. 그 어떤 부탁이라도. 도와 드릴게요. 다시 한번 말하 지만 전 당신편이거든요. 그럼 가 볼게요. (퇴장)

여자　(남편이 떠나가는 발자국 소리가 사라질 때까지 문에 귀를 기울이다 돌아와서) 전 숨이 멎는 줄만 같았죠. 그 사람의 고백 때문이기도 했고, 또한 남편들이 이 사실을 알까봐. 전 그의 발자국이 사라질 때까지 귀를 기울였어요. 그제야 두근거리는 가슴을 쓸어 내릴 수 있었죠. 하지만 제 마음에 몰아치던 소용돌이를 당신들은 아실런지. 잠조차 잘 수 없었죠. 그 사람의 인기척과 그의 발자국과 편지를 넣는 소리와 그의 목소리를 몇 번이나 그리고 그렸답니다. 그가 어떤 성격의 사람일지, 성격은 성급한지 차분한지 나이는 대체 몇 살일지. 혹시 그가 배가 나왔으면 어쩌나. 너무 마른 건 아닐까. 키가 너무 작은 건 아닐까 아니면 너무 늙었으면 어쩌나. 하긴 그런 건 아무래도 상관없죠. 그저 그 사람의 작은 관심 하나로 이전의 저와 다른 제가 됐다는 것만. 그래요 그의 용기 있는 한 마디가 제 안에 죽어 있던 뭔가를 일깨웠어요. 그리고 오늘로 꼭 1년이 지났어요. 그가 오는 날이죠. 전 무슨 말부터 해야 할까요? (남편 등장하여 우편함에 우편물을 넣는다) 들리세요? 저 문 밖의 인기척 소리! 그가 왔어요. 전 빌어요. 그가 진심으로 용기 있는 남자이길. 틀림없이 그럴 테지만.

― 문가로 휠체어를 밀고 간다, 조심스럽게 귀를 기울인다. 편지를 넣는 소리가 들린다.

여자　맞아요. 그 사람이에요. 방금 편지 넣는 소릴 들으셨죠? (목을 가다듬는다) 전 몹시 떨려요. 무슨 말부터 꺼내야 할지 도무지 감이 오지 않거든요. 이럴 땐 어떻게 해야 하는지 전 정말 모르겠어요. 그 사람이 먼저 말을 할까요? 아니겠죠? 그때 전 한 마디도 안 했으니까. 어쩌면 그는 모욕을 받았다고 생각할 수도 있잖아요. 제가 먼저 말하지 않으면 어쩌면 실망해서 떠나갈지도 몰라요. 아, 제가 먼저 말을 해야겠죠? 그런데 도대체 무슨 말을 해야 할까요. (말을 해 보려다 도저히 안되겠는지 포기한다) 도무지 안되겠어요. 전 용기가 없어요. 어쩌면 저 남잔 그냥 한 번 해 본 말일 수도 있어요. 그래서 절 천박한 여자라고 생각할지도 몰라요. 그래요 저 남자에게 값싸 보이는 건 싫어요. (관객들을 보고) 말을 하라구요? 그때 한 소리가 그냥 한 번 해 본 소리라면? 그냥 절 버리고 갈 수도 있잖아요. 그리고 저번과 달리 오늘은 아무 말도 없고. (사이) 안돼. 얼마나 이 순간을 기다려 왔는데. (용기를 내서) 저기요. (침묵) 저기요. (문을 두드리며) 저기요!

남편 (그는 여자가 아무것도 모른 채 속고 있다는 사실에 몹시 흥분돼 있다. 그도 문을 두드린다. 똑똑) 네.

여자 당, 당신이군요. 드디어 당신이 왔군요. 1년 만에 당신은 왔군요. 정말 꼭 1년 만이군요. 그렇지 않은가요?

남편 (침묵, 그는 여자의 숨소리마저 다 들으려는 듯 문에 바싹 붙을 뿐이다)

여자 오, 오늘은 말씀이 없으시군요. (생각하며) 그래요, 당연해요. 저번엔 제가 아무 말이 없었죠. 그때 당신은 모욕을 당했다고 생각했을 수도 있을 거예요. 하긴 저라도 그랬을 거예요. 하지만 결코 그런 뜻이 아니란 사실을 알아주세요. 당신도 조금은 눈치 챘겠지만 제겐 말 못할 사정이 있어요. 제가 당신에게 말하기 위해선 상상할 수 없을 만큼 많은 용기도 필요하고. 이해해 주실 수 있죠.

남편 당신을 이해해요.

여자 (감격하여) 오, 정말 당신은 제게 이토록 친절하시군요. 당신이 매우 용기 있고 친절한 사람이란 것을 믿어 의심치 않았지만 다시금 감격했답니다. 당신이 제게 말을 건네던 그 날이 당신은 생각나시나요? 전 단 하루도 그 날을 잊을 수가 없었죠. 처음엔 놀라 숨도 제대로 쉴 수 없었지만, 나중엔 목이 메여 왔을 정도니까. 당신의 그 작은 관심 하나로 전 이 추운 겨울을 보낼 수 있었답니다. (혼잣말처럼) 당신을 정말 그리워했어. 지나가던 바람조차 당신일까봐 그립던.

남편 (의도한 일이었지만, 남편의 얼굴은 기괴하게 일그러진다) 하지만 당신에겐 남편이 있지 않나요? 참 많은 남편들이 있다는 걸로 저는 알고 있는데 그렇지 않은가요?

여자 (사랑을 고백하는 사람에게 자기가 부정한 여자로 비춰질까봐 두렵기도 하고 화도 난다) 혹시 제가 천박하게 느껴지나요. 물론 당신은 그렇게 생각하실 수 있어요. 하지만 당신은 아셔야 해요. 그들은 절 사랑하지 않아요. 저 역시 그들을 사랑하지 않아요. 전 이곳에 팔려 온 걸요.

남편 (일그러진 얼굴은 더욱 일그러지지만 침착하게) 역시나 그랬군요. 미안해요.

여자 아뇨. 제게 당신은 얼마나 고마운 사람인데요. 당신의 말 한 마디가 얼마나 큰 위로가 됐는지. (사이, 걱정스럽게) 저기요. 죄송하지만 혹시 저번에 제게 했던 약속은 그냥 해 본 소린 아닌지?

남편 그럴 리가요. 제게 부탁하실 일이 있으신 거군요? 무엇이든 말씀해 보세요.

여자 (환하게 웃으며) 고, 고마워요. 당신이 그냥 해 본 소리일 리가 없다고 생각했지만 그래도 전 정말 너무.

남편 그래서 부탁이란 뭐죠?

여자 어, 어쩌면 당신은 제 부탁으로 곤경에 처할 수도 있어요. 당신이 저로 인해 곤경에 처한다면 전 정말 가슴이 아플 거예요.

남편 부탁이란? 도대체 부탁이 뭐죠?

여자 예. 저, 절 탈출시켜 주실 수 있겠어요? 여기서요. 그래요 저도 알아요. 당신이 곤경에 처할 수 있다는 것을. 남편들은 집요하고 무섭고.

남편 (말을 자르며, 목소리 톤이 서서히 거칠어져 간다) 게다가 매우 잔인하고. 하지만 그것도 약과죠. 그들의 아버지를 생각하면. 그는 세상의 모든 것을 소유하고 지배하고 있죠. 비단 이 거대한 유전뿐만 아니라 제가 근무하는 우체국까지 그의 소유니까.

여자 (다급하게) 전 어떠한 대가라도 치를 자신이 있어요. 절 이곳에서 벗어나게만 해 준다면. 약속해요!

남편 도대체 뭘로 대가를 치르겠다는 거죠? 당신은 가진 게 한숨밖에 없을 것 같은데요?

여자 (조금 실망하며 혼잣말처럼) 전 당신이 제게 보인 관심이 눈처럼 순수한 줄 알았는데. 하긴 세상에 그런 건 없죠. (문가에 대고) 이렇게 위험한 일을 맡기는데 당연하죠. 정보를 주겠어요. 매스컴이 굉장히 좋아할 만한 정보요. 최소한 그것은 당신을 평생 먹고 살게 해 줄 거예요.

남편 그게 뭐죠?

여자 (옷 속에서 사진을 꺼내며) 말로 표현할 수 없을 정도의 참혹. 핏빛 얼음바다 이루 헤아릴 수 없을 만큼의 물개들이 머리가 깨져 죽어 있어요. 어린 물개가 죽어있는 어미의 젖을 빨며 울고 있는 사진도 있네요.

남편 매스컴이 좋아할 만한 것이군요. 선정적이고 도발적인 화면이 될 테니까. 하지만 세상엔 그런 사진이 널려 있죠. 아프리카에도 아시아에도 알래스카에도 어딜 가도 그 만한 사진쯤은 흔하다구요.

여자 (그 말에 충격 받아) 이런 사진이 널려 있다구요? 아니에요. 이건 보통 사진하고 틀려요. 남편들이 일하는 11개의 광구에서 촬영한 사진들이라구요. 그들이 시추공을 박기 위해서 벌인 짓들이 적나라하게 찍혀 있다구요.

남편 당신은 잘 모르고 있군요. 석유가 인류의 편익을 위해서 얼마나 기여를 하는지를요. 그것은 곧 인간들의 이익과 직결된 문제예요. 특히 당신 남편 아버지의 입김이 작용하는 언론이나 방송 정치가들은 눈 하나 깜짝 안할 거요. 잘하면 지겨운 환경단체들이나 그 사진에 관심을 갖겠지만 그들은 돈이 없지요.

여자 (조금 의아해진다) 당신의 목소리? 혹시 당신은 방금 지겨운 환경단체들이라고 했나요?

남편 제가 그런 말을 했다구요? 그럴 리가. (포르말린통과 망치를 든다) 여긴 너무 춥군요. 입이 얼어붙는 것만 같군. 도무지 살 만한 데가 못되는군. 차라리 죽어 버리는 게 낫지. 그나저나 그 사진 말고 다른 사진은 없나요?

여자 예? 아뇨. (사진을 뒤진다) 그런데 이건 도무지 알 수가 없네요. 현미경으로 찍은 사진인 것 같은데. 무슨 도면 같기도 하고.

남편 (드디어 찾았다는 듯) 아마도 붉은색 실핏줄이 실타래처럼 엉켜 있겠죠?

여자 예! 그런데 당신이 어떻게?

남편 우리가 찾던 거니까. (더 이상 가성을 쓰지 않는다. 문을 열고 들어온다) 너무나 간절히. 너무나 간절히 말이오.

여자 여, 여보!

남편 우편배달부라고 생각하시오. 당신의 그 불결한 몸뚱아리를 더럽혀 줄 수도 있으니까. 안 그렇소?

여자 (알겠다는 듯, 분노에 휩싸인다) 비열해!

남편 (사진을 빼앗으며) 당신 역시 여전히 불결하오. 아니, 영원히 불결할 것이오. 아버지는 항상 당신을 걱정하셨지. 당신을 믿지 못한다고 말씀하셨소. 이 거대한 유전을 소유하고, 세계 제일의 부자이며, 생명 있는 모든 것들과 생명 없는 모든 것들마저 사고 파는 세계 최고의 상인인 아버지가.

여자 (모든 것을 포기한 듯) 또한 세상에서 가장 악랄한 고리대금업자!

남편 (머리를 쥐어잡으며) 말을 삼가시오. 당신이 즐겁게 험담하며, 무자비한 폭력을 구사한다는 남편이란 바로 나이기도 하니까 — 또한 아버진 위대한 과학자이기도 하오. 그가 11명의 우리 형제들을 창조했으니까. 그래서 아버진 곧 신이며, 창조주요. 아버진 당신의 생각까지 알고 있었소. 이렇게 배신을 하리란 것까지.

여자 그는 사기꾼에 불과해! 신발 하나로 날 창녀로 만들었어. 그것도 부족해서 이곳에 팔아먹었다구!

남편 (여자를 질질 끌고 중앙으로 들어선다. 그는 야전용 침대를 설치한다) 누굴 원망하는 거요. 그건 오로지 당신의 허영으로 인한 결과요. 그러니 참된 사랑으로 우릴 한없이 은혜롭게 하시는 아버질 욕되게 하지 마시오.

여자	(남편의 침착할 정도의 대답과 행동이 두렵다) 당, 당신들도 속고 있어. 날 팔아먹는 대가로 당신들 11명의 형제들이 벌어 놓은 돈을 가로 챘잖아!
남편	소비는 이 세계의 질서요. 우리는 아버질 한 번도 원망하질 않았소. (여자를 묶으며) 당신은 가장 엄중한 계약을 모두 어겼고 더 이상 당신은 우리의 아내가 아니오.
여자	절, 절 어떻게 하려구요.
남편	계약은 구속력 있는 약속이오. 그것은 곧 법이고. 그 법이 이 세계를 지탱하고 또한 그 법을 만든 것은 아버지니 우린 아버지의 판결을 따를 밖에.
여자	그래서 어떻게 하려구요!
남편	너무 원망하진 마시오. 우리도 손해를 봤으니까. 평생 동안 모은 돈을 당신을 사는데 다 써 버렸는데도 이제 다시 아내를 구해야만 된다구. 다행히 아버지가 선뜻 돈을 빌려주마 했으니까. 그건 우린 당신과 달리 신용이 있었기 때문에 가능했던 일이지. 하지만 이자가 보통이 아니란 말이오. 앞으론 밤까지도 물개를 잡으러 나가지 않을 수 없을 거라구.
여자	그래서 어떻게 하려구!
남편	아버지는 위대한 상인이며 천재적인 과학자요. 또한 천재적인 과학자며 위대한 상인이기도 한데.
여자	그래서!
남편	음, 아버진 요즘 상상도 못할 기계를 발명해냈다고 했소. 일테면 영혼을 팔 수 있게 해 주는 기곈데. 어쨌든 아버진 이젠 영혼도 사고 팔 수 있다고 하였소. 감히 상상도 못할 기계가 아닌가?
여자	그래서?
남편	당신의 뇌가 필요하다고 하셨소.
여자	날 죽이려구!
남편	아니 그 반대요. 당신을 영원히 살 수 있게 해 준다고 하였소. 단지 뇌가 필요하고 그것을 이 포르말린 용액이 담긴 통 속에 집어

넣어 오라 하였소. 참고로 아버진 이젠 사람의 육체 따윈 관심도 없으니 당신의 쓸모없는 몸뚱아린 고스란히 만년설 속에 매장시켜도 된다고도 했소.

여자　난 빚을 다 갚았어. 당신들과 결혼했잖아!

남편　당신과는 이혼이오. 당신은 불륜을 저질렀고 계약을 위반했소. 회사 기밀을 팔아먹으려고도 했고. 다시 예전의 빚쟁이인 당신으로 돌아간 거요. 이 세계에서 살 수 없는 금치산자, 개인 파산자, 신용불거래자로 다시. 빚을 갚기 전까지 죽을 권리도 없어. 빚을 남겨 두고 죽는 것은 씻지 못할 죄악이지. 아버진 그것이 이 세계의 가장 큰 죄라고 하였고 절대 용서할 수 없다고 했소. 빚을 남겨 두고 죽는 자가 있다면 다시 살려내는 기계를 만들어서라도 그 빚을 받아낼 거라고 말했소. (주사기를 꺼낸다) 마취할 시간이오.

여자　살, 살려 줘요. 당신들은 제 남편이었잖아요.

남편　더 이상 당신의 남편이 아니라고 했소.

여자　(도망가려 한다. 잘려 버린 발목으로 인해 기어서, 바둥거리며 어떻게든. 남편은 그런 모습을 잔인하게 응시하다 잡아끈다) 차라리 날 죽여. 차라리 온전하게 죽여 달라고!

남편　(여자를 침대 위로 올려서 바둥거리는 몸을 짓눌러누른다. 그리고 은색 테이프로 감기 시작한다) 아버지의 세계에서 빚을 남겨 두고 죽을 권리란 없소. 그리고 당신은 아버지의 은총에 감사해야 돼. 영생은 그 어떤 위대한 인간도 이루지 못한 인간 꿈의 극단 아니오? 당신 육체는 만년설 속에서 만년 동안 그대로일 것이고, 영혼은 이 통에 담겨 영원히 꿈꿀 것이오.

여자　(여자는 감겨, 미동도 못한다. 체념의 흔적은 더욱 역력해졌다) 당신들을 증오해. 당신들이 만드는 건 지옥이고 멸망일 뿐이야. 돈만 남아 화석이 되겠지.

남편　(주사를 놓는다) 당신도 힘들고 괴로웠겠지만 우리 역시 마찬가지였소. 당신은 귀찮은 존재 외에 아무것도 아니었지.

여자　(점점 몸이 굳어지며) 알 것 같아. 그 사진은 일부러 던져 놓은 거야.

그렇지. 계약을 파기하기 위해서.

남편 (수술장갑을 끼고 피묻은 망치를 든다) 예리하오.

여자 가지고 놀았군. 한없이 기뻐하면서.

남편 유혹에 빠져들었던 당신이 잘못이지.

여자 그 사진은 뭐죠. 붉은 실핏줄 같은 사진만.

남편 물개 사진 따윈 아무것도 아니지. 문제는 그 사진 — 우리가 몇십 년 동안 죽여 버린 물개 사체에서 발견된 이상한 바이러스였소. 그 시체더미에서 변종 바이러스가 발견된 거지. 아버지는 그 사실을 매우 놀라워하시고 있소. 그것은 매우 유용하고도 치명적이라고 말했소. 당신 뇌의 영혼을 추출할 수 있게 된 것도 그 바이러스의 공로니까. 하지만 그 치명성에 대해선 우리도 잘 모르오. 어쩌면 세계 자체의 전혀 다른 세계가 될 수도. 하긴 지금 당신에게 이딴 사실이 무슨 소용이겠소. (뭔가 기억 난 듯) 아참, 당신에게 새로운 아내를 보여 준다는 것을. 잠시만 기다리시오. (잠시 퇴장)

여자 (무대의 조명은 너무나 암울해져 있다. 그녀는 죽는다는 것처럼 잠든다는 것처럼 중얼거린다) 나는 봄을 기다렸지. 하지만 오지 않을 봄을.

남편 (아버지를 데리고 들어온다, 아버지는 검은 헝겊으로 눈을 가리고 있다) 보시오. 우리들의 새로운 아내요. 물론 우리가 번 돈이 고스란히 다시 이 여자를 사는데 들어갔지만 말이오. (아버지를 세워 놓고 여자에게 다가와 귓속말) 우린 같은 실수는 두 번 되풀이하진 않을 것이오. 당신처럼 되면 큰일이잖소. 이제는 발목뿐만 아니라 눈과 귀마저 멀게 할 테니까. 당신 수술이 끝나고 나면 저 여자 차례요.

여자 (한없이 슬픈 눈동자로 아버지를 쳐다본다, 차마 눈을 감는다) 나는 꽃이 되네. 어쩌면 나는 꽃이.

남편 망치를 들어 버리친다. 어둠.

3.

1장과 같은 여자의 골방. 남루하고 가난해 보이긴 하지만 1장과 같은 쓰레기 더미는 아니다. 깔끔하게 정돈이 되어 있고 제법 따사로운 봄볕도 비치는 것이 1장과는 사뭇 다른 분위기의 느낌이다. 옆엔 반듯하고 넓은 흙담도 세워져 있다. 여자가 잠들어 있다. 아주 밝고 따뜻한 조명이 그녀를 비춘다. 세상 모든 것이 멈춰진 듯 조용하다. 새가 날아갔나? 아니면 잠시 얇은 구름이 해를 가렸나? 봄볕이 살짝 거둬지고 여자는 서서히 눈을 뜬다. 다시 환한 볕이 비춘다. 하지만 아직은 잠이 덜 깨인 듯 멍하다. 그녀는 일어서 몇 발자국 걷는다. 그녀의 가녀린 몸이 술 취한 나비처럼 휘청, 잠시 몸의 무게 중심을 잃는다. 비로소 완전히 깨어난다. 그녀의 말투 역시 1장처럼 아주 우울한 말투는 아니다. 여자는 역시 불행하지만, 이 불행은 우리 주위에서 어쩌면 흔하게 보아온 그런 불행에 가깝다.

여자 머리가 아파요. 마치 깨질 듯이 아프네요. 꿈을 꾸었죠. 잘 기억이 나진 않지만 저는 너무 무서웠죠. (이마에 손을 짚으며) 아직 감기 기운이 남아 있어서 그랬나 봐요. 집으로 끌려온 날 전 감기가 걸렸어요. 그날 밤은 꽃샘추위로 쌀쌀하기 이를 데 없었죠. 아버진, (사이) 그래요, 아버진 몹시 상심하고 계셨기 때문에 전 홑이불을 끌어안고 잠을 설 칠 수밖에 없었어요. 아버지가 상심하신 건, 제가 가출했었기 때문이에요. 그리고 절 이 골방에 가둬 버렸어요. 전 이곳이 싫어요. 이곳은 무료하기 밖에 안하고 저희 집은 찢어지게 가난하다구요. 전 중학교를 졸업하고 줄곧 집에 있었어요. 아버진 아무 대책도 없이 그냥 집에만 있게 했어요. 고등학교를 보내 줄 돈이 없었으니까. 하지만 전 그런 건 아무래도 상관없으니 도시로 갈 수 있게만 해 달라고 빌었죠. 그러나 아버진 도시로 보낼 생각이 없다고 단호하게 말했죠. 그건 엄마가 도시로 떠나

버린 탓이기도 하죠. 제가 아주 어렸을 때예요. 그때도 우리 집은 가난했고 아버진 술만 드셨고 걸핏하면 엄마를 때렸죠. (사이) 그 날이 기억나요. 엄마가 떠나가던 날. 전 여섯 살이었죠. 환한 봄 날이었어요. 얕은 바람에도 꽃은 졌고 전 그 꽃을 실에 꿰어 목걸 이를 만들고 있었어요. 작고 뽀얀 감꽃을. 엄만 제 얼굴을 말끄러 미 바라보며 시장을 간다고 했어요. 하지만 알 수 있었죠. 다신 돌아오지 않으리란 걸. (사이) 물론 아버진 엄마를 찾아 돌아다녔 죠. 몇 해를. 마음속으로 빌었어요. 아버지가 찾지 못하게 숨으라 고. 머리카락 보일까 꼭꼭. 그리고 몹시 추운 겨울날이었죠. 그믐 밤이라 빛도 없었고, 아버진 그날도 엄말 찾다 밤늦게 돌아오셨 죠. 하지만 그날 아버진 이상했어요. 늘 마시던 술도 마시지 않았 고 한마디도 않고 가만히 앉아만 계셨죠. 전 소릴 지르고 싶었죠. "차라리 언제나 그랬던 것처럼 절 때리세요. 집 안에 있는 것이란 모두 박살내 버리라구요." (사이) 언제 잠이 들었을까 제가 깨어났 을 때 방 안은 온통 농약 냄새로 지독했어요. 다이메크론. 진딧물 약이었죠. 아버진 그때 진딧물처럼 죽고 싶었을까요? 하지만 아 버진 진딧물이 아니셨던지 죽지 않았죠. 그 이후 더 이상 술을 드 시지 않았고, 절 때리지도 않았고, 더 이상 엄마를 찾아 헤매지도 않았으며 그리고 더 이상은 말도 하지 않았어요. 아버진 분명 변 했지만 화해는 아니죠. 아버지의 눈빛이 그걸 말하니깐. 아무튼 이제 이 집 안엔 침묵만이 가득하죠. (사이) 전 이 미칠 것만 같은 고요가 싫어요. 아니 미칠 것만 같죠. 할 수 있는 일이라곤 봄볕 이나 쬐며 해바라기를 하는 것 뿐. 때로 무료한 시간을 춘곤증에 맡겨 놓고 봄꿈이나 꾸고. 그래도 어째요. 꿈이라도 꾸지 않고 어 떻게 살겠어요. (달그락거리는 소리가 난다. 그녀는 소리나는 쪽으로 재빨 리 고개를 돌린다) 옆집에 시집 온 여자랍니다. 도시에서 왔다고 해 요. 동네 사람들이 하는 얘길 들었죠. 게다가 여잔 기억이 없다나 요. 어떤 병이 걸리고 난 후유증 때문이라는데 여자의 부모들이 그 병 때문에 서둘러 시집을 보내 버린 거죠. 아니고서야 누가 이곳까지 시집을 오겠어요. 모두가 떠나지 못해 안달인데. 아무튼 여자가 불쌍해요. 남편은 소문이 좋지 못한 사람이거든요. 알코올 중독에 의처증까지.

아내가 빨래를 들고 나와 하얀 옷들을 넣기 시작한다. 밝은 조명에 의해 눈이 부시다. 그녀는 하얀 상복을 입고 있다. 하지만 차가운 밝음. 머리엔 흰나비, 그녀의 얼굴은 몹시 하얗고 아름답다. 또한 아내는 여자와 닮아 있다. 빨래를 다 넣고 가만히 먼 하늘을 바라본다.

여자 여자는 정말로 아름다워요. 반듯한 이마, 하얀 미간. 그리고 어딘지 모르게 낯이 익은 것 같기도 하고 저 여잔 뭘 보고 있을까요? (아내의 옆에 가 선다. 그녀의 시선을 따라가 본다. 하지만 아내의 시선이 닿아 있는 곳이 어디인지 잘 모르겠다. 그녀는 잠시 머뭇거리다 용기를 내서 묻는다) 뭘 보고 있나요?

아내 (미동도 않고, 하늘만)

여자 (다시 한 번 아내의 시선을 따라가 보지만 알 수 없다는 듯 고개를 젓고) 전 이곳에 살아요. 당신은 옆집에 시집 온 사람이죠?

아내 (그저 하늘만)

여자 동네 사람들이 하는 얘길 들었죠. 당신은 도시에서 왔다면서요?

아내 (도시란 소리에 아주 얇게 몸을 떤다)

여자 (실망하며) 당신은 도시에서 온 게 확실해요. 하지만 말하기 싫다면 하지 않아도 좋아요. 전 당신에게 말을 강요하거나 그러진 않아요. 전 침묵에 익숙하니까요. 그런데 당신은 뭘 보고 있나요? 전 아무리 봐도 산과 하늘밖에 보이지 않는데. 그렇군요. 구름도 있군요.

아내 (미동도 않고, 하늘만)

여자 이곳이 낯설죠? 게다가 지겹고 무료하고. 하긴 저도 그런데 오죽하겠어요. 세상에 이렇게 조용한 곳도 있을까. 아무 일도 일어나지 않고 쥐마저 죽어 버린 — 이건 조용하다는 저만의 표현인데

재미있지 않나요? (사이) 저도 이곳이 따분해요. 무료하고, 갑갑해
　　　서 미칠 지경이죠. 전 충분히 당신 마음을 이해할 수 있어요. 그
　　　럼요.

아내　(하늘만)

여자　당신은 정말 말이 없군요. 하지만 당신은 무척 아름다워요. 전 당
　　　신만큼 아름다운 사람을 본 적이 없어요. 우리 엄마도 아름다웠
　　　다고 해요. 물론 제 기억은 희미해요. 눈가에 뽀얀 안개부터 먼저
　　　끼니까.

아내　(혼잣말처럼) 이곳도 황사가 심한 가요.

여자　(놀라고 반가워서) 전 많이 걱정했어요. 당신이 병을 앓고 있다는 소
　　　릴 들었거든요. 그래서 혹시 말을 못하는 게 아닌가 하구요. 그런
　　　데 아니군요.

아내　이곳도 황사가 심한 가요?

여자　황사? 아뇨, 이곳에 황사란 고작해야 일 년에 한두 번, 어쩌면 그
　　　것보단 많을 순 있지만 신경 쓸 정도는 아니에요.

아내　(다시 하늘만)

여자　(실망하며) 황사는 심하지 않아요. 신경 쓰지 않으셔도 좋아요. 저
　　　근데 한 가지만 물어봐도 될까요? 당신은 왜 그 하얀 옷만 입고
　　　있는지. (사이) 꼭 대답을 할 필요는 없어요. 전 침묵에 익숙하거든
　　　요.

아내　저는 결혼했고 한 남자의 아내니까요.

여자　예? 그건 너무 모호하기만.

아내　황사가 오면 큰일이야. 아니 황사가 왔을지도 몰라. (급하게 빨래를
　　　걷는다)

여자　(놀라서) 이, 이봐요. 황사는 없다구요. 봐요 하늘을.

아내　(빨래를 걷어서 퇴장)

여자　(그녀의 뒷모습이 완전히 사라질 때까지 시선) 여자의 병은 깊은가 봐요.
　　　그리고 황사는 뭔지. (한숨)

아내　(다시 빨래를 들고 나와서 넣기 시작한다)

여자　이 꽃을 줄 거예요. 저기요!

아내　(고개를 돌려 여자를)

여자　(내밀며) 여기!

아내　(환하게 웃는다) 환해요.

여자　(손을 잡아끌어 담쪽으로 간다) 이 양지 담에서 엄마를 떠나 보냈죠. (사이) 당신은 도시에서 왔죠?

아내　(중얼거리며) 도시.

여자　그래요 도시. 당신은 도시에서 왔어요. 비록 기억이 나지 않지만 당신은 도시에서 왔어요. 그곳은 어떤 곳이죠. 멋진 옷과 좋은 차를 몰며 사람들이 항상 바쁘게 돌아다니는 것쯤은 저도 알고 있다구요. 밤이 되면 열기에 휩싸인 젊은이들이 현란한 조명을 받으며 사랑을 속삭인다는 것도. 그곳은 할 일도 많고 볼 것도 많고 도무지 심심한 것이라곤 없죠?

아내　황사가 오면 큰일이에요.

여자　황사는 그다지 걱정할 게 못돼요.

아내　대기는 그 먼지에 눌려져 땅에 붙기 직전이었어.

여자　어디가? 도시죠? 드디어 도시의 대한 기억을 떠올리기 시작한 거죠.

아내　황사는 모든 것을 덮어 버렸지. 비행기도 뜨지 못했고 새도 날지 않았지.

여자　도대체 무슨 얘기를 하시는 건가요?

아내　빨래를 걷어야겠어. 황사가 오면 모든 게 끝이니까.

여자　정신 차려요. 황사는 오지 않았어요.

아내　하지만 전 무서워요.

여자　안되겠어요. 따라해 봐요. 가슴을 펴고 눈을 감아 봐요.

아내　(잠시 머뭇거리다 여자를 따라한다)

여자　천천히 밑바닥 깊은 데까지 숨을 끌어내서 뱉어내고 다시 들이켜요. 당신을 가둔 겨울이 녹아요. 느끼나요?

아내　(사이) 얼음이 녹고 있어요. 물 흐르는 소리를 내네요.

여자 당신 마음속 창살은 아지랑이처럼 경계를 잃어요.

아내 아지랑이처럼 경계를 잃어요.

여자 만발하여요 꽃들은. 봄은 더욱 완연하고.

아내 꽃이 만발해요. 전 화장이 하고 싶어져요. 화사한 옷을 꺼내 입고 싶어요

여자 당신은 봄을 살아요. 그만 봄을 살아요

아내 저는 봄을 살아요. 이곳의 햇볕이 좋아요. 오늘 한낮의 봄볕이 좋아요. 따뜻함에 풀린 땅의 감촉도 좋고, 봄바람의 자락이 제 몸을 스치고 가는 느낌도 좋아요. 그리고 그 바람에 함께 묻혀 오는 이런 향기도 좋아요. 개나리며, 버들개지며, 진달래며 이런 꽃들과 냉이며, 달래며, 쑥이며 이런 나물 냄새들이 함께 묻혀 오는. 이곳이 무덤일지라도 이대로, 이대로 살았으면 볕. (햇살이 부실 정도로 밝아지다가 차츰 어두워진다)

— 무대 밝으며.

여자 그녀와 난 그렇게 해바라기를 하며 아직 이른 봄을 살았답니다. 우린 양지 담에 기대어 고양이처럼 봄에 흠뻑 취해 몽롱했지요. 그녀와 난 눈을 감고 서로의 가슴에 귀 기울여 보기도 했답니다. 그러면 어김없이 가슴속에서 물이 흐르는 소릴 들을 수 있었죠. 그 소릴 영혼을 간질 태우는 것 같기도 해서 이유 없이 까르르 거리기도 했는데… 그럴 때마다 나무들은 연둣빛 새싹을 양껏 뱉어내기도 하긴 했답니다. 하지만 정말 황사가 찾아왔죠.

아내 황사가 왔어요!

여자 두려워 마세요. 황사는 곧 걷힐 거예요

아내 저 황토빛 먼지는 살아 있는 모든 것들을 죽여 버릴 거예요. 저 역시도.

여자 걱정 말아요. 황사는 곧 걷혀요. 게다가 당신은 충만하구요.

아내 아뇨. 전 그렇지 않아요. 남편은 단 한 번도 그런 말을 해 주지 않

앉았어요.

여자 그 남잔 아름다움을 몰라요. 누구보다 전 그 남잘 잘 알아요. (여자의 멍 자국을 확인하며) 당신의 안색이 왜 이렇죠? 또 당신을 때렸군요.

아내 저는 결혼했어요. 그리고 한 남자의 아내니까.

여자 남편이 당신을 때려선 안돼요. 당신도 그 남자가 때릴 때 맞고만 있어선 안된다구요. 그는 짐승 같아. 떠나버려요.

아내 하지만, 그가 가여워요.

여자 술이 깨서 눈물을 흘리며 빌던가요? 당신 마음속 황사란 곧 그 남자예요.

아내 저는 흔들리죠. 그를 증오하다가도 불현듯 측은해지고, 그를 떠나려다가 불현듯 가여워져 떠나지 못하죠. (사이) 황사가 와요. 혼탁해진 대기, 저 잿빛 하늘로 인하여 황사가 와요! 아픈 기억이 찾아오며 저 스스로 망각하지 못하면 죽기 때문에 전 기억이 없으며 황사가 와요! (약간의 시간이 흐른 뒤 여자를 처음 본 것처럼 묻는다) 이곳도 황사가 심한가요.

여자 (중얼거리듯) 황사는 아무것도 아냐. 문제는 당신이지.

아내 황사가 모든 걸 덮어 버렸어. 비행기도 뜨지 못했고 새도 날지 않았지. 자동차도 움직일 수 없었고 사람들은 그대로 발이 묶여 버렸던 거야. 거리엔 인적의 그림자가 끊겼어. 비상 사이렌이 울리고 계엄령이 내려졌어. 탁한 분진을 뚫고 유령들이 배회한다는 소문이 들려왔지. 사람들은 두려웠고 또한 누구나 천식에 걸려 고통받았지. 눈병을 앓고 하나 둘 시력을 잃어 갔어. 거리는 온통 기침소리 때론 비명소리도 들렸지. 사람들은 난청에 시달려야 했어. 강간당하는 여자들의 비명소리에 고막을 찢겨 버리고 만 거야. 더럽혀진 개천으로 태아의 시체들이 떠다녔고 굶주린 개들이 그걸 뜯으며 연명해 갔지. 그래도 공장 굴뚝에 매연은 계속 뿜어져 나왔어. 그것이 그 세계를 움직이는 질서였으니까.

여자 (분노하며) 거짓말, 거짓말, 거짓말이라구. 난 이곳을 떠나겠어.

아내   안돼. 황사가 오고 있어요.

여자   이곳은 이제 정말 지긋지긋해. 아버지도, 당신도 당신의 그 병도. 떠날 거야. 당신의 말이 맞는지 확인해야겠어. 난 도시로 갈 거야. (방 안으로 들어가서 옷가지를 챙겨 나온다) 난 도시로 가겠어. 당신은 이곳에서 살아. 한평생 이곳에서 황사를 두려워하며 술 취한 남편에게 매일 맞으면서 오지 않을 봄이나 애타게 기다리면서.

남편   (술이 취해 들어온다) 드디어 찾았군. 널 찾아 온 세상을 다 헤매고 다녔다는 걸 아느냐. (아내를 때리기 시작한다)

아내   (남편의 매를 저항도 못하고 맞는다. 겁먹은 얼굴, 떨면서 중얼거린다) 그 잿빛 대기로 인하여, 나는 숨이 막히고, 그 잿빛 어둠으로 인하여 나는 눈이 멀고.

남편   (매질은 점점 더 심해만 진다)

여자   (남편을 뜯어 말리며) 왜 때려요. 왜 때려! 당신이 뭘 잘 했다고.

남편   (여자를 뿌리치고 다시 아내를 때리기 시작한다)

아내   나는 두렵고, 나는 숨막히며, 나는 울고 싶고, 황사가 와요. 그 잿빛 하늘 먹먹한 대기로 인하여 황사가.

여자   (다시 달려들며) 제발 때리지 마. 제발 때리지 좀 마! 그만해. 당신은 그 좋아하는 술이나 먹고 죽어 버려. 죽어 버리라구!

남편   내 아내다. 내 소유야!

여자   어머니니까. 내 엄마니까!

남편   (그는 잠시 멈칫한다. 하지만 곧 더욱 가혹하게 아내를 때리기 시작한다)

아내   나는 두렵고 나는 숨막히며, 그러면 황사가 오고. 저 먹먹한 대기 잿빛 하늘로 인하여 황사가 오고 그러면 나는 두렵고 숨막혀서.

여자   (칼을 들고 온다. 때리는 남편에게 달려들어 가슴에 칼을 꽂는다)

잠시 모든 것이 정지한다. 남편은 칼과 여자를 번갈아 본다. 그는 쉽게 쓰러지지 않고 가슴에서 칼을 뽑는다. 그는 취청거리며 여자를 향해 칼을 겨누며 걸어간다. 여자가 비명을 지른다. 하지만 남편의 칼을 아내가 대신 받는다. 아내가 죽는다. 잠시 후 남편이 죽는다. 여자 홀로 그 모습을 아프게 바라본다.

4.

여자는 잠들어 있다. 봄볕이 든다. 그녀는 서서히 깨어난다. 머리가 아픈지 머리를 만진다.

여자 머리가 아파요. 꿈을 꾸었죠. 잘 기억이 나진 않지만 너무 슬프고, 너무 그립고, 너무 아픈 꿈을. 감기약을 너무 독하게 지어 먹었나 봐요. 약기운 때문인지 꿈인지 생시인지 도무지 분간이 안 될 정도네요. 그래요. 그저 혼몽하기만 해서 말예요. 하지만 확실한 건 꿈에서 엄마를 보았던 것 같아요. 얘기도 나누고. (고개를 저으며) 아뇨, 잘 모르겠어요. 도무지 흐릿해서. 그런데 왜 이렇게 머리가 아픈지. (이마를 짚으며)

아내가 걸어 나온다. 눈부신 하얀 웨딩드레스를 입고 있다. 봄볕을 모두 받아낼 듯. 머리에 꽃을 두르고, 두 손엔 꽃다발을 부케처럼 받쳐들고 있다. 환한 웃음을 짓고 있다.

아내 이제 그만 떠나요.
여자 떠난다구요!
아내 당신이 절 일깨웠죠.
여자 제가 당신을?
아내 그래요.
여자 (도무지 알 수 없지만) 어디로 가시려구요?
아내 (희미하게 웃기만)
여자 그 사람은 어떡하구요?
아내 그는 살해됐어요.

여자	살해됐다구요!
아내	걱정마요. 다시 소생할 테니. 우리들의 아가 우리들의 아기로.
여자	이봐요. 정신차려요.
아내	그는 당신 품에 안길 거예요.
여자	예?
아내	전 이만 가 볼께요.
여자	도대체 어디로 가신다는 거죠?
아내	(희미한 미소만)
여자	가지 마세요. 저와 함께 살 순 없는 건가요?
아내	너무 슬퍼 마세요. 당신 뺨에 떨어지는 환한 볕이 되려고. 당신 가슴속에서 연둣빛 새싹으로 돋아나려고. (그녀는 천천히 떠나간다)

남편이 들어온다. 남편은 낡은 군복차림이고 그 초라한 행색은 마치 탈영병처럼 보인다.

손에는 아무렇게나 묶은 들꽃 한 다발을 들고 있다. 웨딩드레스를 입은 아내와 스친다. 하지만 남편에게 아내는 보이지 않는 듯하다. 아내만 잠시 걸음을 멈춰 짧고 희미한 미소를 남편에게 던진다.

남편	어머니! (여자를 보고 감격에 겨워 덥석 끌어안는다)
여자	(놀라서 몸을 뺀다. 남편과 남편의 행동 때문에) 아버지. 왜 이러세요?
남편	얼마나 보고 싶었는지 아세요. (다시 포옹한다) 얼마나 보고 싶어했는지. (꽃을 내밀며) 너무 보고 싶어서 다른 건 아무것도 준빌 못했지 뭐예요.
여자	아, 아버지! 도대체 무슨 말씀을 하시는 거예요.
남편	아유, 어머니. 저보고 아버지라니? (알겠다는 듯, 크게 웃으며) 어머니도 참 하긴 여섯 달 동안 주무셨으니.
여자	(더욱 놀라서) 제가 여섯 달 동안 잠만 잤다구요?
남편	일단 제 절부터 받으세요. (넙죽 업드려 큰절을 한다) 어머니 저 살아서 돌아왔습니다. 이 아들이 살아 돌아왔다구요. 전쟁터에서 살

아서요.

여자 전쟁터라구요?

남편 아유, 예나 지금이나 궁금한 것도 많으셔라. (여자의 얼굴을 보며 그 저 기뻐서) 예, 괜찮아요 괜찮아. 그럼 제가 차근차근 설명할 테니 들으세요.

여자 예, 아버지.

남편 (웃으며) 환장하겠네. 어머니 저예요 아들. 좋아요 어머니. 이걸 어 떻게 설명해야 하나. 음 어머닌 일테면 겨울잠을 잔 거예요.

여자 겨울잠을 자요?

남편 겨울잠 몰라요 겨울잠? 그 개구리나 곰처럼 겨울 되면 자는 거?

여자 아무것도 안 하고 먹지도 않고요?

남편 (싱글거리며) 안 먹긴 뭘 안 먹어요. 엄만 많이도 드셨죠. 겨울잠에 들기 전에 닥치는 대로 드셨잖아요. 기억 안 나세요? 그땐 얼굴에 살이 올라서 참 보기 좋았는데 어머니 지금 보니까 참 많이 야위 셨네요. 보약이라도 한 첩 달여 드려야겠어요.

여자 아버지 절 놀리시는군요? 전 단지 몸살 기운이 있어 감기약을 먹 었던 거 뿐인데.

남편 (걱정스럽게) 정말, 후유증이 있다더니 사실인가 보네. 어머니 이리 좀 봐요. (눈을 들여다보며) 어머니 그 겨울잠이 병이래요. 바이러스 때문에 생기는 건데 깨고 나면 조금 치매 비슷한 증상이 나타난 다고.

여자 아버지 혹시 정신이 좀 이상해진 것 아니예요?

남편 아유 어머니도. 너무 나쁘게 듣지 마세요. 정신은 어머니가 좀 이 상해진 거예요. 하지만 다 그런 거니까 너무 상심하시지 마세요. 세상 여자들이 다 그 병에 걸렸으니까요. 그니까요 몇 해 전부터 겨울이 오면 갑자기 여자들은 겨울잠에 빠지기 시작했어요. 예, 오직 여자들만요. 전 세계 과학자들과 의사들 모두가 이 병의 원 인을 밝히는데 매달렸지만 결국 알아낸 것이라곤 원인 불명의 바 이러스로 인한 병이라는 것밖에 없었죠. 근데 이 병은 전염성이 매우 강했어요. 도시에서 첫 번째 환자가 발생하고 곧 이런 시골까지 빠르게 확산된 거예요. (주머니에서 구겨진 신문을 꺼내며) 보세요, 이게 신문이예요. 오늘 신문요. 근데 여기 봐요. 요 신문기사를 보면 노벨상을 받은 저명한 과학자가 이 바이러스의 발생 시점과 태양 흑점 크기를 주목하고 있어요. 이 사람은 이 병의 발병 시기 때 태양 흑점이 지나치게 발달했던 점과 대기 속의 오염 물질이 어떻게든 연관되었을 거라고 적고 있어요. 하지만 증거 할 만한 건 아무것도 내놓지 못하고 있잖아요. 이건 죄다 가설일 뿐이예요. 이런 가설들이 한 달에도 수십 건씩 신문지상에 오르내리죠. 하지만 아직까지 치료약은 고사하고 바이러스의 정체조차 밝혀내지 못하고 있는데요 뭘. 이제 과학자들은 몽상가일 따름이죠.

여자 아버지 그럼 제가 겨울 동안 정말 잠만 잔 거예요?

남편 아유, 그놈의 아버지란 소리. 어머니 아버지 산소에 가고 싶어서 그런 거죠? 그래요, 바로 산소에 들러요. 저도 이렇게 전쟁에서 살아 왔는데 아버지 산소를 가 봐야죠.

여자 전쟁이라구요?

남편 정말 설명할 것도 많네. 예, 전쟁이 벌어졌었어요. 어머니 주무시는 동안요. 여자란 여잔 죄 잠에 빠지고 세상엔 남자밖에 없었으니까요. 신경이 날카로워져갔어요. 어디에서고 시비가 붙고 폭력이 난무했죠. 자꾸만 피를 그리워하는 거예요. 더 이상은 참을 수 없을 만큼 갔을 때 빌미가 생겼죠. 에너지 파동이 온 거예요.

여자 에너지 파동?

남편 극지방에 있다는 가장 큰 석유회사. 어머니도 아시죠? 그곳에서 일하던 남자들이 다 죽은 거예요. 그 이유를 알기 위해 파견되는 사람들도 모두 죽고요. 끝내 세계 정부에선 그 지역 전체를 폐쇄시켰어요. 소문으론 치명적인 바이러스 때문이래요. 다른 지역에 석유야 벌써 오래 전에 고갈됐잖아요. 그게 폐쇄되니 한 순간에 석유 시대가 종말이 난 거죠. 난리가 났죠. 욕구불만은 쌓일 때로 쌓였는데 갑자기 그런 일까지 벌어지니. 게다가 한겨울 아니예요. 모두가 조금이라도 비축되어 있는 석유를 털기 위해 도적처럼 날뛰었죠. 국경은 있으나마나죠. 전 세계 모든 나라들이 동시에 전쟁을 벌였으니까. 용서해 주세요, 어머니. 저도 어쩔 수 없이 징집되어 전쟁터로 나갔어요. 하지만 곧 후회했죠. 지옥도 그보단 나았을 테니까. 전쟁으로 십억 명 이상의 남자들이 죽거나 불구가 되었어요. 매일 벌어지는 살육, 배고픔, 혹독한 추위. 정말 상상할 수 없을 만큼 참혹했어요. 모두들 진저리를 쳤죠. 어서 빨리 봄이 오기만을 소망했죠. 봄이 오면 여자들도 깨어나고 전쟁도 끝난다고 했으니까요. 그리고 그딴 석유 같은 건 아무래도 좋았죠. 우린 누구랄 것도 없이 얼어붙어 있는 땅에 입김을 불며어서 빨리 싹이 돋기를 소망했고 차가운 북풍이 부드러운 남풍으로 바뀌길 진심으로 기도했어요. 참호 속에서 별을 올려다 볼 때마다 어머니가 생각났어요. 얼마나 그립고 보고 싶던지. 어머니. (품에 안긴다)

여자   (혼란스러워 하면서도 **너무나 진지한 남자의 소리에 여자는 빠져든다**)

남편   전쟁이 끝나던 날을 잊지 못해요. 새벽 참호 속에서 자고 있는데 꽃이 피었단 소리가 들리지 않겠어요. 벌떡 일어났죠. (자리에서 일어나며) 적국 편 초병이 개나리가 피었다고 소리치는 거예요. 그리곤 총을 집어던지고 환호를 질러요. "개나리가 피었다! 개나리가 피었다!" 그러자 기다렸다는 듯이 우리 쪽에서도 진달래꽃이 피었다는 감격의 목소리가 울려 나왔죠. "진달래꽃이 피었다. 진달래꽃이 피었다!" 우린 총을 집어던지고 얼싸안고 춤을 췄어요. 아군과 적군이 따로 없었죠. 그래요 그리고 이렇게 돌아온 거예요. 모두가 사랑하는 어머니를, 아내를, 가족을 혹은 연인을 생각하며 꽃 한 다발씩을 들고. (다시 한 번 여자를 포옹하며) 어머니, 아버지 산소에 가요.

봄볕이 환하게 밝았다 사그라진다.

5. 에필로그

무대는 한없이 밝다. 무대는 꽃으로 뒤덮여져 있다.
웨딩드레스를 입은 아내가 꽃 속에 누워 있다.
남편은 그 앞에 술을 따르고 절을 한다.

여자 어머니, 당신이었군요. 이 봄이 오게 하려고 제게 여자로서의 모든 삶을 살게 하고 아리도록 환한 봄꿈을 꾸게 하셨군요. 저는 기쁘게 당신이 피워 올린 봄을 봅니다. 그리고 이 봄은 이렇게 눈부시게 환하답니다. 우리에게 탯줄을 주시고, 우리에게 당신의 자양분을 주시고 모자라 몸을 썩혀 이렇게 아낌없이 환한 봄을 일구신 당신, 당신의 한없는 사랑을 바라봅니다. 이 수많은 꽃들을 피워 올리시고 아찔한 향기로 환생하는 당신의 아름다운 영혼을 봅니다. 어머니, 당신이었군요. 당신은 태동하는 생명이며 한없이 푸른 지구였습니다. 당신이 가꾸는 대지 당신으로 인하여 다시 초록으로 소생하는 푸른 지구를 봅니다. 당신의 아늑한 가슴이 이뤄놓은 숲 많은 산과 초원을, 당신의 투명한 영혼으로 담아놓은 강이며, 호수며 대양을. 어머니, 당신이었군요. 오지 않을 것만 같던 봄을 불러오게 하고, 자기를 죽여 저희를 살리신 어머니. 당신은 한없는 사랑을 가진 아름다운 여자였습니다. 하느님, 어머니.

막.

다시 각성의 밤

등장인물

여와   부여의 신관. 제사장.

소와   여와의 동생. 규의 연인.

규   부여의 하호(下戶, 노비)

포   부여의 지방 호민(豪民).

대소   부여의 왕. 선왕의 동생.

버들   선비족. 모용외의 여동생.

세자   선왕의 적장자.

한착   대소의 모사. 재상.

모용 외 선비족의 족장.

대비   세자의 어머니.

욕살   부여의 장관. 대비의 오빠.

마가(馬加), 우가(牛加), 저가(猪加), 구가(狗加)

촌민1, 2, 3, 4.

광대1, 2, 3…

병사1, 2, 3…

자객들

궁녀들

무사들

그 외

때

기원 전후(前後).

연맹왕국에서 중앙집권국가로 넘어가던 과도기의 부여.

제사장(신관)과 왕이 첨예하게 대립하던 시기(時期).

부족장과 왕이 또한 대립하던 시기.

선비와 부여가 생존을 놓고 싸우던 시기.

귀족과 평민이 대립하던 시기.

숲을 파괴하려는 자들과 그것을 지키려는 자들이 있던 시기.

신과 정령과 상상동물이 마지막 명맥을 유지하던 시기.

그것들을 살해하고 강한 왕권을 구축하려던 왕이 있던 시기.

결국 선비족의 족장 선우 모용의 침략으로 멸망의 길을 가야
했던 시기.

장소

1막. 부여(夫餘)의 국경 원시림.

2막. 선비(鮮卑)의 금광 / 부여의 왕궁과 도성

참고

이 극의 모든 등장인물이 무대 위에 올라와 있다는 것을 전
제로 쓰여졌다.

1막

1.

밤, 핏빛 달 그리고 폐허.
모든 것이 불타 버려 허물어져 있다.
깊이 파인 구덩이 속에 巫女 여와가 있다.
그녀는 검은 천으로 눈을 질끈 동여매고 있다.
그래서 더듬이 있는 곤충처럼 주위를 돌아다닌다.
그녀의 이 더딘 움직임은 한없는 슬픔을 내포하고 있다.

여와 폐허다. 모두가 폐허가 되었다.

사이.

여와 내 간곡했던 예언의 말이야 한낱 먼지가 되어 흩어질 따름이었구나.

거센 바람이 분다. 눈을 감았던 붕대가 날아간다. 바람이 잦아진다.
천장에서 그녀를 태울 수 있는 동아줄 혹은 그네가 내려온다.
무대로 올라가면서 그녀는 증거한다. 생명나무가 들어서고 숲이 돋아난다.

여와 나는 예언자였다. 이곳에 금줄을 치고, 이곳에 단을 쌓고, 하늘을 받드나니 신이 주신 한없는 혜안으로 나는 예언자였다. (사이, 나무들을 바라보며) 숲은 울창했다. 그리고 숲은 착한 것들로 가득했으니— (새가 지저귄다) 숲의 혜택으로 우리는 평화로웠고 풍요로웠다. (촌민들 등장)

촌민1 버섯이 지천으로 깔려 있다오.

촌민2   머루며.

촌민1   다래며.

촌민2   알밤이며.

촌민들   갖가지 열매들로 가지가 휘어질 정도라오.

촌민1   이제 곧 영고.

촌민2   멧돼지며.

촌민1   노루며.

촌민2   사슴이며.

촌민들   산짐승을 잡아 하늘님께 제사를 지낼 겁니다.

여와   영고— 시월의 상달, 제단은 하늘에 대한 감사로 가득 찼다. 왕
         과 신하가 귀족과 평민이 모두 이 숲에 조아려 경배했다. 부여를
         지키는 사방의 신들이 우리를 축원하였나니. 아 — 이 오랜 평화
         —!

         여운이 채 가시기도 전에 촌민3, 4 다급하게 등장.

촌민3   왕이 돌아가셨다 —.

촌민4   왕이 돌아가셨다 —.

촌민1   (놀라며) 아니, 왕이 돌아가셨어?

촌민3   애통하여라 —. 왕이 돌아가셨다.

촌민2   (재차 확인하려) 정말 왕이 돌아가셨어?

촌민4   애통하여라. 왕이 돌아가셨다.

촌민들   (사방으로 뿔뿔이 흩어지며) 왕이 돌아가셨다. 애통하여라.

여와   그러하매 만백성이 슬퍼하였음이라. 나도 슬퍼했다. 아니, 아니
         다. 신의 섭리에 따른 왕의 죽음을 슬퍼한 게 아니라 다가올 이
         나라의 재앙을 슬퍼했던 것이니—.

         검은옷을 입고 까마귀가 날아든다.
         주위를 배회하며 깔깔하고 음산한 말을 내뱉고 사라진다.

까마귀	화, 화 있을 지다 ─! 화, 화 있을 지다 ─!
여와	아, 하늘님마저 손길을 거두는구나.
까마귀	화, 화 있을 지다 ─!
여와	기필코 이 땅의 모든 것들은 사망할 것인 즉.
까마귀	화, 화 있을 지다 ─!
여와	보라. 미쳐 날뛰는 지옥의 불길을 ─.
까마귀	화, 화 있을 지다 ─!

은폐하듯, 어둠.

2.

촌민1	그 소문 들었어.
촌민2	무슨 소문.
촌민1	여와님이 새벽마다 울부짖는다는.
촌민3	울부짖어.
촌민1	전쟁이 난다고.
촌민4	어디가?
촌민1	(낮게) 우리 부여가.

포와 규가 등장한다. 촌민들의 이야기를 듣는다.

촌민들	부여가 전쟁이 난다고!
촌민1	여와님의 예언이 어디 한 번 틀린 적 있었나.
촌민들	어쩌지 전쟁이 나면. 세자는 겨우 일곱 살이라고.
포	네 이놈들 뭐라고. 어디 전쟁이라!
촌민들	아닙니다 어르신.
포	내 다 들었다. 네놈들이 전쟁이네 뭐네 떠드는 것을.

촌민들 죽을 죄를 졌습니다. 한 번만 용서해 주십시오.

규 (포에게) 한 번만 용서해 주시지요.

포 다음에 또 이딴 소릴 지껄이고 다녀봐라. 몸이 열 개라도 남아나지 못하게 할 테니.

촌민들 단단히 명심하겠습니다. (급히 퇴장)

포 어리석은 놈들 하는 말이라곤. 선비는 쉽게 못 쳐들어와. 왠 줄 아는가?

규 이 울창한 숲입니다. 제 아무리 빠른 말도 속도가 절로 느려지고, 제 아무리 강한 활일지라도 나무 때문에 소용이 없기 때문입니다.

포 (흐뭇하게 바라보며) 역시! (사이) 부여로 통하는 유일한 길은 이 숲이 막고 있으니.

규 해도 경계를 게을리 해선 안될 것 같습니다. 새로 선비를 통합한 자가 몹시 흉폭하다고.

포 허허 왜 이러나. 그놈들은 항상 흉폭했네. 뭐 지놈들 맘대로 할 테면 하라지. 사실 출세를 하기로야 차라리 난세가 낫네. 공을 세워 장군이 되는 거지. 물론 자네도 한몫하고.

규 저야 기껏 식량이나 져 나를 텐데요. 전쟁에는 도련님 같은 호족 豪族들만 나가시니.

포 그 활 솜씨 그 명민한 머릴 두고 식량이나 져 날라? 아니될 소리. 세상이 조금은 변해도 되네. 신분이 천하다고 실력을 묻혀 두면 무슨 나라의 발전이 있겠나. 두고 봐 내 친히 자넬 뽑아 쓸 테니.

규 정말 그래만 주신다면 얼마나.

포 두고 보라니까. 자넨 내 오른팔이 돼 전장을 누비는 거야. 광활한 야만의 땅을 함께. (사이) 참, 내일은 힘센 장정을 몇 뽑아 오게.

규 부역이라도 있습니까?

포 곧 영고 아닌가. 한 보름 사냥감들을 몰아 놔야 걸세. 이게 다 활도 제대로 못 쓰는 성안 호족들 때문이지. 한심하지 않나? 불평을 늘어놓는 것 외에는 할 줄 아는 게 없으니.

조금씩 어두워지며 걸리우는 달.

대비(大妃), 궁녀의 보필을 받으며 나온다.

대소 그녀의 모습을 바라본다.

3.

대비 당신을 떠나 보내고 저는 너무나 외롭습니다. 아무리 좋은 음식, 값진 보석, 편안한 궁궐이라도 이제 저는 뜻이 없습니다. (뜰을 거 닌다) 궁을 거닙니다. 저 어둠 속에서는 당신이 절 향해 서 있는 것 만 같아. (바삐 다가가 본다. 실망하며) 다가가 보면 그저 아득한 어 둠! 저 어딘가에서는 당신이 절 보며 손짓하는 것만 같아. (맞은 편 으로 뛰어간다. 다시 실망하며) 뛰어가 보면 그저 빈 허공! (사이) 저는 당신이 원망스럽습니다. 홀로 남겨진 제 안의 뜨거운 피는 차치 하더라도 저 어리기만 한 세자가 안쓰럽지도 않으셨습니까? 어 찌하여 당신은 그 젊은 나이에 저희를 두고 가실 수 있단 말입니 까? (한숨) 내 안의 근심이야 말로 다 이를 수 있을까. 그저 나는 혼몽할 뿐이거늘. (궁녀를 보고) 적막하구나. 어찌 궁 안에 새 한 마 리 울지 않을까. 새가 울지 않으면 흉사凶事가 일어날 징조라 하 였거늘.

한착, 대소에게 천천히 다가가며 말한다.

한착 모용외라는 자가 흥기興期하여 선비의 12부족을 다 정벌하고 나라 를 세웠다고 하더이다.

세자가 공을 가지고 나와 놀기 시작한다.

대소 모용외가 누구냐?

한착 선왕 시절에 국경을 넘보다 사로잡혔던 선우 모용을 잊으셨습니까?

대소 그는 아사餓死했지 않느냐?

한착 모용외란 그 자의 아들입니다. 그가 부여를 칠 것이란 소문이 자자합니다.

대소 그 아비는 국경의 숲 하나 넘지 못했다. 그 아들도 마찬가지일 테야.

한착 모용외는 틀립니다. 그는 야만이 길러낸 무시무시한 전사라고 하더이다. 그를 만만히 보시렵니까? 선비의 12부족을 정벌한 것은 감히 없던 일입니다. 하물며 모용외에게 부여란 치가 떨리는 원수의 땅이 아니겠습니까? (사이) 헌데 걱정입니다. (공을 가지고 노는 세자를 바라보며) 왕 되실 분이 저리 어리기만 해서야. 야만이 어찌 아니 버겁다 할 수 있겠습니까.

대소 숙부인 내가 왕을 보필하여 부여를 건사할 것이야.

한착 하여도 전쟁은 피할 수 없을 것입니다. 어린 왕이 등극할 것이란 소문은 한 마리 야생마와 같이 오랑캐에게 번지고 있으니까요. 벌써 시중엔 흉흉한 소문들로 가득합니다.

대소 우민한 백성들이 무슨 소린들 못하겠느냐.

한착 소문 중엔 대공께서 선왕의 자리를 탐낸다고 하는 소리도 있습니다.

대소 (불같이 화를 내며 칼을 뽑아든다) 감히 누가 그런 소릴!

한착 (두려워하지 않고) 세자에게는 젊은 어미가 있습니다. 대비의 집안엔 야심만만한 사람 역시 많습니다.

욕살이 들어와 대비에게 간다.

대비 세자는 잘 지내고 있던지요?

욕살 정원을 거닐기도 하고, 새로 짠 어의를 신기한 듯 걸쳐 보시기도 하며 잘 지내고 있는 줄 사료되옵니다.

대비 (안도의 한숨을 내쉬며) 그렇담 다행이지요. 저는 마음이 심란하여서 잠도 못 이루겠더이다. 어린 자식을 떠나 보낸 어미의 심정을 사람들은 쉽게 짐작할 수 없을 것입니다. 하지만 다행이지요, 잘 지내고 있다니. 행여 이 어미가 보고 싶어 울지는 않습디까?

욕살 의젓하고 의연해야 한다는 대비님의 말씀을 깊이 새기고 있더이다. (사이) 하온데.

대비 무슨 다른 문제라도 있습니까?

욕살 좋지 않은 소문이 나돌고 있습니다.

대비 좋지 않은 소문이라니요.

욕살 북방의 선비족들이 전쟁을 일으키려 한다는 소문이 돌고 있습니다.

대비 그들은 언제나 전쟁을 일으키려 했지 않습니까? 새로울 것도 없습니다.

욕살 그러함에도 시중의 소문은 세자가 어리기 때문에 전쟁이 일어나면 필시 감내하기 힘들 것이라 떠들고 있습니다.

대비 우민한 백성들의 이야긴 귀담아 듣지 않으셔도 됩니다. 우리에겐 천연의 방책과 훌륭한 장수들이 있습니다.

욕살 중요한 건 그 소문의 진원지에… 대소님께서 있다고.

대비 (놀라며) 숙부가요?

욕살 소문이 사실인지 모르겠으나 확실한 건 대소님께선 하루도 거르지 않고 어전에 출입하여 국사의 간여하고 있습니다.

대비 왕의 친척이 정치에 간여하지 않음은 불문율이거늘 어찌 숙부가 궁 안에 출입하고 정치에 간여한단 말이요! 마가, 우가, 저가, 구가 네 분, 대가大加들은 도대체 뭘 하고 있단 말입니까?

욕살 대소님이 세자의 즉위식을 핑계 삼고 있습니다. 게다가 나라가 알아주는 장사壯士가 아닙니까. 모두들 두려워 아무 말도 못할 따름이지요.

대비 숙부가 비록 미쳐 날뛰는 황소를 맨손으로 때려잡은 장사라 하나 근위병들이 있지 않습니까?

욕살	대소님도 많은 사병私兵을 거느리고 있습니다. 또한 계책에 밝은 모사謀士들마저 가득하니.
대비	(아찔해 하며) 실로 무서운 소리가 아닙니까. 이 일을 어떻게 해야 한단 말입니까?
욕살	점괘에 밝은 무당이 있다고 합니다. (무당에게) 시킨 대로, 말한 대로 하여야 한다.
무당	염려 놓으십시오.
대비	세자가 무사히 왕위를 계승할 수 있을지 점괘를 던져 보도록 하시오.

무당은 청동 화로에 손을 들이댄다. 파란 불길이 순식간에 타오른다.
우족(牛足) 네 개를 던져 넣고 대나무가지를 흔들며 주문을 왼다.
불길이 사그라지자 던져 넣었던 우족을 꺼낸다. 그것은 조각나 검게 그을려 있다.
무당이 깊게 탄식한다.

대비	무슨 점괘요? 무엇이관데 그리 깊은 탄식이오.
무당	바위가 누르고 있습니다. 연약함이 지탱하기엔 그 바위는 너무 무겁습니다 너무 육중합니다.
대비	바위는 무엇이고 연약함은 무엇이오!
무당	바위는 세자의 혈족이요. 연약함은 세자입니다. 하여 세자의 죽음입니다. 피냄새가 사방에 가득하기에 차마 볼 수 없을 지경입니다. 허나 그것조차 시작일 뿐입니다.
대비	이 일을 어찌해야 옳단 말입니까? 오라버니 정녕 이 일을 어찌해야!
욕살	당장 대공을 입궐하라 하십시오.
대비	네? 그 무슨?
욕살	후환은 띄는 즉시 쳐 없애야 합니다. 병사들을 매복해 놓고 있겠습니다.

대비	(사이) 대공께서는 입궐하시오. 세자의 즉위식의 관해 긴히 할 말이 있으니.

대비 물러선다. 욕살, 병사들을 배치한다.

한착	저들을 죽이지 않고 살 방법이 있겠습니까?
대소	(칼을 부여잡고) 허나 세자의 어머니가 아니냐. 내 어찌 그러고도 세자를 대면할 수 있을까.
한착	그 어미가 당신을 죽이려 하고 있습니다. 이 일은 당신 하나 목숨을 건사하기 위함이 아닙니다. 외척들의 흉계에 맞서 종묘를 보전하기 위해서입니다. 그것이 곧 세자를 위하는 것이고, 백성을 위하는 것이고, 부여를 위하는 것입니다.
대소	내가 어떻게 해야 하느냐?
한착	입궐하십시오.
대소	함정임을 알잖는가?
한착	대의는 명분을 필요로 하고, 명분은 그저 주어지는 것이 아닙니다.
대소	저들이 놓은 덫을 알고, 저들의 아가리로 들어간다? 불지옥임을 알고도 섶을 지고 뛰어드는 격이 아니더냐.
한착	(재빨리 갑옷을 입힌다) 이 갑옷이 당신을 살릴 것입니다. 칼끝으로는 절대 뚫을 수 없을 것입니다. 황산黃山에서 나온 철과 가죽으로 만든 갑옷입니다.
대소	황산? 말갈의 땅 아니더냐?
한착	목숨만 살 수 있다면 오랑캐의 것이면 어떻고 아니면 어떻습니까.
대소	집요한 칼날인데 나라고 비껴갈 요행히 있겠느냐?
한착	비껴갈 리야 없겠지만 살 속에 박히지도 않을 것입니다. (대비를 보고) 대소님이 행차했습니다!
욕살	(대비에게) 부디 침착하셔야 합니다.

대비	염려 놓으세요.
욕살	(마중하며) 어서 오십시오. 급작스런 부름에 당황하지는 않았는지요?
대소	허허, 별말씀을 다하십니다. 대비님의 부름인데요. (들어가려 한다)
욕살	내궐로 들어가시기 전에 무기는 모두 내려놓으셔야 합니다.
대소	(칼을 내주며) 이제 들어가도 괜찮은가요?
욕살	(한참을 제지하며) 혼자 들어가셔야 합니다.
대소	(욕살을 보고)·허허, 무던히 까다롭구려.
대비	(애써 반갑게 맞이하며) 늦은 시간에 이렇게 불러들여 무어라 드릴 말씀이 없습니다.
대소	지체한 게 아닌지 되려 제가 송구스러울 따름입니다.
대비	듣기로 세자를 극진히 보필한다고 칭찬이 자자하더이다.
대소	과찬입니다. 저야 세자의 외로움이나 달래 준 것밖에요.
대비	(조금씩 냉랭하게) 과찬이라니요. 세자의 일거수일투족까지 대공의 손을 거치지 않는 게 없다고 하던데요. 세자가 어려서 걱정이지요?
대소	세자 저하는 한없이 총명하십니다.
대비	그럴 리가 있겠습니까. 비록 얼마 후면 왕위에 오른다 하나 아직 철없는 아이일뿐이지요. 행여 대공을 심려스럽게 했다면 이 어미가 대신 사과를 드립니다.
대소	사과라니요 당치 않습니다. 무어가 절 심려스럽게 하겠습니까?
대비	아닙니다. 심려스럽지요. 어미인 저도 심려스러운데 부여에 대한 애착이 끝없는 대공께서 어련하시려고요. 불안하고 심려스럽지요. 안 그런가요?
대소	무슨 말씀을 하고자 하는지?
대비	돌려 말하지 않겠습니다. 세자가 어리다고 하나 숙부되는 이가 그렇게 자주 입궐함은 주위의 의심을 사기도 하지요. 그렇게 생각지 않으십니까?
대소	선왕의 장례와 세자의 즉위식 때문에 부득불 어쩔 수 없었지요.

대비   그만 솔직해지셔도 됩니다.

대소   황공하오나 그 진의를 잘 모르겠습니다.

대비   그럼 어디 그 진의를 제가 얘기해 볼까요? 대공께서는 혹시 부여의 영토와 권력이 그립지는 않으셨던지요? 혹시 왕의 자리가 탐나셨던 건 아니신지요!

대소   당치 않습니다! 또한 그 말씀이 도가 지나치십니다.

대비   (비웃으며) 자신을 속이려 들지 마세요. 패륜을 꿈꾸는 더러운 눈빛은 쉽게 회피할 수 없지요. 당신은 그 어린 조카를 죽이고 왕위에 오르려 하지 않았습니까!

대소   감히 제가 그럴 수 있다고 생각하십니까!

대비   대공은 충분히 그럴 수 있습니다. 왕위를 찬탈하려는 속내를 제가 모를 줄 아셨습니까? 대공은 그 어린 것을 죽이고 왕이 되려 하셨습니다!

대소   그만 하지 못하시오!

대비   대공은 무도한 자입니다! 그럼에도 살기를 바라십니까! 살 수 없을 것입니다!

욕살   죽여라!

매복해 있던 병사들이 일시에 달려들어 칼과 창을 대소에게 찌른다.

대비   (알 수 없는 환희와 절정에) 아 — !

모든 것이 정지된 듯. 잠시 후 대소가 손에 창과 칼을 잡고 뿌리치며 일어선다.

대소   (야수와 같은 목소리) 착아! 착아!

한참, 기다렸다는 듯 뛰어들어오며 찢어질 듯한 휘파람.
대소의 자객들이 무대 곳곳에서 솟구쳐 나온다.

대소의 자객들의 의한 피의 살육.

대소 성큼성큼 대비에게 다가간다. 대비는 두려워 몸을 뺀다.

대소　가증스럽고 요망한 것!

대소는 대비를 몇 번이나 칼을 휘둘러 살해한다.

바람이 무대로 휘몰아친다. 여와가 바람소리에 놀라 뛰쳐나온다.

그녀는 몸을 가까스로 버티며 어둠 속을 두렵게 응시한다.

4.

여와는 부러진 생명나무의 가지를 붕대로 감고 있다.

여와　어젯밤 바람에 네가 아팠구나. 네가 아팠겠구나.

붕대를 다 감고 망연히 초점 없는 시선을 보낸다.

여와　왜 이리 마음이 불안한 것이냐. 벌써 나는 이레째 폐허의 꿈만 꾸
　　　　었다. 불타 버린 숲, 불타 버린 왕궁, 불타 버린 사람들 끝도 없는
　　　　살육의 꿈을 꾸었다. 부여의 단 한 곳이라도 피가 흐르지 않는 곳
　　　　은 없었다. 차마 이곳조차도. 내 마음아, 왜이리 두렵고 무서운
　　　　것이냐.

생명나무의 정령(精靈)이 나온다.

나무　조금씩 균열이 가는 이 지구의 슬픈 소리 듣는다. 조금씩 식어 가
　　　　는 이 지구의 겨울은 닥칠 것이다

여와　겨울이라니요? 균열이라니요? 제가 본 그 꿈이 다가올 실재란 말

입니까?

나무 저 달조차 핏빛이구나. 선량한 자조차 악해지겠구나. 모두가 복수만을 꿈꾸는구나. 모두가 자신의 욕망을 위해 날뛰는구나. 아, 끝내 하늘님마저 등을 돌리는구나.

여와 (간절하게) 신이여. 당신은 온갖 파괴의 말을 하고 계십니다. 제발 그 말들을 거둬 주세요.

나무 가련하구나 여와여.

여와 한 뼘의 햇빛, 한 줄기 소나기도. 한 떨기 꽃, 한 여린 미풍마저 당신으로 귀결되었음을 —. 이 땅의 나라 무당으로 태어난 제가 할 수 있는 일이 아무것도 없단 말입니까!

나무 어리고 가련한 예언자여.

여와 저는 예언자, 미래의 재앙을 알고 대비하는 자. 부디 저주의 말씀을 거두시고 재앙의 늪에서 저희를 도와주소서.

나무 (그저 먼 데를 바라보며) 우리는 눈앞의 달콤한 무화과를 위해서 잠시 후의 사망을 잊고 산다. (한 곳을 응시하다 눈을 감으며) 불행은 이미 찾아왔구나.

대비와 욕살, 궁녀, 자객들이 들어선다.
그들의 피묻은 옷, 창백한 얼굴이 영혼임을 말한다.
그들은 생명나무를 타고 하나, 둘 하늘로 사라진다.
그러나 대비만은 올라갈 줄 모르고 무표정하게 서 있을 뿐이다.

여와 (다가서며) 영혼인가요?

대비 (미동도 않고 서 있을 뿐)

여와 어찌 나무를 타고 하늘로 오르시지 않으십니까?

대비 (고개를 돌린다) 기다려요.

여와 기다리다니요?

대비 기다려요.

여와 누굴 기다린다 말입니까?

대비	기다려요.
여와	도대체 누굴?
대비	저… 기!
여와	저기?

대비가 가리키는 곳으로 공이 하나 굴러 들어온다.
뒤따라 세자가 들어온다. 커다란 어의를 걸치고 있다.
세자는 그 자리에 오두만히 서서 그저 조금씩 울음을 운다.

여와	울고 있는 당신은 누구인가?
세자	짐은 왕이다.
여와	왕이라고? 돌아가신 건 선왕이지 않은가?

세자는 입고 있던 어의를 들춰 보인다.
허연 갈비뼈가 흉측하게 가슴을 뚫고 나와 있다.

세자	이 — 몸 — 을 — 보라! 짐은 죽었다. 짐은 죽었구나. 부여의 나라 무당이여 그대는 나의 원한을 보라. 나의 원통을 보라. 그리하여 나를 증거하라.

여와는 뒤로 물러선다.
세자는 어의를 추스르고 다시 공을 가지고 논다. 공을 놓친다.
대소가 공을 주워 들고 세자에게 다가온다.

대소	(공을 써주며) 날이 춥습니다 전하.
세자	저는 전하가 아닙니다. 전하는 아버지잖습니까?
대소	이제 세자 저하께옵서 왕이시며 전하가 될 것입니다.
세자	(사이) 저는 어머니가 보고 싶을 뿐입니다. 꼭 제가 해야 되는 것이 아니라면 숙부님이 하십시오.

대소	(사이) 누, 누가 들을까 두렵습니다.
한착	(나오며) 손만 뻗으면 세상의 주인이거니와 한낱 작은 양심 때문에 괴로워하십니다.
대소	나를 모욕하려 들지 마라. 나의 충성과 괴로움은 진정이다.
한착	대비의 일로 머지않아 저희는 곤경에 처할 것입니다. 허나 나라를 망칠 교활한 여우를 죽인 것을 후회하지는 않습니다.
대소	무슨 말을 하고 싶은가, 한착?
한착	부여를 위해서 세자 저하는 살 수 없습니다.
대소	한착!
한착	시대의 흐름은 강한 왕을 요구하고 있습니다. 하오나 세자는 너무 어리십니다. 그것은 약한 것입니다.
대소	지금까지는 못 들은 것으로 하겠다. 허나.
한착	부여의 현실이 어떻습니까? 대가大加들은 사리사욕에만 눈이 멀어 있으며 외척들은 세자를 이용해 정권이나 잡으려 했지 않습니까? 그뿐입니까. 선비족은 원수를 갚겠다며 부여를 노리고, 반도의 몇몇 나라들은 국력을 키워 서서히 목줄을 조여오는데. 게다가 노예인 맥족마저 자신들의 권리를 주장하며 호시탐탐. 제발 현실을 직시하십시오. 전하!
대소	전하! 전하라고 하였느냐?
한착	당신은 이미 왕이십니다. (사이) 부여가 살아남을 길입니다. 애써 선과 악을 분별하려 드시지 마십시오. 제왕 되실 분은 오직 대의大義에 의해서만 사십니다. 무엇보다 부여를 생각하십시오. 부여를. (사라진다)

세자는 또다시 공을 놓친다.
대소 공을 주워들고 세자에게 다가간다.

대소	(팔을 벌리며) 날이 춥습니다. 안기십시오.
세자	(안기며) 숙부의 품은 언제나 따뜻합니다.

대소　시절은 한없이 수상한데 겨울은 이리도 빨리 찾아왔습니다.

세자　숙부에게서 아버님의 냄새가 납니다.

대소　(사이) 많이 그리워하십시오. 어찌 아니 그리우시겠습니까.

세자　아버지도 어머니도 보고 싶습니다.

대소　(세자를 안은 팔에 서서히 힘을 주며) 낙엽이 집니다. 북쪽에서 불어오는 찬바람에 이렇게 지는 것이지요.

세자　(움찔하며) 숙부! 숨이 막힙니다.

대소　(더욱 힘을 주며) 북쪽으로는 야만의 무리들이 날뛰고 있다고 합니다. 막지 못하면 부여의 백성들이 곧 저 낙엽이 될 것입니다.

세자　(밀어내며) 숨이, 숨이 막힙니다. 숙부 팔의 힘을 푸십시오. 현기증이 나는 것만.

대소　(눈을 질끈 감고 더욱 힘을 주며) 시절이 수상한데 현기증 나지 않는 것들이 있겠습니까. 모두가 어지럽지요. 예, 모두가 어지러울 따름이지요!

세자　(버둥거리며) 숙부 숨이. 제발 숨이… 숙부!

대소　(격렬하게) 모든 것들이 혼돈에 있습니다. 자식이 어버이를, 어버이가 자식을, 어미가 지아비를, 지아비가 어미를 신하가 군주를 서로가 서로를 알아보지 못하고 있습니다. 땅과 하늘이 선과 악마 저 뒤섞여 혼돈입니다. 혼돈일 뿐입니다.

세자　(얼굴이 파랗게 질려) 숙부 살려. 숨이. 살려. 숙부 —!

대소　(마지막으로 완력을 쓴다. 뼈 부러지는 소리) 저의 야박함을 원망하십시오! 저의 부덕함을 욕하십시오!

　　　대소는 세자가 죽었음에도 한동안 팔의 힘을 풀지 못한다.
　　　그저 정적 속에 버려진 듯. 몸을 풀고 두려움에 질려 황망히 일어난다.
　　　손을 응시하며 몇 발자국 물러선다.

대소　더러운 손아, 네가 무엇을 했느냐? 존속을 살해한 잔인한 손아, 이네 네가 더 이상 무엇을 두려워할 수 있겠느냐? 아 — 이제 나는 하늘을 바라볼 수 없겠구나! 인간의 심성으로 더 이상 살 순 없을 것이다. 그저 괴로워하지도, 두려워하지도 않는 짐승의 마음으로 살겠구나. (미친 듯) 아, 불이다 ─! 불이다 ─! 불이다 ─!

갑자기 어두워지며 불길들만 길길이 날뛰기 시작한다.
호각 소리, 기분 나쁜 비음(鼻音)들이 넘친다.
여와, 뒤쳐나와 두렵고 고통스럽게 외친다.

여와 불이다 ─! 불이다 ─! 저 광란의 불빛이여, 불이다 ─! 저 착란의 불빛이여, 불이다 ─! 어둠을 더욱 어둡게만 하는 불이다! 오, 불이다 ─ 불이다 ─ 불이다 ─!

그 불길은 사냥감을 몰아넣고 있는 규와 포, 여러 장정들의 횃불이었음이 드러난다.

5.

장정들 호각을 불며 퇴장한다.

포 이만하고 내려가도록 하자.

규 그래도 되겠습니까?

포 이 정도면 눈감고 쏜 데도 안 맞을까.

규 저번엔 몰이를 잘못해놨다며 불평이 대단했지 않았습니까?

포 그놈들이야 언제나 그렇지. 성 안에 산답시고 나 같은 지방 호족들만 보면 우습게 여기는지. 생각할수록 기분이 언짢아지는군.

규 괜한 말을 했나 봅니다.

포 두고 봐라. 성 안에 놈들이 내 발밑에서 굽실거릴 날이 멀지 않으니. 이번 사냥대회의 일등은 내 차지가 될 테니까.

포의 지척에서 불빛이 날카롭게 번쩍인다.

포   (놀라) 호랑이다!

규   (활을 집어든다)

포   침착해라 규.

규   (시위를 매긴다)

포   한 방에 목을 꿰지 못하면 내가.

규가 화살을 날린다. 쿵 하는 소리.

규   괜찮습니까?

포   (한숨을 몰아쉬며 일어선다) 고맙구나 규. (호랑이를 내려다보며) 대단한 물건이다. 정말 훌륭하구나!

규   (흥분해서) 호랑이는 처음입니다. 노루니 사슴이니 다 이곳에 몰아 놓았더니 이놈이 내려왔나 봅니다.

포   (수긍하며 흐뭇하게) 덫을 놓아 잡은 것은 본 적 있지만 정말로 이놈을 활로 잡을 수 있다니. (다시 한번 포옹하며) 정말 장하구나.

규   사람들을 불러야겠습니다.

포   (뭔가 생각한다) 잠시만.

규   예?

포   (정색을 하며) 너는 이제 내 생명의 은인이다.

규   별 말씀을 다하십니다.

포   아닐세. 자네가 아니었다면 난 틀림없이 호랑이 밥이 됐을 거라구.

규   자꾸 그러시니 부끄럽습니다. 할 일을 했을 뿐인 걸요.

포   (의미심장하게) 한 번만 더 살려 주게.

규   예?

포   저 호랑이를 내게 달란 소릴세.

규   (무슨 말인지 모르겠다는 듯)

포	아주 달라는 게 아니고 잠시만 빌려 달라는 소리야. 그러고 난 후 호랑이는 물론이거니와 두 배 되는 돈을 함께 줌세.
규	무슨 말씀이온지.
포	자네에게 저것이야 호피를 팔아 약간의 돈이나 되겠지만 내게 저 놈은 더 할 수 없는 명예가 되지 않겠나? 생각해 봐. 이번 사냥대회 때 저것을 잡았다고!
규	!
포	허나 평생에 한번 구경할까 말까 한 저런 물건이 그 소란스런 와중에 내려와 줄 리 만무하고. 은혜는 잊지 않겠네. 허고 내가 장군이 되야 자네 역시 그 지긋지긋한 노예 신분을 벗을 게 아닌가.

6.

호수, 맑은 물빛과 파란 안개.
소와, 누군가를 기다리며 서성이고 있다.

규	(뛰어오며) 소와님!
소와	(짐짓 화난 표정) 참 일찍도 오셨네요. 어쩐 일이세요. 이렇게 일찍?
규	몰이가 이제야 끝난 걸요. 화나셨군요.
소와	(새침하게) 한두 번이라야 화도 나는 법이에요.
규	그만 화 푸세요. 보고 싶어 이렇게 줄곧 달려온 걸요.
소와	(약간의 원망) 얼마나 오랫동안 기다린 줄 아세요? (품에 안기려고 하다가) 피!
규	어, 어쩔 수가 없었답니다.
소와	숲에 있는 것들 중에 착하지 않은 것은 없어요. 함부로 죽여선 더더욱 안되구요.
규	하마터면 도련님이 다칠 뻔한 걸요.
소와	전 그 사람이 싫어요. 당신을 데리고 다니면서 이렇게 살생이나

하게 하고.

규　　그래도 도련님은 여느 호족들과는 틀린 걸요.

소와　뭐가 틀리죠? 호족들이란 그럴듯한 말로 치장하다가도 중요한 순
　　　간엔 비겁해지기 일쑤잖아요.

규　　우리 도련님은 그렇지 않데두. (웃으며) 알겠어요. 앞으론 소와님
　　　말대로 함부로 살생하지 않을 게요. 약속해요. 그러니 그 이야긴
　　　그만해요.

소와　약속했어요 분명히? 좋아요. (사이) 근데 뭐가 좋아 그렇게 그 사
　　　람이랑 같이 다니죠?

규　　(웃으며) 소와님은 어쩔 수 없다니까요. 꼭 끝을 보시려 하시니. 예,
　　　도련님이 장군이 되면 절 장교로 뽑아 쓰겠다고 맹세했거든요.

소와　왜? 무슨 수로? 그리고 무엇 때문에? 게다가 그가 당신한테 왜 그
　　　런 맹세를 하죠?

규　　그, 그건. 아무튼 말할 수 없는 그런 것이 있답니다.

소와　사내들만의 약속? (다시 새침해져서) 말하기 싫은가 보죠. 됐어요,
　　　별것도 아닐 텐데 뭘.

규　　(미소를 지으며) 그럼요. 별거 아니랍니다.

소와　(여전히 새침해져서) 장교가 되는 게 뭐가 좋다고 그런 걸 받아들였
　　　죠?

규　　전 소와님과 결혼할 거예요 꼭. 지금은 방법이 없지만 장교가 되
　　　면 틀려진다구요.

소와　(얼굴이 어두워지며) 전 결혼할 수 없어요.

규　　(놀라서) 소와님은 신내림을 받지도 않았잖아요. 여와님이라면 모
　　　를까.

소와　그래요, 언니가 소도의 무당이 되었죠. (혼잣말처럼) 저는 저주를
　　　받고.

규　　뭐라고 하신 거죠?

소와　(말을 돌리며) 아니, 아무 말도. (규의 얼굴을 응시하며) 당신은 생각나
　　　나요? 예전에 처음 봤을 때. (품에 안기며) 이상하죠. 저는 요즘 그

때 생각이 자꾸 나요. 당신이 저희 당집에 처음 왔던 날. 당신은 그저 조그만 아이였는데 당신의 몸보다 몇 배나 더 큰 땔감을 부려놓고 가곤 했잖아요. 저는 소도에서 나고 자랐어요. 또래의 아이는 단 한 명도 볼 수 없었죠. 더더구나 남자는. 오직 어머니와 언니와 저. 셋만이 살았는데. 어느 날 당신이 왔던 거예요. 지금 생각해 보면 그저 꿈처럼 말이죠.

규 　전 그때만 생각하면 아직도 식은땀이 흐르는 걸요. 소와님이 마루에 걸터앉아 이렇게 턱을 괴고. (턱을 피는 시늉) 땔감을 내리는 절 얼마나 빤히 쳐다보던지. 전 그때 오해했죠. 당신이 절 그렇게 쳐다보는 것이 제 남루한 차림을 놀리는 것만 같았으니. 아버지만 몸져 눕지 않았어도 정말 다신 가고 싶지 않은 곳이었죠.

소와 　(웃으며) 그랬어요? 전 당신이 그저 신기해서 바라봤을 뿐인데. 저렇게 조그만 아이가 어떻게 그렇게 큰짐을 지고 오는지 신기해서. 그러다 얼마 안돼 당신이 조금씩 안쓰러워졌어요. 당신의 어깨엔 종종 피멍이 맺혀 있는 게 보였거든요. 점점 당신이 그리워지더군요. 올 때가 됐는데 오지 않는 날은 걱정스럽기까지 했어요. 오다가 발을 헛디딘 게 아닐까. 맹수에게 물려간 건 아닐까.

규 　(웃으며) 맹수들이 미쳤답니까. 그렇게 깡마른 아일 뭐 먹을 게 있다고.

소와 　(짓궂게) 하긴 괜한 염려였죠. 그때 당신은 참 볼품이 없었으니까. (웃음, 사이) 그러다. 그러다 당신이 조금씩 사랑스러워지는 거예요. 땀에 흠뻑 젖어 있는 당신을 보면 안쓰럽기도 하고 그런데 가슴이 뛰고, 그저 물이라도 떠다 주고 싶고. 그저 당신이 그렇게 있어만 줘도 얼마나 행복한지. (사이) 안아주세요.

규 　(안아준다)

소와 　그때 당신은 버들개지를 잘라 피리를 불며 오곤 했죠. 듣다 보면 조금씩, 조금씩 슬퍼져 종내는 제 몸이 온통 수분으로 가득 차는 것 같았으니. (사이) 불어줘요.

규 　지금?

소와	(끄덕이며) 지금.
규	(피리를 분다)
소와	(혼잣말처럼) 마음이 심란해요. 언니의 낯빛이 그렇게 질려 있는 것은 처음이에요. 차마 볼 수 없는 광경을 보는 듯 심한 두려움에 혼절까지 하고. 언니가 그럴수록 제 마음은 더욱 미안해져요. (들릴 듯 말 듯) 신내림을 받은 것은 사실 저였죠. 저는 강하게 거부했어요. 죽어도 받지 않겠다고 신들이 저주하며 제 몸을 떠나갈 때까지. 차마 당신 때문에. 하지만 그 저주, 죽음으로만 우리의 사랑이 이뤄진다니 우리는 이제 어째요.

여와 나온다. 대비와 세자의 혼령이 여와를 따라 다닌다.

7.

여와	제발, 죽은 자가 산 자를 죽일 수는 없어요!
대비	당신은 부여의 나라 무당이 아닙니까? 나라 무당이 무엇이에요? 나라의 흥망을 예언하며 바른 길을 제시하는 사람이잖아요. 그런데 어찌하여 왕가의 존속을 살해하고 부여를 강탈한 자를 알고도 마치 아무 일 없었다는 듯 침묵하려고 드시는 것이죠!
여와	하여도 그 죄를 묻는 것은 살아남은 자들의 몫입니다.
대비	아뇨! 살아 있는 자들은 그저 침묵할 따름이니까.

마가(馬加), 우가(牛加), 저가(豬加), 구가(狗加) 네 대가(大加)들이 나온다. 그들은 각각 말, 소, 돼지, 개의 형상을 한 가면을 썼다.

마가	세자가 돌아가셨다고 합니다.
우가	기도가 막혀 돌아가셨다고도 합니다.
저가	즉위식을 코앞에 두고 갑자기 기도가 막히다니.

구가	대소님이 하필 옆에 있었다지요?
마가	의심스럽습니다.
우가	심히 의심스럽습니다.
저가	사인을 철저히 가려야겠지요.
구가	물어 무엇하겠습니까. 그럼 제가평의회를 열도록 하지요.
마가	세자를 검시하는데 모두들 이의가 없습죠?
우가	이의가 있을 리 없지요.
저가	물론입니다. 한 점 의혹마저 소상히.
구가	밝혀내야지요. 시의侍醫는 들어오라.

시의가 들어와 하얀 천을 깔면 세자가 다가와서 눕는다.

마가	온몸이 흥분됩니다.
우가	벌써부터 기대가 됩니다.
저가	떨립니다. 결과에 따라서.
구가	하필 곁에 있던 대공은.
대가들	위험하겠지요. (비열스럽게 웃는다) 검시하라.

시의가 세자의 옷을 들추고 죽음을 확인하려 한다.
대소와 한착이 들어온다. 단칼에 시의를 베리친다.

대소	누가 감히 옥체의 칼을 댈 수 있단 말이냐! (마가에게 다가가서) 마가요?
마가	(두려움에 손을 젓는다)
대소	(우가에게 다가간다) 우가요?
우가	(손을 급히 버젓는다)
대소	그렇담 저가군요?
저가	(더 급히 손을 버젓는다)
대소	(구가에게 다가가서) 구가였소!

구가   (더 세게 손사래를 친다) 아니, 아닙니다.

대소   시의가 혼자 와서 검시하려 했단 말이요!

마가   저희는 그런 뜻이 아니었습니다.

대소   그런 뜻이 아니었다면?

우가   대소님이 의심받을까 하여.

대소   내가 의심받을까 염려스러워 검시를 하였다?

대가들   그, 그렇습니다.

대소   대가들의 배려는 고맙지만 옥체의 손을 대는 것은 있을 수 없는 일이오. 하물며 칼이랴! 일찍이 대역죄로 삼족을 멸하였거늘 참살을 면키 힘들 것이오! 한착, 저자들의 목을 잘라 성문 밖에 걸어 두라!

대가들   (일시에 꿇어앉으며) 살, 살려 주시오. 제발 한 번만 살려주시오.

대소   (한착을 보며) 한착, 저들이 목숨을 구걸하며 살려 달라는데 어찌해야 하오?

한착   명예로워야 할 대가들이 구차하게 목숨을 구걸하는 것은 있을 수 없는 일입니다. 의연하게 죽음을 받아 들이라 하십시오.

대소   (조용하고 차갑게) 명예롭게 죽어라. 나 역시 살리고 싶지만 여론이 죽이라 이르니 너무 원망치 마라.

대가들   살려만 주신다면 무엇인들 못하겠습니까. 제발 목숨만.

대소   (한착에게) 저들이 저리 애걸하니 내 마음이 흔들리는구려. 아직도 죽여야겠소?

한착   백 번 죽어 마땅하나 한 가지만 여쭤 보십시오. 왕위를 어떻게 하였으면 좋겠는지.

대소   대가들은 왕위 계승에 대해 어떤 의견들이 있으시오?

대가들   예?

한착   세자가 저리 돌아가셨으니 왕위를 누가 계승하는 것이 마땅하냔 소리요.

대가들   제위에 대한 문제는 어려운 것입니다.

한착   죽이십시오!

대가들　아닙니다! 세자께서는 형제가 없으시니 세자의 숙부이며 선왕의 동생이신 대소님께서 왕위에 올라야 마땅합니다.

대소　비록 죄가 크다고 하나 잘못을 뉘우침에 소홀함이 없고, 비록 그 죄가 깊다고 하나 그동안 부여를 위한 공로가 있을지니 백 번 참작하여 살려 준다!

대가들　(안도의 한숨을 내쉰다)

대소　그렇다 하더라도 대역죄인이라 관직은 마땅히 파해야 옳을 것이로되. (대가들 놀라 쳐다본다) 나를 추대하고 나를 섬기면 행여 유지할 수 있으리라! (칼을 들고 마가, 앞으로 걸어간다) 마가야 나는 네가 그냥 말馬이 되었으면 좋겠다. 할 수 있겠느냐? (목의 칼을 들이댄다. 고개를 끄덕이는 마가) 좋다, 너는 이제부터 말의 소리로 울어라. 어서!

마가　(말소리를 흉내낸다)

대소　(우가 앞으로) 우가야, 나는 네가 그냥 소나 되었으면 좋겠구나.

우가　(소 울음을 흉내낸다)

대소　(저가 앞으로) 저가는 그럼 돼지가 되어야 옳겠구나!

저가　(돼지처럼 꿀꿀거린다)

대소　(구가 앞으로) 개처럼 짖어라!

구가　(개처럼 짖기 시작한다)

한착　짐승 같은 것들이니 언제고 오늘의 기억을 잊을까 염려스럽습니다. 목에 쇠사슬을 묶어 끌고 다니심이 옳겠습니다. (대가들을 보고) 너희는 제가평의회를 열어 대소님을 추대하고 왕이 되었음을 만백성에게 공표하라.

대가들　그대 만백성의 왕이시여! 그대 부여의 왕이시라!

한착　(대소를 보며) 이제 하늘의 제가만 남겨 놓았습니다. 물론 다분히 형식적인 절차입니다만 백성의 인심을 얻어야 하니 이번 영고는 소홀함이 없어야 할 것입니다.

대소　그렇게 하겠다. 성대하게 준비하라. 그 죄가 가벼운 죄인들은 풀어주고 사흘 낮, 사흘 밤 동안 축제는 끊이지 않아야 할 것이다.

이번 사냥대회 때는 나 역시도 여러 귀족들과 더불어 참가하겠다. 가장 훌륭한 것을 잡는 자는 친히 포상하고 부여를 위해서 소중히 거두어 쓰겠다.

대가들과 한참, 대소 자리로.

대비　(여와를 보며) 이제 누가 저 자의 죄를 묻지요?

여와　(갈등하며) 신이여!

대비　당신이 보고 있는 미래를 저 역시 봅니다. 저 자로 인해 부여가 멸망할 것과 수많은 신들을 살해할 자 역시 저 자라는 것을!

여와　(사이) 불은 타올랐습니다. 신이여, 그리고 저는 이제 한 줌의 물이라도 끼얹어야 합니다.

나무　(그녀를 안쓰럽게 바라보며) 들끓는 기름불이구나. 한 줌의 물이야 속절없이 번지게만 할 뿐인 것을. 네게 차마 못할 고통만 따르는 것을.

여와　고통이라 할지라도, 희생이라 할지라도!

나무　빛이란 빛은 모두 잃고 어둠 속을 떠도는 것을.

여와　심해의 어둠, 차갑고 황량한 우주의 어둠이라 할지라도.

사방에서 컹컹거리며 개 짖는 소리.

대비　원수여, 네가 오기만 기다렸다. 여와여 신수神獸의 몸을 주소서.

여와, 대비에게 상상 속에서나 존재할 짐승의 탈을 씌운다.

대비　세자여, 너는 원수를 유혹할지니.

여와, 세자에게 하얀 사슴의 탈을 씌운다.

소리   호랑이를 잡았다!

포와 규 호랑이를 끌고 나온다. 뒤따라 대소와 한착, 대가들 나온다.

대소   (나오며) 훌륭하구나. 이것을 누가 잡았느냐?

포   (읍하며) 이 지방 호족의 아들 포라고 하옵니다.

대소   대단한 솜씨다. 한착, 이번 사냥은 더 이상 볼 것도 없지 않은가?

한착   일찍이 본 적 없는 커다란 호랑이입니다. 게다가 단 한 방에 목줄을 꿰었습니다.

대비   (세자를 어루만지며) 원수다. 가시오! 가서 유인해 오시오. 기다렸다 단숨에 원수의 목줄을 끊을 테니!

세자 뛰쳐나온다.

대소   오, 저 찬란한 은빛을 보아! 내가 직접 잡겠다.

활을 들고 세자를 쫓아간다.
도망가던 세자, 멈춰 서 대소를 바라본다.
대소, 숨을 고르며 시위를 매긴다. 그때

대비   죽어라, 더러운 자여! (목을 물며 원통히 달려든다)

대소   (비명)

한착과 포와 규, 무사들 누구 할 것 없이 놀라 바라본다.
하지만 대소와 대비는 뒤엉켜 있다. 모두 손을 써 볼 엄두를 못 낸다.
보다못한 규가 활을 쏜다. 정확하게 대비의 목을 꿰뚫는 화살.

대비   (쓰러진다) 아 — 원수여! 원통하구나, 너를 죽이지 못함이여! (증오스럽게 바라보며) 내 너와 네가 강탈한 나라를 저주하노니 십 년 안에 멸망하리라. 기갈과 배고픔에 멸망하리라.

8.

어지러운 연회. 대소는 많이 취해 있다.

대소   벼슬도 싫고 황금도 싫다? 허, 무에 다른 것이 있더냐? (사이) 주
      저 말고 말해 보아!

규   사랑하는 사람이 있습니다. 혼인케 해 주십시오.

대소   (실소하며) 내게 허락받고 말 게 있을까. 하면 될 게 아닌가?

규   제관의 딸입니다.

한착   제관의 자식은 귀족들과만 결혼할 수 있습니다. 저 자는 하호의
      신분입니다.

대소   방법이 없단 말인가?

한착   왕의 뜻으로 할 수 없는 일은 없습니다. 벼슬은 귀족들만 하는 것
      이니 저 자에게 벼슬을 내리시면 당연히 결혼도 이뤄지지 않겠습
      니까.

대소   (크게 웃으며) 그러니 그게 벼슬을 달라는 소리가 아니더냐? 그럼
      그렇지. 아까 벼슬이 싫다는 소리는 순 거짓이었구나.

규   아, 아니옵니다.

포   (어두워진 얼굴로 대소와 규를 쳐다본다)

대소   사내라면 모름지기 욕심이 있어야 하는 법. 은인에게 그깟 벼슬
      이 대수랴. 한착 무슨 자리를 내려주면 좋겠느냐?

한착   활 솜씨가 과히 신기에 가깝더이다. 장교인 대사자로 거두시면
      크게 쓰일 때가 있을 것입니다.

대소   내 마음도 그러하다. 내일 즉위식을 끝내고 대사자에 봉하도록
      하라. 그렇군 오늘 같은 날, 자네가 그토록 사랑해마지 않는 여인
      이 빠질 수 있느냐. 기별해서 참석토록 하라.

포, 어두워진 얼굴로 자리를 벗어난다.

포   규가 대사자가 되었다. 기껏 호랑이는 아무것도 아니었구나. 이제 종으로 부리던 자에게 도리어 머리를 조아리게 생겼으니 이 무슨 망신이냐. (규를 바라보며) 너만 아니었다면 모두 나의 것이 되었어야 할 것들이 아니냐. 너는 웃고 있구나. 주인 위에 올라간 것이 마냥 즐겁기만 한 눈치구나. 아, 이 무슨 치욕이냐!

대소   안주가 없구나!

마가   (득달같이) 가져오도록 하겠습니다.

대소   아니, 아니다. 숲에 넘치는 게 사냥감이다. 내 손수 잡아오지. (일어나려다 비틀거린다. 대가들 부축하려 하자 거칠게 뿌리치며) 취하지 않았다! 활, 활을 다오!

우가   (두렵게) 취, 취하셨습니다.

대소   자꾸 누가 취했단 말이냐? 왕은 취하지 않는다! 활을 다오.

저가   과하였습니다. 고정하십시오.

대소   (술상을 뒤엎는다) 활!

구가   (두려움에 떨며 활을 내준다)

대소   (활을 받아들고 시위를 매긴다. 비틀거리며 주위를 돌아다닌다) 여기! (마가를 겨냥한다. 겁에 질린다) 여기! (우가를 겨냥한다. 겁에 질린다) 여기! (저가를 겨냥한다. 겁에 질린다) 여기! (구가를 겨냥한다. 겁에 질리는 모습에 만족한 듯 웃으며) 살찐 안주들이 가득하구나. (정색하며) 천치 같은 것들. (숲속 어둠을 응시하며) 옳지, 저기 무슨 소리가 나는구나.

세자가 흰 사슴의 탈을 쓰고 나온다.

세자   숙부!

대소   (활을 들고 다가가며) 저기 소리가 나는 군. 좋은 안줏감임에 분명할 게야.

한착   뭐가 있다고 그러십니까?

대소 (점점 더 다가가며) 하얗게 일렁이는 저것이 보이지 않느냐! 됐다. 내가 잡을 테니.

세자 숙부! 날씨가 춥습니다. 너무 춥기만 합니다.

대소 (두려움에 떨며) 가, 가까이 오지 마라!

세자 춥습니다. 숙부의 따뜻한 품에 안기고 싶습니다.

대소 (시위를 팽팽히 당기며) 다가오지 말래도!

세자 다시 절 안아주실 수 없나요. 그렇담 숲을 태워 주세요. 숲을 태워 절 따뜻하게 해 주세요.

대소 가라, 다가오지 마라! 다가오면 쏘겠다!

세자 또다시 절 죽이려 드십니까? 이 몸을 보고도 또다시 죽이려 드십니까? (어의를 열어 젖힌다, 드러나는 허연 뼈) 믿었거늘 어이하여 절 죽이셨습니까!

소와가 들어온다. 대소는 두려움에 질려 화살을 날린다. 세자 사라진다. 소와의 비명.

대소 (땀을 뻘뻘 흘리며 한착에게) 세자다. 세자였다!

한착 취하셨습니다. 이 처녀가 다칠 뻔했습니다.

대소 (비로소 소와를 보며) 누구냐?

소와, 놀란 가슴이 진정되지 않아 말을 못한다.

규 (대신하여) 말한 제 연인입니다.

대소 (소와를 멍하니 쳐다보며) 이름이 무엇인가?

규 소와라고 합니다.

대소 미안하구나. 내가 놀라게 했다. (정신이 없는지 활을 거두고 성큼성큼 자리로 돌아간다)

규 (소와에게) 진정하세요. 전하가 조금 취하였습니다.

대소 (소와에게 잔을 권하며) 결례를 용서해 주구려.

소와	괜찮습니다.

불빛에 그녀의 아름다움이 드러난다.

대소	(흠칫 놀라) 아름답다. 이렇게 아름다운 여인이 있었더냐. (정신을 차리고 소와에게) 소와라 하였더냐?
소와	그렇습니다.
대소	(뚫어지게 쳐다보며) 제관의 딸이라 하더구나. 어디 어떤가? 나로 인해 흥이 깨졌으니 네가 신무라도 추어 보는 게?
소와	비록 제관의 딸이라고 하나 부덕하여 제대로 배우지 못하였습니다.
대소	괜찮다. 사양 말고 추어 보아라.

소와, 망설이다 부끄럽게 일어난다.
처음에는 수줍은 듯 작은 몸사위로.
이내 온전히 춤과 몸이 혼연이 된다.
모두들 숨을 죽인다.
대소는 거의 탄식에 가까운 한숨을 뱉는다.
자리에 일어나 나온다. 한착이 뒤따른다.
포가 그 모습을 유심히 지켜본다.

한착	무엇을 괴로워하십니까? 아까 부여를 저주한 짐승의 말 때문이었습니까?
대소	어림없는 소리. 두고 보아. 그 요망한 짐승의 말 때문이라도 부여를 더 없이 강하고 부유한 나라로 만들 게야. 십 년 안에.
한착	그렇다면 무얼 괴로워하십니까?
대소	나는 괴롭지 않다.
한착	저는 심란한 연유를 알고 싶습니다.
대소	나는 정말 아무것도 괴롭지 않구나.

한착	자꾸만 부정하시니 당신은 괴롭습니다.
대소	(탄식) 그렇게 아름다운 꽃을 본 적 없다. 그렇게 향기로운 꽃도 본 적 없다. 허나, 주인 있는 꽃임에 이제 탄식밖에 무엇이랴!
한착	미인과 추녀의 차이란 그저 얼마 안되는 살갗의 두께입니다.
대소	그 얼마 안되는 살갗의 차이로 나는 이토록 괴롭지 않으냐.
한착	(사이) 꼭 저 여자여야만 합니까.
대소	아직도 세상엔 가질 수 없는 것들로 가득하구나.
한착	세상에 소유하지 못할 것은 없습니다. 더구나 왕은.
대소	생명의 은인이다. 그의 여자다.
한착	그도 왕의 백성이요, 왕의 소유입니다. 결국 그의 것은 왕의 것입니다.
대소	(주저하며) 신의 없는 자라 하지 않겠느냐.
포	(나오며) 생명의 은인이 아니라면 신의 없다 하지도 않을 것입니다.

9.

여와, 청동거울과 청동방울, 청동검을 꺼내 날을 세운다.

나무	네 안에 가져서 안될 마음이 있구나.
여와	용서하세요. 늦지 않았다면 저라도 그 불을 꺼야만 합니다. (제단으로)
나무	(안타깝게) 그 불이 어디 누구 하나의 것일까. 수많은 인간의 갖은 욕망의 불들이 뒤섞여 타오르는 것을.
한착	(갑옷을 가지고 오며) 입으십시오.
대소	지금 내가 자객들이 득실거리는 대비의 처소에 가는 게 아니다.
한착	어제 그 자의 말을 잊으셨습니까? 다른 건 알길 없지만 제관이 전하를 저주했단 소리는 사실인 것 같습니다.

대소　사실이라!

한착　그것이 사실이라면. 아니, 그것은 사실이어야 합니다. (옷을 걸쳐준다. 대소, 순순히 갑옷을 입고 그 위에 흰옷을 입는다) 그것이 사실이라면 신관들에게 빼앗긴 하늘을 되찾고, 간절히 원하시는 여인까지 일거에 얻을 것입니다.

대소, 제단 앞에 나가 무릎을 꿇는다.
여와는 신을 맞기 위해 청동그릇에 담긴 물로 손을 씻는다.
그리고 청동화로에 제물에서 나온 털과 내장, 비계를 넣어 태운다.
연기가 오른다. 제단에 쌓인 제물은 짐승의 탈을 쓴 대비다.

여와　정성을 다한 음식 제기 받쳐 올립니다.

음식을 올린다.

여와　제기 이미 올라 있으니 아악 또한 연주하도다.

음악을 연주한다.

여와　향기 가득한 효성스런 제사로다.

대소에게 내려오며 노래.

여와　위대하신 임금님이시여 백성의 덕을 구하소서.

여와, 한 손에 청동검을 들고, 한 손에는 방울을 들어 신을 받는다.

여와　조상님의 맑고 고운 얼굴 우리 평안 주옵시고, 하늘이여 새로 임금을 맞이하니 제게 신을 내리소서 —!

여와, 신을 받는지 몸을 격하게 떨고 이내 진정된다. 엄한 소리로 호령한다.

여와   (여자의 목소리) 더러운 영혼이여, 너 존속을 살해한 자여! 어찌하여
네가 이 신령한 숲에 왔단 말이냐. (남자의 목소리) 네 이놈. 썩 나가
라. 내 아들을, 네 조카를 죽이고 감히 네가 숲에 왔단 말이냐. (아
이의 목소리) 어찌하여 내 목을 조르고 왕이 되고자 하였습니까. (선
왕의 목소리) 내 하늘을 대신하여 네 목숨을 가져 가려 한다. 썩 목
을 내놓아!

청동검을 내리친다. 대소, 급히 몸을 피한다.
여와는 따라가 가슴에 칼을 찌른다. 부러지는 청동검.

10.

천장에 나무로 만든 형틀이 걸려 있다.
하나는 여와가, 또 다른 하나에는 규가 갇혀 있다.

대소   이 땅에는 미신을 조장하여 백성을 미혹하는 무당들로 가득하다.
또한 하늘을 사칭하여 왕을 시해하려는 제관조차 있었다. 과인이
몸소 겪은 바, 이제 이들을 어떻게 믿고 하늘을 맡기겠는가? 이에
명하노라. 미신과 하늘을 사칭하며 백성들에게 몹쓸 폐해를 안기
는 무당과 신관들은 천민으로 강등시키노라. 덧붙여 한 번만 더
선량한 백성을 미혹하는 자가 있으면 엄벌할 것이다. 이제 부여
의 신관과 제관은 왕이 맡게 될 것이다. 공포하라.
한착   공포하였습니다.
대소   (여와를 올려다보며) 하늘을 사칭하고 왕을 죽이려 한 죄, 너무나 크
니 죽음으로 밖에 용서받지 못할 것이다.

자리를 옮겨 규를 올려다보며.

대소   (규를 올려다보며) 저 자의 죄, 신관보다 조금도 가볍지 아니하다. 허나 어제 생명의 은인이 왜 저곳에 갇혀 있는지 대신들은 의아해 할 것이다. 이제 예전 저 자의 주인이었던 호족 포가 증거할 것이니 간악한 죄상을 소상히 듣도록 하여라.

포   증거하겠습니다. 저는 호족인 포라고 합니다. 저 자는 비천한 맥족 출신으로 저희 집안에 속한 하호입니다. 저 자가 비천한 신분임에도 불구하고 저는 저 자를 아껴 활을 배우게 하고 글을 가르쳤습니다. 허나 불행히도 그는 간악한 자였습니다. 그것은 어제 왕을 시해하려 했기 때문입니다.

대가들   세상에!

한착   (모르는 척) 이유가 무엇이오? 그리고 무슨 근거로? 그는 어제 왕의 생명을 구해 주지 않았소이까?

포   그렇습니다. 그는 왕을 시해케 하려고 했음에도 생명의 은인이라고 포장되었습니다. 그 이유는 이렇습니다. 그는 알다시피 신관인 여와의 여동생을 사랑하고 있었습니다. 그러나 그들은 신분의 차이로 혼인은커녕 만나기조차 쉽지 않았습니다. 마침 그때 왕을 시해하고자 마음 먹은 여와가 제안을 했던 것입니다. 왕을 죽이면 소와와 멀리 떠나서 함께 살도록 해 주겠다고. 어제 그 짐승이 달려들었을 때 저 자는 둘도 없는 기회라고 여겼을 것입니다. 그 상황이 어떤 상황이었습니까? 신궁의 솜씨를 자랑하는 수많은 무사들조차 활을 들이댈 만한 시기가 아닌 때였습니다. 그런데도 저 자는 뭘 믿고 그렇게 시위를 날렸겠습니까? 왕이 더 큰 위험에 처한다는 것을 몰랐을까요? 그렇습니다. 그는 왕을 노리고 활을 날렸던 것입니다. 운이 없게 그 짐승이 맞았지만 도리어 저 자는 생명의 은인이라고 칭송되었던 것입니다. 그리고 일이 그렇게 되자 신관은 직접 왕을 시해하려 했던 것입니다.

대가들 웅성거린다.

대소 (탄식하며) 오늘 과인은 착잡한 심경을 감출 수 없다. 하늘의 계시를 사칭한 신관과 생명의 은인임을 사칭한 살인자. 이 둘을 동시에 보게 된 심정을 그 누가 헤아릴 수 있을까.

소와 뛰어 들어온다. 엎드리며.

소와 살려 주십시오.

대소 누구를 살려 달라는 것이냐.

소와 살려 주십시오.

대소 저기 죽기 위해 갇혀 있는 자들을 이름이냐?

소와 제발, 살려 주십시오.

대소 너마저 죽으려 드느냐. 짐을 죽이려 들었던 자들이다.

소와 간곡히 부탁합니다. 살려 주십시오.

대소 돌아가라. 당장 돌아가지 않으면 네년마저 죽일지 모른다.

소와 차라리 제가 죽겠사온즉 살려 주십시오.

대소 너도 듣고 본 게 있으렷다. 어떻게 저들을 살리겠느냐!

소와 언니가 비록 왕에게 칼을 겨누었다 하나 신내림을 받아 한 짓임으로 제관의 잘못이 아니며.

대소 네년이 참으로 당돌하구나.

소와 영문을 모르겠으나 행여 제 연인이 언니와 음모하였다 하나 그는 본시 착한 사람이오, 아무것 모르고 한 짓. 대왕의 은혜로움으로 살려 주십시오.

대소 네 이년, 내 말만 들으면 세상에 살리지 못할 게 없겠구나. 저런 자들마저 살려 두고 누가 왕을 두려워할 것이며 누구에게 위엄을 말하겠느냐!

소와 차라리 절 죽이시고 저들을 살리십시오.

대소 네년 목숨 가지고 될 일이더냐? 대신들이며 백성들이며 모두가 저들을 죽이라 하지 않느냐!

소와 하여도 목숨만, 제발 목숨만 살려 주십시오. 목숨만 살려 주신다면 저의 목숨, 더 한 것일지라도 내버리겠나이다. 제발!

대소 (폐부를 찌르듯 쳐다본다)

모두 퇴장하고 천장 위의 형틀이 바닥으로 내려온다.
바닥에는 연기가 오르는 향로가 준비되어 있다.
한착은 여와에게 가고 포는 무사들을 이끌고 규에게 간다.

한착 너를 죽일 것이로되 전하의 은혜로 목숨만은 살았구나.

여와 나는 생명을 구걸한 적 없구나.

한착 (화살 두 개를 화로에 꽂는다) 하긴 생명을 구걸해서 뭣하겠느냐 신체형을 당하고 지하 감옥에 갇힐 테니. (화로에서 화살을 뽑아 여와의 두 눈에 꽂는다) 네가 잡신에 둘러싸여 하늘의 진정한 뜻을 바로 보지 못했음이라!

여와의 찢어질 듯한 비명. 포는 규의 얼굴에 천을 씌우고 사지를 포박해 놓는다.
세자의 영혼이 규의 주위를 불안하게 서성이고 있다.

포 가라! 너는 이제 자유의 몸. 지척으로 선비의 땅이 보이는구나.

규 도련님. 왜. 무엇 때문에. 그런 터무니없는 모함을 하였습니까!

포 새겨들어라. 주인 위에 올라가는 종이 있더냐? 네가 그것을 어겼다.

규 겨우 그것 때문에. (사이, 분노에 차) 너를 믿고 너를 따랐거늘!

포 허허 바로 하대하려 드는구나. 허긴 종이란. 그래 종은 원래 그런 것이지.

규 내가 더러운 주인을 만났음이구나.

포 가거라. 소와가 널 죽이고 널 살렸다.

규　무슨 소리냐!

포　모르겠더냐? 왕께서 소와에게 반하셨더라. 네가 죽는 이유고 네가 사는 이유다.

규　(직감한다. 증오에 어려) 죽여 버리겠다. 내 기필코 네 놈들의 피를 마시겠다!

포　그러기 위해선 열심히 뛰어야 할 것이다. 재상과 왕 모두 열을 세고도 네가 보이면 죽이라고 하더라. 가라!

규는 사력을 다해 뛰기 시작한다.
하지만 포박한 몸, 가려진 눈으로 인해 나뒹그러지기 바쁘다.

포　열을 세었다. 불행하구나. 네가 코앞에 있으니.

무사들 시위를 걸어 쏜다. 동시에 세자의 영혼이 규를 감싸며 쓰러진다.
고슴도치처럼 박히는 화살.

포　(무사에게) 심장을 가져오라!

늑대의 울음소리가 곳곳에서 들린다.

포　선비다!

도망가는 포와 무사들. 뒤따라 들어오는 버들과 늑대의 탈을 쓴 선비의 병사들.

버들　도망가고 말았잖아? 비겁한 부여놈들! (규를 둘러싸고 있는 병사들을 보고) 무엇이냐?

병사　부여의 죄인인 것 같습니다.

버들　부여의 죄인?

병사 죽었습니다.

버들 돌아가자.

버들과 병사들 돌아가려는데 규가 꿈틀거리며 일어선다.
규는 외마디 비명을 지르며 등에 꽂힌 화살을 뽑는다. 그리고 다시 쓰러진다.
놀라서 바라보는 버들과 일행. 어둠, 어둠 속에서.

규 죽음아, 네 비록 극한까지 날 가지려 달려들지만 나는 살 것이다,
나는 살아남을 것이다! 나는 살아남는다. 죽을 수 없기 때문에 나
는 살아남는다. 가라, 죽음이든 사망이든! 너라면 그 같은 원수를
남기고 죽으라느냐! 너라면 그 같이 억울하게 죽으라느냐! 가라,
나는 살 것이다. 살아남을 것이다. 기필코 살아남을 것이다 ─!

막.

2막

1.

—10年 後

사막,
풀 한 포기 없는 황량함.
바람이 분다.
먼지가 날린다.
한 사내가 꼿꼿이 앉아 있다.
미동도 없이 앉아 있다.
먼지 속에서는 노예들이 노역을 하고 있다.
돌을 깨고, 돌을 나르고, 돌을 골라 황금을 얻고 있다.
먼지가 가라앉는다.
그의 앞에 작은 책상이 보인다.
노예들이 가져온 황금의 무게를 달고 기입하고 있다.
그는 규다.

규   십 년이 흘렀다. 이곳은 사막이다. 이곳은 세상에서 가장 먼 서쪽
이며 가장 먼 북쪽이다. 이곳은 혹독한 추위와 뜨거운 열사가 공
존한다. 이곳은 세상에서 가장 척박하고 황량하다. 나는 이곳에
왔다. 스스로 오고자 하였으며 스스로 왔다. 노예와 죄인들을 데
리고. (노예가 쓰러진다, 간수가 다가가 심한 채찍질을 한다. 무표정하게 바
라보는) 아무래도 나는 황금이 필요하다.

버들   (등장하며) 여보.

규   (미동도 않고) 많은 시간이 흘러갔듯 내겐 많은 일들이 있었다.

버들   하루 종일 이렇게 있었답니까? 바람이 이렇게 거센데?

규 저 여자는 내 아내다. 오래 전에 내 목숨을 살렸으며 그 후로도 계속 내 목숨을 살렸다. 지금도 살리고 있고, 아마… 앞으로도 살릴 것이다.

버들 오라버니는 불가不可하다고 말씀하셨어요.

규 여자의 오빠는 모용외다. 그는 조그만 부족의 족장의 아들에서 광대한 선비를 통일시킨 자이며 왕이다. 그리고 그는 이제 나의 왕이다. 왕은 내게 관리가 되라 했고, 나는 관리가 되었다. 비천한 부여의 하호였던 내가. 그래 안다. 이 모든 것이 저 은혜로운 여자로 인한 것임을.

버들 듣고 있나요? 도대체 무슨 생각을 하고 있어요!

규 한때 여자는 간절히 내 아내가 되길 바랐다. 나는 여자를 사랑하지 않았다. 하지만 결혼했다, 나는 미안했지만.

버들 도대체 무슨 생각을 하고 있는 거죠 예! (사이, 겨해지며) 아예 말을 않고 사실 건가요! 제게 왜 이렇게 잔인하게 구는 거예요? 당신은 변했어요. 결혼하자고 했을 때부터! 숨결조차, 눈빛조차 모든 게 다 틀려졌어! 어디 그 뿐이야. 당신은 내 몸에 손도 대지 않았어!

규 (앞만 바라보며 무심히) 모래 바람이 불어오려 하나 봅니다. 먼지가 많이 일고 있습니다.

버들 오라버니에게 말하겠어! 틀림없이 당신을 죽이려 들 거야!

규 (쳐다본다)

버들 당신은 절대 부여로 가지 못할 거예요!

규 복수만을 꿈꾸며 십 년을 기다렸습니다.

버들 부여는 전에 없이 강해졌어요.

규 제가 가고자 함은 그 때문입니다.

버들 가서 무얼 어쩌겠다구요? 그들은 전에 없이 강한 군대로 읍루와 말갈까지 복속시켰어요. 게다가 몇 년째 풍년인지 아세요? 또, 엄한 법은 어떻고요?

규 저대로 놔두면 부여는 점점 강해질 뿐입니다. 그만큼 제 꿈도 멀어질 것입니다.

버들 (한숨을 쉬며) 부여는 제게도, 제 오라버니에게도 철천지원수입니다. 아버지를 굶겨 죽인 나라. 그래요, 부여는 꼭 멸망시켜야 할 나라죠. 하지만 그것도 때가 있는 법, 지금 전쟁이 난다면 복수는 커녕 도리어 우리가 멸망할 거예요.

규 지금 가지 않으면 선비가 멸망할 것입니다.

버들 당신은 숨어들기도 전에 잡혀 죽을 겁니다. 당신의 원수라는 자가 국경을 지키고 있으니까요.

규 포 — !

버들 선비의 여러 장군들과 원로들은 당신에게 의구심을 가지고 있어요.

규 (쳐다본다)

버들 당신이 말하는 계략이란 선비의 황금을 모조리 부여에 바치겠다는 소리인데 누가 믿겠어요? 비록 부여에 큰 원한을 졌다고 하나 그래도 당신은 부여 사람인데.

규 (거칠게) 나는 원하오! 부여의 멸망을! 배신하고, 빼앗고, 죽이려든 원수들의 나라요! 그런 그들에게 내가 황금이라도 바치며 돌아왔으니 살려 주시오, 빌기라도 할 것 같소!

버들 (안쓰럽게 쳐다보며) 흥분하지 마세요. 아무튼 불가하다고 결정이 났으니. (퇴장)

2.

규는 모래를 한 줌씩 쥐어 먹는다.

그의 목소리는 탁하고 거칠게 갈라진다.

괴로운지 피를 토하기도 한다.

옻나무를 얼굴에 문지른다.

그의 얼굴은 검게 타고 흉하게 일그러진다.

몹시 가려운지 두 손으로 얼굴을 박박 긁기도 한다.

고개를 숙여 한참을 괴로워한다.

고개를 들자 규는 더 이상 예전의 모습이 아니다.

나병환자처럼 짓뭉개져진 흉측한 얼굴.

규　　(절규한다) 아, 원수여 — !

모용외와 버들 뒤어온다.

버들　　오라버니 제발 말려 주세요! 이이가 미쳤어요!
모용외　　뭣 하는 짓이냐!
규　　부여로 보내 주십시오!
모용외　　이게 뭣 하는 짓이냐고 물었다.
규　　원수가 제 얼굴을 아니 얼굴을 버리고, 제 목소리를 아니 목소리를 버리는 중입니다.
버들　　(안타깝게) 부여로 가겠다고. 자기를 못 알아 보게 하겠다고. 돌가루를 갈아 마시고 옻칠을 해 얼굴을 이 지경으로.
모용외　　그만두지 못하겠느냐!
규　　왕께서 부여를 쳐 없애 원수를 갚아 준다 하기에 그날만을 손꼽아 십 년을 기다렸습니다. 하지만 부여가 강성해짐에 당신은 주저하시기만 하니 제가 깨뜨릴 계책을 올렸습니다. 허나 그것을 믿지 않았으며, 범의 소굴로 들어가 범을 잡아 오겠다 하였으나 의심하여 보내지도 않았습니다. 이제 제 마음을 보십시오. 제가 원수를 증오함은 이 고통을 감내하는 것보다 크고, 저들을 기만하여 죽일 수만 있다면 목소리쯤이야 살갗쯤이야 제 안의 창자라도 필요타면 던져 버리겠습니다. 간곡히 부탁합니다. 저들을 내분시켜 자멸로 이끌 테니 부디 제 계책을 믿고 절 보내 주십시오.

3.

부여성의 거리.

촌민1	우리는 숲을 떠났지.
촌민2	송화강의 농토로.
촌민3	부여성의 상가로.
촌민4	철기를 만드는 공장으로.
촌민1	나는 어부가 되고.
촌민2	나는 농부가 되고.
촌민3	나는 상인이 되고.
촌민4	나는 무기를 만드는 수공업자가 되었지.
무당	한 푼만 줍쇼.
촌민1	꺼져! 이 무당.
촌민2	감히 금쪽 같은 내 돈을 거저 달라니.
촌민3	왕이 무당들을 모두 내친 건 백 번 잘한 것이었어.
촌민4	암, 그렇고 말고. 사사건건 트집만 잡았잖아.
촌민1	나무 하나만 베려고 해도 신이 노한다고 했어.
촌민2	농토를 개간해도 신이 노여워한다고 했고.
촌민3	제방을 쌓아도 하늘의 뜻을 거스른다고 했으며.
촌민4	그 뿐이야. 강에서 물고기 한 마리만 잡아도 용왕이네 어쩌네.
일동	그게 다 우릴 굶겨 죽이자는 소리지.
촌민1	모두 새빨간 거짓이었어!
촌민2	현명하신 왕께서 밝혀냈지.
촌민3	나무를 베고, 농토를 개간하고, 제방을 쌓고, 물고기를 잡았지만.
촌민4	우리는 모두 많은 돈을 벌고 더욱 잘 살 뿐이잖아.
일동	신이 우릴 돕는 게 아니라 우리가 그리고 돈이 돕는다고!

여와, 매우 남루한 행색으로 눈을 붕대로 감고 나온다.

여와   화, 화 있을 지다!

촌민1 (조롱하며) 대재앙이 닥칠 것이다!

촌민2 (비웃으며) 기근에 목말라 죽을 것이다!

촌민3 (웃으며) 완전히 미쳤군. 감옥에서 풀려 나오자마자 계속 저러고 다니는군.

촌민4 (여와를 보며) 이봐! 부여는 10년 풍년이었어.

일동   그것도 유래 없는 대풍년!

여와   (그 소리가 들리지도 않는 듯) 저기 들려오는 재앙의 말발굽소리가 들리지 않느냐! 우리는 모두 굶주림에 지쳐 죽는구나! 부여여, 백성이여 깨어나라!

촌민1 아직도 자기가 신관이라고 착각하고 있군.

촌민2 이제 이 땅의 유일한 신관은 왕이라고.

촌민3 내버려 둬. 지하 감옥에 십 년인데 머리가 헷가닥 안 하겠어.

촌민4 그나마 목숨을 부지한 건 동생이 왕비가 된 덕택이지.

일동   원래는 죽을 목숨이었다구!

여와   아, 이 무슨 참혹이냐. 이 무슨 피냐!

대소와 한착 대가들.

대소   문득 그때 그놈의 짐승이 했던 저주가 생각나는군. 뭐 십 년 안에 기근에 굶주려 멸망한다고. 그때보다 열 배는 더 풍요롭지 않으냐.

대가들 (비겁스럽게 웃는다)

대소   행여 올해 유래 없는 극심한 흉년이 온다 해도 굶주려 죽을 일은 없다고. (한숨, 혼잣말처럼) 나라의 기틀을 잡고 백성의 마음까지 얻었거늘 한낱 계집의 마음을 얻기가 이리 어려운가. 혹, 그대들 중에 왕비의 마음을 즐겁게 해 줄 방법이 없겠느냐?

규와 광대들, 국경을 지키는 포에게 황금을 건네준다. 포, 황금을 받으며.

포 국경을 지키는 장군 포입니다. 지금 서역에서 온 광대패가 있습니다. 재담은 말할 것도 없거니와 곡예가 신기에 가깝습니다. 이들을 불러 왕비님 앞에서 공연을 하게 하면 틀림없이 기뻐할 것입니다.

왕비의 방, 화장을 고치다 말고 거울 속의 자기를 응시하는 소와. 탄식 같은 한숨.

소와 벌써 십 년이 흘렀다. 그를 떠나보내고 십 년이다. 그는 혹한의 북극으로 내보내졌다고도 한다. 그는 반도의 삼한 땅으로 보내졌다고도 한다. 그는 중국의 어느 지방으로 보내졌다고도 한다. 하지만 알 수 있는 건 아무것도 없다. 단 한 점 미풍에라도 그의 소식을 전해 오는 자는 없다. 그는 죽었는가 아니면 살았는가? 이 소식 없음이 그가 살아 있다는 증거인가 아니면 죽었다는 대답인가. 그가 살아 있다면 어디서 무얼 하며 살고 있나. 그가 살아 있다면 그는 지금 행복한가 불행한가. 혹, 그가 죽었다면. (사이) 나도 그와 함께 하겠다. 나도 죽겠다. 그가 살았는지 죽었는지 알 수 없기에 나 역시 살 수도 죽을 수도 없음을. (뚫어져라 거울을)
대소 무슨 생각을 그리 골똘히 하고 있으시오.
소와 제가 무슨 생각, 무슨 꿈을 꾸겠습니까. (혼잣말처럼) 그저 저는 무심한 것을.
대소 아무튼 좋소. 공연이 시작되려 하니 빨리 나오시오.
소와 꼭 봐야 하는 공연입니까?
대소 진기한 공연이라 합디다. 보고 나면 마음이 한결 청량해질 것이오.
소와 저는 그저 혼자 있고 싶습니다.
대소 당신을 위하여 준비했다고 하지 않소!

소와   (무심히 쳐다본다)

대소   (그 눈빛에 화를 낸다) 제발, 그 눈빛! 당신은 왜 그렇게 무심하지. 아직도 그 천민을 못 잊어 그러시는 게요. 아니면 그 천민을 내쫓았다고 미워하는 게요? 하지만 곰곰이 생각해 보라고. 당신이 내게 그런 눈빛을 던질 이유가 없소. 나는 죽어야 마땅할 당신의 언니와 그 자를 살려 줬다고. 대신들이 모두 살려 주길 반대했는데도 말이오. 그러니 날 미워할 이유가 전혀 없지 않소!

소와   저는 항상 당신을 은혜롭게 생각하고 있어요.

대소   그런데도 항상 그 무심한 눈빛이오? 그러니깐 그건 그렇지 않단 소리요.

소와   저를 믿지 않고, 제가 당신을 미워한다고 생각하면서 왜 절 내치지 않죠?

대소   (뭔가 말하려다 참는다) 어쨌든 나는 당신을 사랑하고 있으니까. 빨리 나오시오. (퇴장)

소와   당신의 사랑이란 그저 소유죠.

광대패들의 공연이 시작된다. 공연은 화려하고 시끄러울수록 좋다.
대소와 신하들 모두 흐뭇하게 바라본다. 소와만이 냉담히 그것을 바라볼 뿐이다.

광대   (진정시키며) 아이쿠, 고막 찢어지겠소. (왕에게 인사) 좌중을 소란스럽게 했습니다. 모두가 잘생긴 죄라 이런 큰 사단을 저질렀습니다.

대소   허허, 미모가 죄라면 어디 왕비만큼 큰 죄를 지은 사람이 있겠는가? (황금을 던지며) 옛다! 수고했구나.

광대   아이쿠, 황금일세 황금이로구나. 이 황금으로 무엇을 할까? 집을 살까 땅을 살까? 에라, 집도 싫고 땅도 싫다. 헌 마누라 갈아 치고 새 마누라나 얻을란다. (갑자기 울먹이며) 그럼 안녕히 계십시오. 저희들은 이만 갑니다.

대소	아니 공연을 하다 말고 가느냐?
광대	대왕을 걱정하는 마음에 가는 게니 부디 잡지 마십시오.
대소	짐을 걱정해서 가다니 그건 또 무슨 소리냐?
광대	(싱글거리며) 저희 공연은 뒤로 갈수록 더욱 볼 만한데 이렇게 대왕님께 황금을 받다간 궁 안의 금고를 다 털어먹을 게 아닙니까? (은근히) 참고로 저희가 털어먹어 망한 나라가 한 둘이 아닙죠. 이러한데 어찌 대왕과 부여를 걱정하지 않을 수 있겠습니까?
대소	허허 이놈 재담할 줄 아는구나. 괜찮다, 그런 걱정일랑 하지도 마라. 내 너희에게 다 털려도 다시 달라 않을 테니 어서 마저 하도록 해라.
광대	그럼 약속하신 겝니다. 다 털리고 다시 달라 없깁니다. 자 그러면 다음 공연입니다.

버들과 규가 나오려 한다.

대소	저 자도 광대패냐? 몰골이 보기에 몹시 흉하구나.
광대	악사이옵니다.
대소	왕비가 보기에 역겹지 않겠느냐.
광대	하오나 피리 솜씨는 서역이 알아주는 자입니다.
대소	(소와를 보며) 괜찮겠소?
소와	(무심히) 음악을 듣는 것이지 악사의 얼굴을 보고자 함이 아니잖습니까.

무대에 나온 규는 한동안 넋을 잃고 소와를 바라본다.
소와는 그가 관심이 없다. 다른 곳을 멍하니 바라보고 있다.
굼뜬 규의 동작에 버들이 눈치를 준다. 좌정하여 피리를 분다.
그 옛날 숲과 호수에서 소와에게 지어 바치던 노래.
버들은 춤을 춘다. 호수를 거닐던 소와의 그때 그 모습처럼.
소와, 정신이 퍼득 든다. 시선이 악사에게 고정된다. 뚫어져라 쳐다본다.

4.

궁녀 왔습니다.

소와 행여, 누가 오나 나가 보아라. (궁녀 퇴장) 낯선 양반 그 옷을 벗으시오.

규 (몸을 가렸던 큰 옷을 벗는다)

소와 (뚫어지게 쳐다보며) 혹시… 날 알겠느냐?

규 (거칠고 탁한 목소리로) 부여의 왕비님이 아니십니까.

소와 (사이, 실망하며) 그래 그렇지. 그 사람일 리가 만무한데. 네 이름이 무어라고?

규 저 같은 광대한테 이름 같은 것은 없습니다.

소와 그래 그런 것은 아무래도 좋구나. 네가 아까 불렀던 가락은 누구에게 배웠느냐?

규 서역에선 그런 음악이 흔합니다. 배울 것도 없이 그냥 주워 들은 거랍니다.

소와 그럴 리 없다. 네가 연주한 음악은 내가 아주 잘 아는 사람이 직접 만들어 불어 주던 노래다. 너는 떠돌다 혹시 부여 사람을 만난 적 없더냐?

규 (사이) 실은 저는 왕비님을 압니다.

소와 아까는 모른다고 하지 않았느냐?

규 행여 왕비님이 그 사람을 잊었을까봐 한 소리였습니다. 왕비님의 예전 이름은 소와라고 하더군요. 규가 말해 주었습니다.

소와 (아찔하여) 규! 규를 정녕 보았단 말이더냐! (다급하게) 무사히 살아 있더란 말이구나! 어디서 무얼 하고 있더냐. 서역에서 만났더냐? 아니면 네가 광대패를 따라 다니다 어디 다른 데서 만났더냐? 말해 보아라. 어서.

규 선비의 땅에서 그를 만났습니다. 저를 무척이나 따뜻하게 대해 주었고 피리 소리까지 가르쳐 주었습니다.

소와	그는 잘 있더냐? 그는 행복하더냐? 그는 어떻게 지내더냐?
규	(사이) 아뢰기 황공하게도 그는 이제 없습니다.
소와	그, 그게 무슨 소리냐!
규	불행히도 그는 죽었습니다.
소와	그가 죽었다고? 죽었다니. 아니다, 그럴 리 없다! 거짓말이다. 그가 왜 죽느냐? 아니라고 말하여라. 그가 죽을 일이 뭐가 있느냐!
규	절 만났을 때 이미 화살 독이 퍼져 있었지요. 왕비님은 아무것도 모르고 계십니다. 그가 얼마나 원통하고 비참히 죽었는지를.
소와	그게 무슨 말이냐?
규	수없이 배신당하고 억울히 죽었던 것입니다. (정강이에 두고 있던 죽간을 풀어주며) 그의 원한이 얼마나 깊었던지 그는 죽기 전에 이것을 써서 제게 줬습니다. 꼭 당신에게 전해 달라며. 자신의 깊은 원한을 왕비님이 갚아 줄 것이라 했습니다.

소와, 죽간(竹簡)을 읽기 시작한다.

소와	(몸을 떨며) 이것이 참으로 진실이더냐. 이렇게 죽었더란 말이더냐!
규	손수 그의 시신 위에 돌까지 얹어 주었는걸요.
소와	(비로소 오열하며) 아, 어쩌시려고 당신은 그렇게 허무히 죽었습니까. 당신의 맑던 모습이 어찌 한줌의 차가운 흙이 되었습니까. 이제 내가 붙잡아 왔던 실낱같은 희망도 사라졌으매 저도 이만 죽으렵니다. (사이, 무섭게 냉정해지며) 하지만 맹세합니다. 저의 죽음은 당신이 이루지 못한 복수를 이루고 난 다음이 될 것을. 원수를 죽이고, 원수들을 죽이고 난 연후가 될 것을. 당신이 일러준 말대로 따르겠습니다. 그들이 당신을 배반했듯 저도 그들을 배반할 것이며, 그들이 당신을 모함했듯 저 역시도 그들을 모함할 것이며, 그들이 당신을 더없이 비참하게 죽여 버렸듯 그들도 그렇게 죽어가게 하겠습니다. (광기에 어리어) 원수여, 네가 학정을 일삼도록 하겠다. 네 귀는 내 달콤한 유혹의 말에 귀멀고, 네 눈은 내 뜨

거운 피로 눈멀게 하겠다. 원망의 소리는 하늘에 가 미치고 세상
모두가 널 등지는구나. 널 도운 원수들을 네 더러운 손으로 직접
죽이게 하겠다. 아, 원수여 — !

소와는 절규하며 미친 듯이 몸을 긁는다.

대소 왜 그러시오!
소와 답답해요. 답답해서 미칠 것만 같아요!
대소 제발, 진정하시오.
소와 당신은 절 사랑하나요? 정말 절 사랑하냐구요!
대소 나는 당신을 사랑하오!
소와 아니, 거짓말입니다. 저는 이렇게 답답한데! 이 궁은 너무 좁고
     저는 가렵고, 두려워 미칠 것만 같은데!
대소 진정하고 말을 해 보시오. 대체 왜 이러는 건지!
소와 당신은 제가 원하는 모두를 구해준다 하지 않았나요? 정말 그랬
     나요!
대소 그랬소, 말해 보시오! 그렇게 괴로워만 하지 말고.
소와 (조금 진정하며) 저는 미칠 지경이랍니다. 부여는 이렇게 부유해졌
     거늘 어찌 대왕의 처소만 예전과 조금도 다를 바 없습니까?
대소 (고민하며) 궁을 개축하는 것은 많은 돈과 시간이….
소와 저는 원합니다. 부여의 이름만큼이나 넓고, 크고, 웅장한 궁전을!
     백성들의 존경이 절로 우러나오고 오랑캐들이 기가 죽어 버릴 그
     런 궁전을!
대소 그토록 원하시오?
소와 진실로! 무엇을 주저하시죠? 제가 원하면 당신은 구한다고 했잖
     아요? 저의 생기있는 모습을 보고 싶다고 한 당신의 말은 거짓이
     었던가요?
대소 (단호히) 당신의 생기있는 모습을 보고 싶소.
소와 그렇담 새로 궁전을 지어 주세요. 정원을 만들어 주세요. 절 처음

보았던 그 숲처럼 울창한 나무가 있으면 좋겠어요. 저는 생기로 깨어날 거예요. 당신을 위해 춤을 추고 당신을 위해 노랠 하겠어요.

대소   나는 원한다. 부여의 이름만큼이나 넓고, 크고, 웅장한 궁전을!

한착   부여가 비록 강해졌다 하나 아직 힘으로 선비를 누를 만하지는 못하고 비록 부유해졌다 하나 굶주리는 자가 기천에 헤아립니다. 지금 왕궁을 새로 짓겠다함은 자칫 국력을 소진하여 부여의 흥성을 더디게 할 것입니다.

소와   (왕을 애처롭게 쳐다보며) 신하들이 어찌 저렇게 반대만 합니까? 이럴 바에야 왕이란 그저 아무것도 아니지 않습니까? 제 작은 소원마저 이제 물거품이 되는 것이 아닙니까?

대소   (단호히) 방은 삼천 개를 넘어야 하고, 곳곳에 정원을 만들어 왕비의 마음에 들어야 할 것이다.

한착   하오나!

대소   과인의 마음은 결정됐고 불가하는 자는 지위고하를 막론하고 역률로 다스리겠다. 물러가라.

소와   (눈을 반짝이며) 당신이 위대한 군주이며 절 사랑하는 마음을 이제야 알 것 같습니다.

대신들 모두 경황없이 퇴장한다. 한착의 옷자락이 한 대신의 발에 밟혀 찢어진다.
비단 찢기는 소리. 소와가 그 소리에 웃는다. 꽃잎이 부서지듯.

대소   지금 왕비가 웃었소? 정말 당신이 웃었단 말이요?

소와   비단 찢기는 소리에 그만. (다시 까르르 웃는다)

대소   오! 여봐라, 비단을 가져와라.

궁녀, 비단을 가져온다. 대소, 소와를 바라보며 비단을 조금씩 찢는다.
소와의 입이 조금씩 미소 짓기 시작한다. 대소는 점점 신기해하며 힘껏 찢는다.

비단 찢겨지는 소리가 끝나기 무섭게 소와 꽃잎이 부서지듯 활하게 웃는다.
대소는 점점 신이 나서 비단 한 필을 더 펼친다. 또 찢는다. 소와가 웃는다.

대소　비단을 더 가져오라! 아니, 모조리 가져와.

무대는 비단으로 파묻힌다.

버들　무서운 여자를 사랑했군요.
규　(괴롭게 쳐다본다)
버들　(질투를 느끼며) 이렇게 괴로워할 거면서 왜 이용하죠?
규　(거세게 부정하며) 나는 조금도 괴롭지 않소!
버들　그렇담 똑똑히 보세요. 당신이 계획하고 그토록 원한 일을.
대소　(땀이 번들거리며) 즐겁소?
소와　(고개를 끄덕이며) 저는 웃고 싶어요. 즐거워하고 싶어요.
대소　당신을 웃게 하고 당신을 즐겁게 하겠소.
소와　(교태스런 눈빛을 띄우며) 제게 세상 없는 쾌락을 주세요. 당신과 열
　　　락의 기쁨을 함께 할 테니!

비단 폭에 싸여 쓰러지는 대소와 소와.

5.

규와 광대들이 촌민들에게 귓속말을 통해 소문을 전달하고 있다.

촌민1　맙소사. 조금만 불온한 얘길 해도 잡아다 지져 죽인다고?
촌민2　기름칠한 구리기둥 위로 죄인들을 건너가게 한다니.
촌민3　밑엔 유독한 증기를 내뿜는 석탄을 벌겋게 태워 놓고.

촌민4   지글거리며 타오르는 모습을 보고 즐거워한다는 거야.

일동   (몸서리치며) 끔찍해! ·

촌민1   뭐, 아이를 죽여?

촌민2   생선 두 마리를 훔쳤을 뿐인데?

촌민3   열 살도 채 안된 걸?

촌민4   임신한 어미가 달려와 용서를 구하자…. 뭐 배를 갈라?

일동   그렇게 잔인할 수가!

촌민1   세상이 무서워졌어.

촌민2   왕이 무서워졌어.

촌민3   왕비는 더 무서워졌어.

촌민4   모든 게 변했어.

촌민1   더 이상 살 수가 없어!

촌민2   부역이다!

촌민3   세금이다!

촌민4   가혹한 형벌에!

일동   참을 수가 없다구!

병사들   저놈들 잡아라!

촌민들 부리나케 도망가고 병사들이 쫓는다.

버들   (차갑게) 기쁜가요? 당신의 계획대로 되어 가서.

규   (돌아서 퇴장한다)

촌민들 숨을 몰아쉬며 다시 등장.

촌민1   휴, 가까스로 도망 왔어.

촌민2   하마터면 죽을 뻔했어.

촌민3   (둘러보며) 예전보다 나무가 많이 줄었어.

촌민4   삼천 간이나 되는 왕궁을 지었으니.

촌민1 그래도 울창하군.

촌민2 어디 이 숲이 한두 놈이 베어간다고 사라질 숲인가.

촌민3 아무튼 왕은 미쳤어.

촌민4 삼천 간이나 되는 왕궁이라니 말이 돼.

늑대의 울음소리. 광대들 늑대의 탈을 쓰고 나온다.

촌민들 (두려움에 떨며) 선비다!

촌민1 (빌며) 우리는 하잘 것 없는 촌로들이외다.

촌민2 제발 목숨만 살려 주세요.

광대1 진정해라.

광대2 너희를 해치려고 온 게 아니다.

촌민3 저희는 돈도 없습니다.

촌민4 가진 것이라곤 아무것도 없습니다.

광대1 걱정 마라.

광대2 우리는 여기 방을 붙이러 왔을 뿐이다.

촌민1 무엇이라고요?

촌민2 방이라굽쇼?

광대1 이곳의 나무를 사기로 했다.

광대2 나무 한 아름 당 황금 열 냥을 준다.

촌민들 (놀라며) 황금 열 냥이라굽쇼!

광대1 그래 황금 열 냥! 너희 나라 왕이 새로 큰 왕궁을 지었다지?

광대2 우리 왕께서는 더 큰 궁전을 짓겠다고 했다.

촌민들 그렇다고 황금 열 냥을!

광대1 우리네 땅이란 알다시피 풀밖에 없지 않느냐.

광대2 우리에겐 황금보다도 나무가 귀하다.

촌민1 정말 나무를 베어 가면 황금을 줍니까?

광대1 물어 무엇하겠느냐.

광대2 당장이라도 나무를 베어 오면 황금을 내주겠다.

촌민들　이런 횡재가! 이제 우리는 황금으로 집을 짓고도 남겠구나.

광대1　부디 많이 좀 베어서 가져 와라.

광대2　참고로 오곡五穀도 산다. 조, 귀리, 기장, 콩, 보리 할 것 없이 한 섬에 황금 스무 냥씩 쳐 주마.

촌민1　세상에, 황금이 스무 냥이래!

촌민2　시세보다 오십 곱은 더하는구나. 어디. (부리나케 나가 곡식을 가져온다) 여기 있소!

광대2　옛다, 황금 스무 냥!

촌민들　(믿기지가 않는 듯) 아, 이럴 수가!

포　선비가 시세보다 몇십 곱의 황금으로 나무와 오곡들을 사들이고 있습니다.

한착　선비가 나무와 곡식을 사들이고 있다 합니다.

대소는 신경도 쓰지 않고 술만 마신다.

한착　어찌 술에만 취해 계십니까! 선비가.

대소　(몸을 일으키며) 재상은 갈수록 잔소리만 느는 구나. 선비가 뭐에 어쨌다고 자꾸?

한착　황금으로 곡식과 나무를 사들이고 있답니다.

대소　좋지 않으냐 황금이 쌓인다니.

한착　아닙니다. 필시 저들의 계략임에 틀림없습니다.

대소　무슨 이유가 있었던가? 장군은 말하라.

포　곡식을 사들이는 것은 큰 흉년이 든 때문이고, 나무를 사들이는 것은 저들의 족장이란 자가 전하께옵서 지으신 왕궁보다 더 큰 궁전을 짓겠다는 이유입니다.

소와　(소리내어 웃는다)

대소　(소와를 지긋이 바라보며) 무엇이 당신을 즐겁게 하였소? 또 비단이오?

소와　황금으로 넘치게 생겼는데 웃지 않을 수 있겠습니까? 그렇지 않아도 금고가 텅 비어 걱정이었는데 하늘이 도우십니다.

대소　(웃으며) 허허 그래그래 미련한 선비놈들이라니. 모조리 베어 팔도록 하라.

한착　(놀라며) 전하, 그동안 쉽게 부여를 공략 못함은 그 울창한 삼림 때문입니다. 군대가 가서 지키지는 못할 망정 도리어 베어 팔다니요!

대소　그런 이유가 있었던가?

소와　아닙니다. 우리는 황금도 얻고 부여도 지킬 것입니다. 전하, 국경의 장군에게 명하여 나무를 모조리 베어 팔도록 하십시오. 또한 성 안에 비축해둔 곡식도 내다 팔아 황금으로 가져오도록 하십시오.

한착　지금 제정신인 겝니까? 비상시를 위해 비축해 둔 곡식까지 내다 팔다니!

소와　(냉소) 천하의 재상이라 하더니 이제 재상도 많이 늙으신 게지요. (혀를 차며) 귀신도 놀란다는 총명함과 계교는 다 어디에 갔는지.

한착　저를 모욕하려 하심입니까.

소와　모욕하다니요. 단지 사실을 직시해줬을 따름입니다. 생각해 보시오. 첫째, 그 숲이 천연의 방책이라 하나 어디 나무가 돌로 만든 성벽보다 더 단단하겠소? 나무를 베어 낸 자리엔 단단한 화강암으로 성을 쌓으면 될 것입니다. 둘째, 우리는 비록 곡식을 내다 팔 것이나 시세보다 몇 십 곱의 황금을 가져올 것이니 삼한 땅에 가서 원래의 시세대로 곡식을 사오면 될 게 아니요? 허니 계략이면 어떻고 아니면 또 어떻소? 우리는 미련한 선비를 비웃으며 막대한 황금을 얻을 것이 아닙니까.

대소　(놀라며 크게 만족하는 웃음) 당신의 말이 참으로 맞구나. (대신들을 바라보며) 이제 보니 왕비의 총명함이 재상보다 낫지 않은가! 가라, 잔소리나 늘어 놓지 말고. 가서 모조리 황금으로 바꾸어 오너라!

한착　나는 일찍이 선비와 같은 유목민이 그런 거대한 궁을 짓는다는 것을 보지도 듣지도 못했다. 오너라!

자객이 등장한다.

한착　선비의 수도로 가라. 그들이 정말 왕궁을 짓고 있는지 소상히 알아 보도록 해라. (자객 퇴장)

규　난쟁아!

광대　예!

규　곧장 왕에게 가라. 첩자가 숨어들 것이니 병사들을 소집하여 흙을 파헤쳐 터를 닦는 척 하시라고 해라. (광대 퇴장, 버들에게) 당신은 광대들을 데리고 국경으로 가셔야 할 것입니다.

버들　당신은 어쩌고요?

규　(사이) 저는 이곳에서 당신은 그곳에서. 아직 우리에겐 할 일이 많이 남아 있습니다. (사이) 가시면 꼭 장군의 마음을 빼앗아야 할 것입니다.

버들　(아찔해하며) 뭐라구요?

규　(무심하게) 성 안으로 보내주며 당신을 쳐다보던 그 자의 눈빛을 기억합니다.

버들　난 당신의 아내야!

규　무슨 일이 있어도 성을 쌓게 하면 안될 것입니다.

버들　난 당신의 아내라고 했어!

규　못할 고통이 따를 수 있다고 했지만 굳이 따라 나선 건 바로 당신입니다.

버들　당신은 미쳤어. 복수에 눈 멀어 아무것도 보이는 게 없으니까.

규　당신의 아버지를 굶어 죽게 한 자들이기도 합니다.

버들　(차갑게) 그래요 알겠어요. 당신이 그토록 제게 애원하는 일이 언제 또 있었겠습니까. 그래 똑똑히 보세요. 눈이 즐겁도록.

버들은 중앙으로 나와 춤을 춘다.
그녀의 춤은 이국적이고 야생스러우며 도발적이다.

버들　내 안의 사랑이야 너 하나뿐이거늘 어찌하여 정부를 들이고 유혹하라 하느냐. 어찌하여 사랑하라 하느냐! 그저 유혹뿐인 거대한 성기가 되라 하느냐!

포　(박수를 치며 나오며) 서역이라 명마名馬로만 유명한 줄 알았더니 너의 춤 솜씨가 더하구나.

버들　소질 없는 저를 민망케 하시옵니다.

포　어디 어떻느냐? 나는 부여의 강인한 장군이요, 너는 초원의 날랜 말과 다름없으니 하늘이 준 인연이란 이런 것을 말함이 아니겠느냐.

버들　하찮은 광대입니다. 저를 놀리시려 자꾸만 거짓을 말하십니다.

포　내가 감히 널 놀렸겠느냐.

버들　허나, 우리는 곧 서역으로 갈 몸이옵니다.

포　다시 서역엘? 무엇 때문에?

버들　법이 지엄하니 이곳에서 공연할 수 없다고 들었습니다.

포　(웃으며) 걱정 마라. 내가 이곳에 장군이니라. 벌목에 지친 병사들도 너희를 반가이 맞이할 것이다.

버들　정말로 그래 주시겠습니까? 이곳은 황금이 넘친다고 하니 저희들도 큰 돈을 벌겠군요. (안기며)

포　물어 무엇하겠느냐.

버들은 포의 품에 안겨 뚫어져라 규를 쳐다본다. 소와 나온다.

소와　광대패들이 떠났다고 하기에 네가 떠난 줄만 알았다. 하지만 다행이구나 이렇게 남아 있으니. 언제 떠날지 모르지만 어쨌든 한 번은 더 피리소리를 듣겠구나. (거닐며) 이 정원은 내가 나고 자란 숲을 그대로 본뜬 것이다. 이 은사시나무, 측백나무, 전나무, 모두. 그곳은 울창한 침엽수림이었으니. 난 그 사람과 종종 숨바꼭질을 하기도 했는데. 그는 내 치맛자락을 보고도 부러 오래도록 못 찾는 척 해 주곤 했지. 아마, 내가 실망할까봐서겠지. 그래 그는 착했구나. (사이) 여름이면 종종 호수에도 갔고 호수는 참 맑고 파랬는데. 하지만 짙은 안개로 뒤덮인 날이 더 많았지. 난 그저 그가 빨리 오기만 기다렸다. 그는 멀리서부터 풀피리로 소리를 내며 다가왔다. 오고 있다고. 무서워하지 말라고. 난 마음이 먼저 반가워져서. 그이다! (눈을 감는다) 그저 기뻐서 규라고 외치기만!

규   (자기도 모르게 몸이 다가가려 한다. 그러나 이를 악물며 참는다)

소와   하지만 무슨 일이 있었는가. 나는 예전의 소와가 아니고 규는 이제 이 세상 사람이 아니구나. (사이) 사람들이 날 향해 퍼붓는 증오와 저주를 안다. 두려워하며 원망하며 그렇게. 나는 마음이 아프지만. (씁쓸한 웃음을 지으며) 너는 피리를 불어다오.

규   (피리를 분다)

소와   허나 사람들은 아무것도 모른다. 원수임을 알면서 원수와 밥을 먹고, 원수임을 알면서 더불어 그와 살을 섞어 보아라. 그렇게 하루하루를 지속하는 생명이란 얼마나 더러운지 너희는 차마 모를 것이다. (사이) 미안하다. 하지만 내 안의 원한으로 나는 너희의 고통, 너희의 울부짖음이야 들리지도 보이지도 않는 것을.

낮고 긴 비명소리. 곧이어 쿵하며 쓰러지는 소리.

6.

벌목당하는 숲, 나무가 쓰러지고 있다.
각 나무마다 깃든 정령들이 두려움에 질려 서 있다.
생명나무의 정령은 병들어 누워 있다.

나무   (가쁜 숨을 몰아쉬며) 여와 —! 여와 —!

부여성의 거리에 아무렇게나 누워 있던 여와 벌떡 일어난다.

여와   (놀라 일어나며) 신이여!

아이1, 2가 나온다. 여와를 막대기로 찌르며 조롱한다.

아이1   미친년, 저리가!

아이2   이 미친년 또 여기에 나타났군!

나무   이제 멸망은 더 이상 예언이 아니라 눈앞에 닥쳤소.

여와   오, 신이여 어찌하여 그런 말을 하시나이까.

아이1   (막대기로 찌른다) 꺼져!

아이2   (돌을 던진다) 왼종일 미친 소리.

나무   눈 뜬 자들은 모두 눈멀고, 눈 먼 당신만이 눈 떠있으니 참으로 가엽구려.

여와   저는 예언자. 가련한 저들을 불쌍히 여기시고 저를 가여워하진 마세요. 그러니 제발 그 멸망을 거둬 주세요.

병사들 생명나무로 다가간다.

병사1   아주 크고 훌륭한 나무로군.

병사2   죽은 거 아냐? 잎이 하나도 없잖아.

병사1   상관 있나. 목재로는 그만인데 뭘.

병사2   황금 몇 냥은 실히 받겠어.

여와   들어오지 마라! 여기가 어디라고 들어오느냐! 한 발자국도 들어서지 마라! 이 땅은 소도다, 더없이 신성한 곳이다! 도끼를 들고 들어오는 곳이 아니다. 칼을 차고 오는 곳이 아니다. 감히 들어오는 곳이 아니다. 나가라! 어서 나가!

병사1   (여와의 목소리는 들리지 않는다) 도끼로 할까? 톱으로 할까?

병사2   도끼로 찍어 버리지까짓.

여와   (절규하듯) 차라리 돌을 들어 나를 쳐다오! 차라리 도끼로 내 심장을 짓이겨 다오!

아이1, 2 멀찌감치 물러서 여와에게 돌을 던진다.

규　　(등장하여 아이들을 쫓으며) 이놈들!

아이1　문둥이!

아이2　광대! 문둥이!

규　　괜찮소?

촌민1　아유 나으리들! 그것은 생명나무라오. 벼락 맞아요!

병사1　촌것이라 아직도 그런 미신을 믿는구나. 시끄럽다 이놈아.

촌민2　정말입니다. 이걸 만지면 동티 나요.

병사2　자꾸, 허튼 소리! 나무를 벤다고 죽지 않는다.

나무　(여와를 보며) 세상엔 온통 파괴자들로 가득하구나. 욕망에 눈 멀어 아무것도 보이지 않는구나. 이곳도 당신이 있는 그곳도.

여와　(규에게 다가서며, 그를 알아보진 못한다. 단지 예언자의 인지로 인해) 당신은 누군가요? 왜 숲을 파괴하려 하나요? (돌을 쥐어주며) 차라리 돌을 들어 저를 치세요. 차라리 제 심장을 짓이겨 주세요.

규　　(놀라며) 왜, 왜 이러시는 거요?

여와　증오와 복수로 무얼 이루려 하나요? 당신마저 파괴될 줄을 모르시나요! 타오르는 복수의 욕망을 거둬내야 해요. 차라리 돌을 들어 저를 치세요. 차라리 날.

규　　(여와임을 알아본다) 여와…! (급히 자리를 떠나며) 실례하오.

여와　제발 증오를 걷어내세요. 그것이 키울 재앙을 알면서 — 그것이 키울 멸망을 알면서!

나무　울타리는 부서졌다.

여와　(사이, 모든 것을 체념한 듯) 울타리는 부서졌다.

나무　황폐한 숲을 수많은 이리떼가 넘는구나.

여와　황폐한 숲을 수많은 이리떼가 넘는구나.

나무　탐욕이 쌓아올린 성벽은 스스로를 가두는 견고한 감옥이 되었구나.

여와　탐욕이 쌓아올린 성벽은 스스로를 가두는 견고한 감옥이 되었구나.

나무　끝내 치솟는 저 불길!

여와　끝내 치솟는 저 불길!

병사들　찍어 버려!

도끼로 나무(정령)를 찍는다. 그저 비명소리만 세상에 가득하다.

여와　불이야 — ! 불이야 — ! 불이야, 증오와 욕망이 일군 지옥. 불이야 — !

7.

포와 버들이 누워 있다. 병사 뛰어 들어온다.

병사　전령입니다!

포　(전령을 받아 읽는다)

한착　(나오며) 축성과 벌목을 동시에 하라 했거늘 축성은 시작도 안했단 말이오!

포　벌목만으로도 병사들은 지쳐 있습니다. 게다가 전하께옵서는 더 많은 황금을 원하십니다. 사실상 축성築城과 벌목을 동시에 하는 것은 불가합니다.

한착　변명하려 들지 마시오! 당장 축성을 시작하지 않으면 자리를 유지하기 힘들 것이오.

포　그러나 전하께옵서는 황금만!

한착　(퇴장한다)

버들　뭣 때문에 그러세요?

포　재상이 축성공사를 시작하라고 난리 군. 적들이 쳐들어올 거라나.

버들   (웃으며) 뜬금없이 전쟁이라니요.

포   그래도 방법이 있소. 그렇지 않으면 내 자리를 파면하겠다고 난리니.

버들   지금 축성마저 시킨다면 사병들의 사기는 땅에 떨어질 것입니다. 엄청난 황금을 벌어들이고도 매일 가혹한 부역뿐인데 어찌 장군을 원망 않겠습니까? 지금 장군에게 급한 것은 술과 여자를 내주어 병사들의 사기를 진작시키는 것입니다. (생각하며) 아, 이제야 알 것 같군요. 재상이 왜 그런 소릴 했는지.

포   무슨 소리요?

버들   소문에 재상이 당신을 몹시 시기한다 하옵니다. 요즘 당신은 막대한 황금을 전하께 보내고 있지 않습니까. 해서 진하의 신임과 총애가 어느 때보다 두텁고요.

포   그렇지.

버들   생각해 보세요. 지금 축성을 시작하면 벌목은 당연히 줄어들 것이고 황금 역시 줄어들 게 아닙니까? 갑자기 황금이 줄어들면 전하께서 어떻게 생각하겠습니까?

포   날 의심하겠지. 일리가 있어.

버들   구리기둥 위를 건너지 않는다고 누가 장담하겠습니까.

병사   전령입니다.

한착   잊은 게 있네. 작금의 현실이 한치 앞도 분간키 어렵거늘 나라의 비축미는 물론이거니와 여염집의 곡식마저 모두 황금과 바꿔진 지 오래라네. 하여 몇 번이고 삼한으로 수송선을 띄울 것을 간언하려 했지만 왕비가 가로막아 대왕은 배알조차 못했으니 이 지경에 이르러 무엇을 더 말하겠나. 한시라도 바삐 삼한 땅으로 수송선을 띄워야 하건만 황금이야 모두 궁으로 가고 있으니 방법이 없네. 부탁하네 몇 수레의 황금을 이쪽으로 보내 줘야겠네. 더불어 성 안의 방비가 허술하니 기마 5백기도 함께.

버들   불 보듯 뻔하지 않습니까? 당신을 죽이려는 함정입니다.

포   날 죽이려 한다.

버들   차라리 잘되었습니다. 재상에게 황금을 보내세요. 이제 장군은 부여 최고의 실력자로 우뚝 설 것입니다.

포   부여 최고의 실력자?

버들   그래요. 당신의 꿈인 최고의 실력자. 그동안 재상으로 인해 살얼음판 걷듯 마음 졸이며 사셨지만 앞으로는 아닐 것입니다. 황금을 재상에게 보내고 전하게 고하세요.

한착이 나와 무릎을 꿇는다. 대신들 도열한다.

대소   이 황금이 무엇이냐? 어찌하여 네 창고에 가득히 쌓여 있었더냐?

한착   부여를 위한 마음입니다.

소와   참으로 대단하십니다. 임금이 조금 혼미하다고 하나 황금을 빼돌리고도 나라를 위한 것이었다니.

한착   전하는 아십니다. 제 마음은 진심입니다.

대소   너의 진심을 말해 보아.

한착   이 황금은 삼한에 곡식을 사기 위한 것이었습니다. 큰 변이 닥칠 것이란 예감에 마냥 기다릴 수 없어.

대소   한착!

한착   (당당히 올려다본다)

대소   많이 변했구나. 총기를 잃어버리더니 이젠 궁색한 변명으로 연명하는구나. 이 황금을 뭐라 하는 것이 아니다. 나의 실망과 분노는 너의 변명이다.

한착   진심으로 저는 전하와 부여만을 생각했습니다.

소와   재상은 언제나 충성을 과장했지요. 좋습니다. 허나, 이렇게 죄상이 황금보다 더 밝게 밝혀진 마당에 어떡합니까. 그 누가 임금을 기만하지 않겠으며 그 누가 임금을 두려워하겠습니까? 부여를 위하는 마음, 임금을 사랑하는 마음이 진정이라면 자기를 죽여 그것을 받드실 것입니다.

한착   감히 누가 누굴 기만했다 하시오. 제 충정은 진심이었소!

소와 그래서 역모를 꾸미신 건가요?

대소 역모라!

소와 장군!

버들 말하세요.

포 기마 5백기면 주색에 빠진 왕쯤은 문제없다며.

한착 모함이오. 그것은 성 안의 방비가!

대소 한착! (칼을 뽑아들고 성큼성큼 다가온다) 그때의 충정과 지금의 역모는 무엇이냐. 도대체 너는 누구냐?

한착 (사이) 당신이 빛이라면 저는 어둠입니다. 당신이 실체라면 저는 그림자입니다. 당신이 아름다움이라면 저는 추함입니다. 당신이 선이라면 저는 악입니다.

대소 무슨 소리냐 한착.

한착 모르겠습니까. 저는 또 다른 당신입니다.

소와 저 자가 드디어 미쳤군요. 왕과 진배없단 소리 아닙니까. 무얼 망설이세요. 당장 내려치세요!

대소 원하시면 저는 죽습니다. 당신을 위하여 살고 당신을 위하여 죽으니까요.

소와 저가 충신임을 저렇게 연기하니 왕이시여 어떻습니까? 고서에 이르길 충신의 뼈 속에는 골수骨髓가 없다 했습니다. 저 자를 베어 충신인지 확인해 보십시오.

한착 허나 제가 죽어 당신 역시 살 수 없을 것입니다!

소와 더 이상 들어 무엇하시렵니까. 황금과 기마병을 보세요. 역모입니다. 죽이세요 어서!

대소 한착! (짐승의 소릴 내며 한착의 허리를 벤다)

소와 (희열에 가득 차 그 모습을 바라보다 묻는다) 어디 어떻습니까?

대소 (정신이 나간 듯, 멍하니) 골수가 넘치는구나.

규가 높은 곳에서 나발을 불며 외친다.

규 왕은 주색에 취했고, 대가들은 이전구투에 바쁘며, 황금에 눈 먼 백성들은 먹을 양식까지 내다 팔았다. 곡식이 무르익듯 황금빛 가득한 부여를 보라. 낫을 들어 거두어 가라!

버들이 외친다.

버들 숲은 황량한 벌판이 되었다. 넘치는 황금에 병사들은 술 취하고, 장교들은 투전에 미쳤으며, 장군 된 자마저 치마폭에 휩싸여 있구나. 누가 경계의 시선을 던지랴! 날쌘 말과 강한 활을 가진 선비의 위대한 병사들아. 원수의 땅으로 진격하라, 진군의 나팔을 울려라!

모용외가 외친다.

모용외 선비의 병사들아! 적들은 스스로 울타리를 걷어냈구나. (호응하는 늑대의 울음소리) 지키던 개들마저 잠들거나 주인이 잡아먹었다. 거칠 게 무엇이랴! 원수를 잡아 피를 마시겠다! 내준 황금은 고스란히 되찾아 너희들에게 포상하겠다! 진격하라! 단숨에 국경을 넘어 부여를 멸망시켜라!

여와 일어선다. 외친다.

여와 늑대다 —! 전쟁이다 —! 깨어나라, 부여여 — 백성이여 —! 깨어나라, 탐욕에 눈이 멀어 있는 사람들아 — 증오에 귀를 막고 있는 사람들아 — 욕망의 취해 있는 사람들아 — 생각 없이 잠들어 있는 사람들아 — 저기 멸망이 쳐들어왔지 않느냐 — 제발 깨어나라 —! 늑대다 —!

늑대의 울음소리에 파묻혀 그녀의 외침은 더없이 공허할 뿐.

8.

포가 잠들어 있다. 버들, 칼을 들고 일어난다.

버들 (포를 내려다보며) 이제 네가 죽어야 되겠다. 네 덕에 부여로 숨어들었고 네 덕에 국경까지 왔구나. 그리하여 네 덕에 이제 부여는 망하는구나. 허나 네가 한 짓을 되새기며 날 원망치는 말라. 또한 원수임에도 나는 너와 살을 섞고 열락을 다하였지 않더냐. (칼을 높이 치켜든다) 죽어라!

늑대들의 울음소리. 병사들의 단말마.

병사1 적이다!

병사2 선비다!

갑작스런 소리에 버들의 칼은 포의 어깨만 스친다.

포 (어깨를 감싸쥐며 뒤로 황급히 물러선다) 네가 — ? 네가 — !

병사들 기습이다! 적이다! 선비다! (비명)

포 (직감한다) 네년이, 네년이 날 속였구나. 감히 기만하여 죽이려 하다니.

버들 (차갑게) 왜 억울하느냐? 하지만 넌 더욱 비열하지 않았느냐. 생명의 은인을 기만하여 죽이려 하였으니.

포 무슨 소리냐!

버들 규에게 들었다. 단지 질투 때문에 목숨을 구해준 은인을 죽이려 들었다지!

포 그놈이 살아 있었더냐?

버들 네 앞에 나타났건만 넌 아는 척도 않더구나. 광대패의 악사가 규다.

포　그놈이 규였다고!

버들　그만 가거라. 그는 네 목이 잘려지길 학수고대하고 있구나. (칼을 들고 달려든다)

포　(화로에서 재를 한 줌 집어던진다. 버들, 눈을 감싸쥔다. 재빨리 걸어 놓은 칼을 뽑아 버들의 가슴을 찌른다. 한 번, 두 번, 세 번…) 주인 위에 올라서는 종이 있더냐. 두고 봐라. 내 종의 목숨은 기필코 내 손으로 거둘 테니. (댕기가 묶인 버들의 머리카락을 잘라 품에 넣고 퇴장)

모용외, 버들의 시체를 안으며 절규하며.

모용외　증오하노니 부여여! 선비의 말발굽이 미치는 단 한 곳이라도 생명은 없을 것이다. 풀 한 포기 새 한 마리 살아 있게 하지 않겠다. 부여성 안에 가두어 모조리 굶겨 죽이겠다!

9.

촌민1　선비족이다.

촌민2　전쟁이다.

촌민3　난리다.

촌민4　생지옥이다.

촌민1　국경이 함락당했다.

촌민2　군대는 몰살했다.

촌민3　풀 한 포기 성한 것이 없다.

촌민4　모조리 죽인다.

촌민1　(마가의 면전에서) 말도 죽인다.

촌민2　(우가에게) 소도 죽인다.

촌민3　(저가에게) 돼지도 죽인다.

촌민4　(구가에게) 개도 죽인다.

일동	모조리 죽여 버린다. (소리지르며 퇴장)
마가	도망가자.
우가	어디로?
저가	산으로?
구가	들로?
마가	바다로?
우가	차라리 적진으로?
저가	백기를 들어?
구가	무릎을 꿇고 사죄를 할까?
촌민들	투항하는 자도 죽여 버린다!
마가	항복해도 죽인다는데?
우가	성문을 닫아!
저가	문을 닫을 수가 없어!
구가	백성들이 끊임없이 밀려들고 있다니까!
마가	어서 닫아. 우리까지 죽겠어!
우가	문을 닫아. 그래도 들어오는 자는 죽여 버려!
저가	(한숨을 내쉬며) 성문은 닫았지만 양식이 걱정이요.
구가	십 년 풍년 아니었소?
마가	다 내다 팔았다구. 창고엔 황금만 가득하오.
우가	어쩌나 황금을 먹고 살 순 없지.
저가	입을 줄여야 해.
구가	병사만 남기고 백성들을 성 밖으로 던져 버려!
마가	늙고 병든 것부터 어리고 힘없는 것까지!
우가	그래도 굶어 죽고 있소!
저가	여자들도 던져 버려!
구가	못생기고 뚱뚱한 것부터.
마가	그래도 굶어 죽고 있소!
우가	관리 아닌 자들도 던져 버려!
저가	그래도, 그래도 굶어 죽고 있소!

구가   귀족들도 던져 버려!

대가들   우리를?

마가   미쳤어?

우가   장군이 돌아왔다.

대가들   살았다!

포, 대소에게 걸어간다.

대소   그 많던 병사들은 어디에 두고 너 혼자 왔느냐?

포   죽여 주십시오. 할 일이 남아 있어 차마 죽지 못하고 왔습니다.

대소   할 일? 허면 저들을 물리칠 방도라도 남았더냐?

포   (고개를 젓는다) 양식은 다 떨어져 말을 잡아먹고 땔감이 없어 비단 을 태워 추위를 버티고 있습니다. 더 이상 방법은 없습니다.

대소   그럼 저들에게 항복하기 위해서 온 거냐?

포   (대가들을 순식간에 베어 버린다)

대소   (놀라 쳐다본다)

포   어차피 모두 죽을 목숨입니다. 저들은 항복조차 받아 주지 않겠 답니다.

대소   그래서 이제 나를 죽이려느냐?

포   저는 제 종을 죽이러 왔습니다.

대소   네 종이라니?

포   왕비님은 잘 아실 것입니다. 광대패의 악사니까 말입니다.

대소   광대패의 악사? 그 자가 네 종이더냐?

포   규를 잊으셨습니까? 전하를 덮쳤던 짐승을 향해 화살을 날렸던.

대소   그 맥족 출신 하호? 그 자는 죽었지 않느냐. 그때 자네가 죽였다 고.

포   모두 제 불찰이었습니다. 그때 마침 선비놈들이 다가와 주검을 확인하지 못했습니다. 그놈이 성 안으로 잠입해서 부여를 이 지 경으로 만든 것입니다.

대소   (사이, 눈에서 다시 예전과 같은 불길이 인다) 알 것 같아. 그렇지 갑자기
      왕비가 변한 것도.

포   성 안에 있는 것은 확실한데 쥐새끼 같은 놈이라 도무지 찾을 수
      가 없습니다.

대소   놈의 얼굴을 보게 해 주마. 저 방 안에 황금과 비단, 보물들을 모
      조리 가져다 쌓도록 해라. 마지막 밤이 될 것이니 술상도 차려야
      겠군.

                            10.

      재물이 쌓여 높은 단(壇)을 이루었다. 그 위에 술상이 차려져 있다.
      대소가 좌정한 채 술을 마시고 있다. 포가 소와를 데리고 들어온다.

대소   양팔을 기둥에 묶어라.

소와   놔라! 전하, 전하 이게 무슨 짓이옵니까?

대소   너무 춥고 어둡구나. 나는 환한 불구경이 보고 싶어.

      포, 횃불을 들고 퇴장.

소와   도대체 왜 이러십니까? 지금 적들이.

대소   뜻밖이구려. 언제나 술만 먹이려 들더니?

소와   온 백성이 모두 전하만을.

대소   (자르며) 부여와 과인을 생각하는 당신의 마음에 눈물이 다 날 지
      경이오. 하지만 이제 거짓 연기는 그만하시오. 거짓 사랑도, 거짓
      맹세도, 거짓 눈물도! (사이) 날 파멸시키려는 모든 거짓들을!

소와   (사이, 차갑게) 맞아요, 당신의 파멸을 원했어요. 안타깝게 코앞에
      닥쳤군요.

대소   그래서 기쁘오. 저 수많은 사람들을 죽여가면서.

소와	당신의 파멸을 위해서라면 전 그 무엇도 상관없어요.
대소	(사이) 아무렴 어떻겠소. 헌데 그 자는 어디 있소?
소와	그 자라니요?
대소	허허 왜 침소에 끌어들여 통정을 하고 계략을 받아 이 지경에 이르게 만든 자. (버려와 소와를 거칠게 잡아 흔들며) 스스로 얼굴을 태우고 쥐새끼처럼 숨어든 그 자! 문둥이 같이 더러운 광대패의 악사 말이오! 지금 와 뭘 더 숨길 게 남았소. 그 자가 규잖소!
소와	(아찔해진다) 그가 규라구요? 그가 규라니!
대소	그만! 그만! 그만! 더 이상 당신의 연기를 참고 보진 못하겠어! (사이, 무대가 환해진다. 활활 타오르는 창) 저 불, 너무나 아름답지 않소? 너무나 말이오. 불을 보면 어떤 것들은 미쳐 날뛰지. 저 죽는 줄 모르고 그 속에 몸을 던지기도 하고.

대소, 횃불을 하나 든다.

대소	내가 비참하리라고는 생각지 마시오. 나는 고스란히 내 것을 가져 갈 테니. 이 비단, 보석, 상아, 황금 이 안의 모든 것들을. 그리고 부여를 팔아 산 것이나 마찬가지인 당신을.

대소는 곳곳에 불을 놓는다.

대소	그 피리소리도 애처롭지만 죽어가는 당신을 찾아서 헤매는 그 자의 목소리도 못지 않을 것이요. 당신도 소릴 질러. 살려 달라고. 그래야 당신을 찾을 테니까.

불은 검은 연기를 내뿜으며 타오른다.

대소	(광기처럼) 불이야 —! 불이야 —! 불이야 —! 흐흐 그래도 춥구나. 어서 타올라라 —! 활 — 활 — 불이야 —! 불이야 —! 불이

야 ―!

대소는 미친 듯 뛰어다니다 화염 속에 몸을 던진다.

규   소와 ―! 소와 ―! 소와 ―!

소와도 그 소리에 규를 부르지만 방이 너무 많다.

포   (칼을 들고 덮치며) 늑대에게 목숨을 구걸한 비천한 놈! 주인 위에
      올라서는 종이 있더냐!

규는 가까스로 칼을 피한다.

규   너 더러운 주인아!

둘은 싸운다. 포는 칼을 잃고 규의 발 밑에 깔린다.

포   서둘러야 할 게다. 불은 성난 파도 같고 소와는 이 수많은 방 중
      하나에 묶여 있으니. (비웃으며) 네놈의 계교가 만든 삼 천 개의 방
      이 이젠 네 놈 스스로를 파멸시킬 차례다. (버들의 댕기를 던져 주며)
      소와에게 가져다 주면 좋아할 게다.

규는 분노하며 포의 몸에 몇 번이고 칼을 찌른다.

규   소와 ―! 소와 ―! 소와 ―!

소와는 연기에 질식하듯 몸부림친다.

규   소와 ―! 소와 ―! 소와 ―!

소와는 점점 의식을 잃고, 규는 미친 듯이 찾아다닌다.
하지만 불길은 거세지기만 하고, 연기는 자욱해질 뿐이다.
끝내 모로 고개를 젖히고 마는 소와.
모든 것을 태워 버릴 듯한 순간 밝아졌다 멸멸하는 빛!
급격히 끝도 모를 어둠.

11.

밤, 핏빛 달 그리고 폐허.
규는 소와의 시체를 안고 절규한다.
하지만 잠시, 스스로 칼을 물고 쓰러지는 규.

여와   폐허다. 모두가 폐허가 되었다.

잿더미 사이를 한없이 더딘 움직임으로 기어다니며.

막.

공무도하가

— 신파극을 위한 소묘 —

등장인물

노인	하얀 새치, 나이보다 늙어 뵈는
여자	흑단처럼 까만 머리, 젊어 고왔을 얼굴.
	하지만 고생이 묻어나는
아들	무기력한 몸, 지쳐 버린 삶인 듯
며느리	아득바득 살아가는 그러나 곧 지쳐 버릴
공장장	어떤 욕망 아니 어떤 현실로 인한 삼류

시간

1990년대 후반

장소

변두리, 염색공장의 식당

1. 강 너머 저편 / 프롤로그

늦은 밤,
어느 변두리 공장의 식당
식사시간을 지난 게지, 텅 빈 식당.
그래서 쓸쓸한, 그래서 외로운, 그래서 초라한
침침한 조명 그래서 더욱 심란한.

그런 곳에 女子,
찬밥처럼 아무렇게나 버려진 듯 여자.
나물을 다듬어도 좋겠고,
하지만 피로하여 금새 졸 것 같은 그런 여자.
몇 번 굼뜬 움직임, 끝내는 졸고 마는.
여자 앉은 곳에 어둠이 잦아듦과 동시에
무대 한갓진 쪽으로 물안개처럼 아슴프레 피어나는 꿈夢.

머리가 하얀 노인인 듯 아니 그보다는 조금 젊어도 좋을 노인이
천천히 걸어나와 어디에 취한 듯, 눈은 풀리고 팔은 아무렇게나
놓인 듯,
어쩌면 미친 듯, 세상의 일들을 놓아 버린 듯, 그래서 더욱 차분
한 듯.
하마 벌써 사라진 향가鄕歌의 운율이라도 어디 조금 남아 있다면
지금쯤 흘러나왔음도 한데.

노인은 뜻 모를 말만 중얼거리며 계속 앞으로, 앞으로 걸어나오
고.
그러면 파란 물안개는 또 어디서 흘러나왔는지.

저 스스로 슬퍼져서 무대는 온전히 안개의 세상.
강물이 출렁이는지 아니 바닷물이 철썩이는지 도처엔 온통 부서
지는 물결의 세상.
노인은 이제 형체마저 가물거리고 꼭 물에 빠져 죽는 모습인 듯.

— 하지만 무엇이 저 강 너머에 있니 노인아. 이승의 연을 놓아
도 될 만큼 아름다운 복숭아꽃, 살구꽃 만발하여서니. 아니면 세
상이 더 이상 안락사하길 원하지 않기 때문인 거니. 그런 거였
니. 그래서였니.

그 모습 보다 못해 이런 물음이라도 하나 던지고 싶을 즈음.
아무렴 죽음보다 가까운 건 세상의 연緣이라니.
비명을 지르며 따라오는 아낙 하나 있어도 좋은데.
아낙은 졸고 있는 여자의 모습인 듯도 같고 아닌 것도 같고.
하지만 떨리며 부르짖는 이런 울림, 여보오— 여보오—
그러나 이미 늦은 게지.
노인은 뒤돌아보는 몸짓 한 번 짓지 않고 감감히 물 속으로 사라
지네.
문득 쏴아아 — 하는 빗소리.
퍼득 잠이 깨는 여자.

2. 꽃의 기억들

여자   꿈?

      사이.

여자   꿈!

      사이 빗소리.

여자   장마가. 벌써 장마가.

      다듬던 쟁반을 챙겨 부엌으로 가려 한다. 들어오는 노인.

여자   (반가운) 안 가셨더래요? (노인의 젖은 옷) 어쩜 우산도 없이. (안타까워 얼른 수건을 들어 닦아주려)

노인   (붉히며 자기가 닦겠노라)

여자   (아니라며 자기가 닦아 주겠노라고. 그렇게 실랑이를 벌이다 문득 수줍어져)

노인   (말을 돌리려) 소나긴가 봐.

여자   들으니까 장마 시작됐다고. (하늘을 바라보며) 장만가 봐요.

노인   (달력에 손을 짚으며) 며칠이라고 벌써?

여자   라디오에서… 오늘부터 장마권에 들어간다고. 올핸 예년보다 길다고. 일찍 시작하고 늦게 끝난다고.

노인   (다시 걱정스럽게 밖을) 원단 쌓을 데도 없는데. 재고가 얼마나 밀렸는지.

여자   (같이 어두워지며) 요즘 많이 어렵죠.

노인   (자리에 앉으며) 요번 참에도 70프로밖에 못 받았어. (사이) 그 월급

다 받아도 못살 판에. 이것저것 할 것 없이 중국산이 들어오니. 자네 연변에도 염색공장같은 건 허다하지?

여자 길림이 고향이래도 몇 번을. 반장님은 고향이 만주랍서.

노인 허허 항상 이 모양이라지. 기억도 가물한 열 살 남짓이었으니까.

여자 스물 전엔 연변 구경도 못해 본 걸요.

노인 그래 그랬댔지. 그기도 장마려나.

여자 한참 후나 되야 시작되요. (사이) 이맘이면 산작약이 만발할 땐데. (생기를 띠며) 우리 고향 작약이 얼마나 유명한지 모르실꺼래요. 온 산이 죄 그 붉은꽃 흰꽃으로 뒤덮이는데 꼭 수놓은 이불 마냥. 작약이란 것이 꽃 모가지를 따야 뿌릴 약으로 쓸 수 있다 해서… 또 그럼 어른 아이 없이 온 동네 사람들은 모두 산으로….

노인 (여자인지 기억인지를 아련히 바라본다)

여자 (수줍어져) 그렇게 쳐다보면 부끄럽더래요.

노인 소주나 한 잔 할까.
(술상을 차려온다) 얘길 듣고 있자니 기억이 나. 태워 주는 기차 타고 내려오다 깜빡 잠이 들었지. 문득 기차 안이 소란스러워. 뭔가 싶어 나도 일어나 내다봤지. 하이고 때깔도 그런 때깔… 파아란 바다로 빠알간 꽃이 한도 끝도 없어. 모래사장은 또 얼마나 뽀얀지. 그저 꿈만 같아.

여자 (노인인지 기억인지를 아련히 바라본다)

노인 (문득 머쓱해져서) 명사십리. 지나 안 거지만 그기가 명사십리였던 게야. 그 꽃 해당화고.

여자 (조금은 측은히 바라보며) 그래도 다행이예요. 그 기억만큼이라도 또렷하시니.

노인 (끄덕이며) 세월이 무던히 흘렀는데 때도 한 점 안 묻고.

여자 (사이) 원망스럽진 않더래요.

노인 (술을 털어 넣고 장아찌 하나를 집어먹는다) 모다 서러운 시절 아니간. (사이) 누군들 그런 내력 하나 없을까.

여자 그래도 삼대독자였담서요. 그렇게 귀한 아들을 왜 혼자.

노인 (혼잣말처럼) 갸만 안 아팠어도. (사이) 내 몇 살 터울 누부동생이 하나 있었어. 역까진 온 가족이 다 왔다고. 함께 내려가려고. 일이 안될라 그랬던 거지. 갑자기 갸 몸에 벌겋게 꽃이 돋아. 열은 또 어떻고. 아부지가 그래. 곧 따라 내려갈 테니 너 먼저 내려가 있어라. 일이 그렇게 된 거야. 정신없이.

여자 지금이라도 어떻게 수소문해 보면.

노인 (고개를 젓는다) 죄야. 어쩌자고 기억이 이리 없어. 마냥 흐릿해. 나 살던 곳도, 아버님 함자마저. 그러이 죄야. (어쩌면 간절하게 여자를 바라보며) 근처로 강이 흘렀던 것 같아. 아즉 나절이면 죄 안개였으니까. 사방으로 쳐들어와 분간도 없어. 자우룩히 물씬 안개였다고. 밤 내 물 소리가 지금도 선하다니까. 그래도 어째. 흑룡깅인지, 목단강인지. 두만강은 아닐 테고. 아님 어디 큰 개천을 내 착각하는가 싶기도 하고.

여자 (조심스럽게) 아버지 계신다면 올해 연세가?

노인 (고개를 젓는다) 누부동생이나마 볼 수 있을까 싶은 거지. 갸 눈이 까맸어. (생기를 띄며) 그럼, 얼마나 까만지 몰라. 곱게 간 먹물 같고 새까마니 잘 익은 머루 같아. 제 아무리 자부룩한 안개라도 갸 눈만큼은 또롯하니.

노인은 점점 신이 나 얘길 하고 여잔 그 모습에 찬찬히 빠져들고.

3. 지루한 장마

처마 밑으로 똑똑 떨어지는 물방울 소리.
그리고 처음처럼 졸 듯이 나물을 다듬는 여자.
얼마 후, 쏴아아 다시 돋는 빗소리.

여자, 퍼득 정신을 차리며 걱정스럽게 하늘을.

여자　비?

다른 한쪽으로 가 다시 하늘을 올려다보며.

여자　비.

천천히 앞으로 걸어나와 다시 올려다보며.

여자　비!

걱정스럽게 정면을 응시하며.

여자　지루한 장마.

다듬던 쟁반을 챙겨 부엌으로 가려 한다. 우산을 접으며 들어오는 노인.

여자　(반가운) 오셨더래요?
노인　(우산에서 떨어지는 빗방울이 신경 쓰여 엉거주춤하다)
여자　(우산을 받아 챙기며) 어차피 다 젖은 걸요. (수건을 들어 몸을 닦아 주려)
노인　(붉히며 자기가 닦겠노라)
여자　(다시 문득 수줍어져 하늘만)
노인　(미소 지으며) 자넨 참 변한 게 없어. 예나 지금이나 이리 똑같을라.
여자　(모르겠다는 듯) 예?
노인　왜 처음 온 날 기억나나. 점심 먹으러 오니 펑펑 울고 있었잖아.
　　　내 말은 못하고 옆에 있던 온양댁한테 은근슬쩍 물어 봤지. 하는
　　　말이 밥을 죽으로 만들어 났다나 어쨌다나. 아무리 조선족이라지
　　　만 젊은 것이 전기밥솥 물도 하나 못 맞춘다며 얼마나 역정인지.

해도 온양댁 성격에 그 정도면 양반인데 자넨 또 뭐가 그리 서러 운지 눈물을 펑펑.

여자 (부끄러워하며) 맨 날 그 이야기.

노인 왜 달 보름 동안은 간이 안 맞아 공장사람들 통 밥도 못 먹게 했다구.

여자 당신은 맛있게 먹어 주셨죠. 그때 제가 얼마나 마음속으로 고마워했는지 모르실 꺼래요.

노인 물 설고 사람 선데 음식이라고 안 설까. 음식이야 까탈 잡으나마나 때되면 익는 거고. 사람이 착했으니까. (손을 잡는다)

여자 (부끄러워하며 고개를 돌린다)

노인 왜 그 말은 안 물어 보나.

여자 (잘 모르겠다는 듯)

노인 아들놈한테 얘길 했네 어제.

여자 (부끄러운 듯 하지만 귀를 기울이며)

노인 반색을 해. 아버지 그동안 고생 많았는데 재혼하신다니 참 좋습니다. 그래 그렇지. 아버지 제 마음이 얼마나 좋은지 모르겠습니다 하고. 그래 그랬다구.

여자 (확인하려는 듯 눈을 쳐다본다)

노인 며늘아이가 더 반겨. (웃으며) 허긴 홀아비 모시고 사려니까 얼마나 성가셨을까. 반길만도 하지.

여자 정… 말… 요?

노인 정말이지 않고. 허니 괜한 신경일랑 쓰지 말아. (시계를 보며 일어선다) 시간이 이렇게 됐나.

여자 (따라 일어서며 뒤에서 손에 봉지를 들려준다) 이거.

노인 이게 뭔가?

여자 시장 보다 정육점서. 안창요. 오늘 소 들어오는 날이라고. 며느님 가져다 주세요.

노인 (물리며) 하이고 이 비싼 걸. 됐네, 자네나.

여자 (다시 들려주며 간곡하게) 가져다 주세요.

노인 어허 참. (퇴장한다)

떠나가는 모습을 한참이나 바라보다 나물을 다듬는다. 공장장, 술이 취해 들어선다.

여자 (인기척에 노인인 줄 알고) 돌아오셨어요?

여자, 공장장임을 확인하며 차갑게 몸이 굳는다.

4. 가난한 등불

아들, 생활정보지를 보고 있다.
며느리, 묵묵히 바느질을 하고 있다.

며느리 (자꾸 아들 쪽을 흘긋거린다)
아들 (생활정보지만)
며느리 (조심스럽게) 여… 보.
아들 (생활정보지만)
며느리 여보.
아들 (쳐다본다)
며느리 (아무 말 못한다)
아들 (다시 고개를 숙이고 생활정보지만)
며느리 (바느질을 하려다 작심한 듯) 여보!
아들 (신경질적으로) 왜.
며느리 다시 한번 생각해 봐야 하는 거.
아들 듣기 싫어.

며느리	저도 오죽하면…. 그래요, 아버님 재혼하시는 것도 좋고 다 좋아요. 하지만 지금 집안 형편이.
아들	듣기 싫다잖아!
며느리	듣기 싫다고 되는 얘기가 아니잖아요. 아버님이 재혼하신다는데.
아들	그래 재혼하신다잖아. 그래서 뭘. (사이) 어머니 일찍 사별하시고 얼마나 고생 많았어. (다시 생활정보지에 눈을 주며) 아버지 외롭게 사신 분이야. 만주에서 홀홀단신 내려와서… 됐다, 고만하자.
며느리	누가 몰라요? 지금 내 얘긴… (사이) 그래요, 다 좋아요. 그런데 왜 하필 지금이냐구요. 지금이 어떤 땐데.
아들	재혼하는데 무슨 때가 있고 없어?
며느리	왜 이래요. 지금 효자 났다고 자랑하고 싶은 거예요?
아들	(버럭) 누가 효자라고 자랑하고 싶데!
며느리	그럼요? 그럼 왜 이래요. 우리가 쫓겨나게 생겼잖아요.
아들	듣기 싫다고! 쫓겨나긴 또 뭘 쫓겨난다고.
며느리	말끝마다 신경질이에요?
아들	안 내게 생겼어. 끝난 이야기 또 하고 또 하고.
며느리	(아들 쪽으로 바싹 앉으며) 그러지 말고 그 가게 싸게 나온 거니까. 이 집 담보 잡고 권리금 마련하면.
아들	이 사람이 진짜! 아버지 얘기 못 들었어? 집 내놓는다잖아.
며느리	속도 안 상해요? 그러니까 그게 그 여자 때문에 쫓겨나는 거잖아요.
아들	그 여자라니 당신 어머님 될 사람이야! (사이) 당신 이거 우리 집 아니다. 우리가 아버지 집에 얹혀 사는 거라고. 그리고 못 들었어? 이 집 쪼개서 전셋집 마련해 준대잖아.
며느리	그것도 안 해 주면! 이런 말할 건 아니지만 저도 아버님한테 할 만큼 했어요. 아니 남들이 보면 지극정성이라고 해요. 좋아요. 그런 건 아무래도 좋다쳐요. 당신도 생각이 있으면 전세 한 칸 달랑 들고 직장도 없이 이 시절에 우린 뭐 먹고 살아요.

아들   아버진 무슨 호강하는 줄 알아? 우리보다 더 작은 전세 산다잖아. 조금 남은 돈 가지고 중국 갈 여비하고. 그거 신혼여행 아니다. 아버지 한평생 소원, 집 팔아 이루는 거라고.

노인 들어오려다 대화를 듣는다.

며느리   아버님보다 족히 스무 살이나 어린 여자예요. 그 여자 남편이 죽었는지 살았는지 알게 뭐예요. 게다가 그 뭐냐 불법체류잔지 뭔지 아니에요? 생각해 봐요. 혹시 아버님이 순진해 뵈니까 혼인신고만 하고… 요즘 그런 일 비일비재하대요. 그래봐요. 아버님만 나중에 비참해지지.

아들   당신 아버지 뒷조사하고 다녀? 뭐가 그렇게 의심스럽고 궁금해.

며느리   그럼 아버님이 재혼하신다는데 며느리가 당연하지. 당신도 한 번 찾아가서 도대체 어떤 사람인지 좀 보고 그래요. 집에만 처박혀 있지 말고. 당신 회사 짤린 지 일 년 넘어가요, 일 년. 무작정 이렇게 놀고만 있으면 심심하지도 않아요.

아들   야, 내가 지금 놀고 싶어 노는 거야? 응!

며느리   왜 소린 지르고 난리예요. 아버님도 그래. 지금 우리가 얼마나 힘든지 빤히 알면서 재혼이니 뭐니. 솔직히 당신 장가갈 때 변변찮은 집을 마련해 줬어요, 뭘 해 줬어요. 아들이 이렇게 힘들어하면 나 같으면 무슨 수를 써서라도 어떻게 해 줄 방법부터 찾겠다. 집안 식구들이 어쩜 그렇게 하나같이 이기적인지 몰라.

아들   뭐 이기적?

며느리   내가 무슨 틀린 말했어요. 말이사 바른 말이지. 아버님도 새장가 가고 싶어 안달났으면 그냥 안달났다고 솔직히 말하던지. 누이동생을 닮았네 어쩌네. 그러면 내가 어디 어머님 취급이나 해 줄 지 알아.

아들   이게 정말. 닥치지 못해!

며느리   왜요. 당신도 사랑타령 하고 싶어서요? 허긴 부전자전이라니.

아들　(뺨을 후려갈긴다) 뭐가 어쩌고 어째!

며느리　왜 때려 응! 니가 나한테 해 준 게 뭐가 있다고. 나도 미치겠어. 나도 답답해 미치겠다고!

아들　이게 진짜!

며느리　어디 맘대로 해 봐. 지긋지긋해. 나도 이젠 지긋지긋하다고.

말리지도 못하고 그저 식당 쪽으로 발걸음을 돌리는 노인.

5. 질척이는 공터

여자　왜 이러세요. 이러지 않기로 했잖아요.

공장장　왜 그래. 내가 뭘 어쨌다고 자꾸.

여자　몰라서 물어요. 안 오시기로 했잖아요.

공장장　술이나 한 잔 줘.

여자　가세요. 지금도 많이 취했어요.

공장장　에허 자꾸. 소주.

여자　가요. 가세요. 왜 이러세요 정말.

공장장　뭘 왜 이러세요야? (사이) 좋아. 딱 한 잔만.

여자　여기 술집 아니예요, 알겠어요?

공장장　(손을 잡아 소주를 내오라고) 소주.

여자　(뿌리치며 간곡하게) 제발!

공장장　(일어서며) 그래그래 좋다구. 내 직접 가져오지.

여자　(사이, 차갑게) 이런 사람이었어요. 겨우 이 정도였어요.

공장장　나 원래 못난 놈이야. 잘 알면서. (술을 가져와 마신다)

여자　지금 제정신 아니죠? 공장장님 지금 제정신 아니예요. 알겠어요?

공장장　미쳤어. 암 난 미쳤지. 그래 나 미쳤어.

여자　(잡아 일으키며) 가세요.

공장장　(버럭) 어딜 자꾸 가! (사이, 조금 머쓱해져서) 씨… 비오는구만. 날도 캄캄하잖아. (사이, 미안해져 되려) 에이 씨 내가 갈 때가 어딨냐고!

여자는 서럽다. 뭐가 그리 서러울까 그래도 흐르는 눈물을 참을 순 없다.
소리내 울지도 못하고 얼굴을 묻고 조금씩 아주 조금씩, 가늘게 어깨를 들썩이며 그렇게.
간간이 빗소리가 들리고 어쩌면 간간이 시간도 흐를까.
그렇게 오래.

공장장　비… 참. 진절머리 나게도 오네. 왼종일 추적추적.

여자　(변함없이 머릴 묻고)

공장장　며칠째야. (달력을 본다) 미치겠군.

여자　(여전히 변함없이)

공장장　(허망한지 웃음) 다 썩어나가는구나. 하긴 팔리지도 않을 거 될 대로 되던지.

여자　(그래도 미동 없이)

공장장　(조금 격해지며) 그래도 씨발 그러면 안되는데. 진짜 창고 습기 차면 끝장인데.

여자　(여전히 미동도 않고)

공장장　밤낮없이 기계 돌려 봐야 재고만 쌓이는데. 나보고 어쩌라고 씨발 비만 내려!

여자　(사이, 천천히 일어나 옷을 챙겨 입는다)

공장장　어, 어딜 가. 비 와. 비 오잖아.

여자　제가 가야죠. 공장장님은 계속 이러실 테니.

공장장　(잡으며) 어딜 간다고.

여자　놔요.

공장장　(사이) 내가 갈게. 좋아 내가 간다고. 그러니 앉아.

여자　이럴 순 없어요.

공장장 무섭게 자꾸… (사이) 가. 간다. 간다고. 에이 씨 내가 간다잖아.

여자 반장님 얼굴을 한번이라도 생각해 봤다면 이럴 수 있어요?

공장장 (사이, 앉으며) 나 역시 당신 좋아했어.

여자 공장장님을 친동생처럼 여기며 몇십 년을 함께 했어요.

공장장 나 역시 당신 없이 살 수 없고.

여자 매일 당신 걱정, 공장 걱정이죠.

공장장 지금은 더 하지. 더 좋아하고 더 못살 것 같고.

여자 원단은 잘 나왔나. 납기 일은 맞췄나. 재고는, 어음은, 혹시 부도 가.

공장장 난 지금 당신 애길 하는 거라고!

여자 전 지금 반장님 애길 하는 거구요!

긴 사이.

공장장 (괴롭게 머리를 감싼다)

여자 (마음이 측은해진다) 다 저 때문이에요.

공장장 (고개를 젓는다) 아니지. 나야. 내가 이래선 안되었지.

여자 아뇨. 아니죠. 오해도 아니고. 모두 제 탓이죠. 쓸데없이 정만 많아서.

공장장 그런 탓이 아니지. 당신은 그저 착했을 뿐인데. 미안해. 공장 일도 그렇고… 내가 너무 힘들고 지쳤었나봐. (사이) 힘들고 괴로워.

여자 (마음이 몹시 슬퍼진다, 안아 준다) 당신도 불쌍해. 정도 상처를 준다는 걸 난 왜 몰랐을까.

공장장 내게 다신 안 돌아오겠지.

여자 저 그분 진심으로 사랑해요. 너무나.

공장장 (사이, 진심임을 확인하고 끄덕이며) 그래. 행복했으면 좋겠어. 진심으로.

여자 고마워요.

공장장 갈게. (나가려다 다시 다가와 부둥켜안으며) 보란듯이 살아야 돼 꼭. (자

신도 모르게 입맞춤한다)

여자 (여자의 직감으로 그의 말이 진심임을 느낀다. 그래서 피하지 않고 받아준다)

탕 하며 바닥에 떨어지는 우산.
넋이 나간 듯 그 모습을 바라보고 서 있는 노인.

6. 비에 갇히다

여자 —
헝클어진 머리 홀로 앉아 술을 마시는,
갈라진 목소리 때로 음악을 따라 부르는,
문득 누군가를 갈망하듯 밖을 내다보고 또 내다보는,
손거울을 꺼내 머리를 매만지고 화장을 고치는,
그렇게 더딘 화장, 하지만 끝내 울음을 터뜨리고 마는.
쏴아아— 빗소리.

여자 비?

다른 한편으로 간다.

여자 비.

또 다른 한편으로 간다.

여자 비!
그리곤 달력에 날짜를 짚으며 느리게 꼽아 보는,

술잔을 기울이려다 끝내 머리를 파묻고 마는,

흐느껴 그만 다시 울음을 터뜨리고 마는.

드르륵 — 문이 열린다.

우산도 없이 온몸이 젖어 버린 노인 들어온다.

여자는 너무 반가워서 말도 못하고

그저 술병이나 급히 치우려 그저 머리나 급히 만지려.

노인 (빈 술병에만 초점이 쉬 말을 못하며)

여자 (젖은 노인을 보고 급하게 수건을)

노인 (조심스럽게 봉투를 내밀며) 이거.

여자 (불안해하며 뭐냐는 눈빛)

노인 (더듬듯이) 여기 나올 때 그거 채 못 갚았다고 했지 않간.

여자 (머릿속이 하얘져 건넨 수건만 제 품에 안으며)

노인 (슬그머니 탁상 위에 올려놓으며) 웬 술을 이리 많이.

여자 (봉투를 손에 쥐어주며 받지 않겠다고)

노인 (다시 올려놓으며) 퇴직금 정산했네. 공장 형편도 그렇고 어차피 아들녀석 작은 가게라도 하나 마련해 줘야겠고. 이건 꼭 받아 줬음 하네. 자네 맘 상할까 생각 못해 본 것도 아닐세. 그런데도 주고 싶어. 이걸 어떻게 설명해야 하나. 그러니까 무슨 뜻이 있는 것도 아니고, 무슨 생각이 있어도 아니고. 그래 아무것도 끼어 있는 거 없이 마음만. 그러이 돈이라곤 생각지 말고… 부탁이네. (나가려 한다. 여자가 팔을 잡는다) 자네에 대한 마음은 예나 지금이나 똑 같네. 진심일세. 그저 내 이런저런 다른 고민이 많아 그래.

거센 강물이 흐르는 소리. 노인, 조금씩 무대 정면으로 걸어 나온다.

노인 물살이 거세. 물은 또 왜 이리 차나. 허긴 한 달 넘게 된 장마니. (사이, 조금은 씁쓸한 웃음) 중동무이 살다 보이 퍽이나 정에 굶주렸던 게지.

신발을 벗어 놓고 천천히 걸어나간다. 안개가 피어난다.

노인 자우룩히 물씬 안개였어. 밤 내 물소리가 아직도 귀에 선하다니까.

여자 (물가에서 발을 구르며 애타게 노래)
님이여, 물을 건너지 마오.
님은 그예 물을 건너시네.

노인 (노래인 듯 혼잣말인 듯)
내 누이동생은 여덟 살 —
땋은 머리는 흑단처럼 검고 눈은 먹물 같던 아이.
그리고 내 가슴엔 닿지 못할 깊은 강 하나가 흘렀다네.
내 누이동생은 여덟 살 —
땋은 머리는 흑단처럼 검고 눈은 먹물 같던 아이.
세월은 흐르는데 누이는 늙지 않고 가슴속 강만 깊어갔네.

여자 물에 휩쓸려 돌아가시니
가신 님을 어이 할까.

노인의 모습은 이내 감감히 사라진다.
강가에서 애타던 여자도 그만 몸을 던진다.

7. 장마는 끝나고 / 에필로그

장마가 그쳤다는 라디오 소리 정도 들려도 좋겠다.
착한 것들이 너무 많이 상해서 아픈 장마의 끝.
파란 하늘이 이제는 조금 보여도 될란가.
쨍—
쨍—

세상은 아무 일 없다는 듯
어디선가 뽕짝이나 들리며 그저 쨍쨍거리며 밝는 무대.

막이 내린다.

행복이 가득한 집

등장인물
여고생
엄마

무대
여고생의 방 : 객석에서 본 여고생의 방 정면엔 큰 거울이 보인다. 옆벽엔 커다란 괘종시계, 책상, 옷장, 책상. 책상 위에는 실제보다 큰 소라고동과 커다란 자물쇠가 채워진 새 없는 새장. 매우 큰 판형의 동화책(헨젤과 그레텔)이 놓여 있다.

거실 : 목조 마룻바닥이 깔린 거실은 삐걱거리는 소리가 심하게 나야 한다. 일견 학교의 복도처럼 보인다.

욕실 : 여고생의 방이 욕조와 좌변기 하나로 인해서 욕실로 바뀐다.

참고
여고생의 방과 거실을 육중한 벽이 가로막고 있다. 이것은 엄마와 여고생의 대화의 단절을 강하게 드러내기 위한 장치이다. 이들은 극중 내내 벽을 사이에 두고 대화를 하고 단 한 번도 만나지 않는다. 그래서 여고생이 엄마의 등, 퇴장을 지각하는 것은 진동과 소리다.

1.

여고생 귀를 가릴만큼 커다란 헤드폰을 쓴 채 거울을 보며 진한 립스틱을 바르고 있다. 쿵쿵쿵 계단을 올라오는 발자국 소리가 들리면 재빨리 화장품을 치우고 철문 옆에 가서 선다. 엄마는 들어와 언제나 그래 왔다는 듯 방문을 사이에 두고 거실에 선다. 지치고 힘겨운 모습.

여고생 애야 엄마란다. 오늘도 일이 많았단다. 보험 일이란 게 자기 하는 만큼 인정받는 일이잖니. 그래 밥은 먹었니.

엄마 (사무적이고 기계적으로) 애야 엄마란다. 오늘도 일이 많았단다. 보험 일이라는 게 자기 하는 만큼 인정받는 일이잖니. 그래 밥은 먹었니. 용돈은 적지 않았니. 누가 학교에서 괴롭히진 않았니. 공부하는 네가 안쓰럽구나. 해도 어쩌겠니, 애야. 기회는 자주 오지 않는단다. 지금 하지 않으면 나중에 꼭 후회하게 되지. 꼭 말이다. 세상 사람들은 모두 엄마 같지 않단다. 세상은 이렇게 집처럼 아늑하지도 않고. 무엇보다 학벌이라는 게 얼마나 중요한지 너도 사회생활 해 보면 뼈저리게 느낄 거다. 암, 그렇고 말고. 그래 오늘은 뭘 공부하고 있었니. 영어니, 수학이니 아니면 국어니. 안다, 세상 모든 일에 다 신경 쓸 수 없듯 모든 과목을 다 잘할 순 없단 걸. 엄만, 여느 엄마들처럼 욕심부리지 않지. 모든 걸 다 잘 하라고 말하지도 않아. 그냥 이 세 과목 정도만. 그래 이 세 과목 정도만 해도 충분하겠구나. 엄만 여느 엄마와는 달라. 암, 다르고 말고. ('쿵쿵쿵' 계단 올라오는 소리, 뒤돌아보며 차갑게) 네 아빠가 오는 모양이구나. (한숨을 쉬며) 내 남편이기도 하지. 물론 술주정뱅이에다 싸움꾼에다 무능력하기까지 하지. 너도 잘 알겠지만 말이다. 조금 시끄럽더라도 이해하렴. (문을 세차게 두드리는 소리, 그녀는 좀 더 크게 말하기 시작한다) 모든 부부가 다 화목할 순 없단다. 그래도 우린 다른 집하곤 달라. 자식들 내 팽개치고 이혼하는 집들이 오죽 많으냐. 우린 그렇진 않지. 무엇보다 엄만 널 사랑해. 그래, 사랑. 내가 얼마나 사랑하는지 너는 아마 상상도 못할 거다. (발로 차는지 더욱 세차게 문을 두드리는 소리, 뒤를 돌아보며) 엄만 그만 가봐야겠다. 가요, 아니 문을 부술 작정이세요. (거실 뒤편으로 퇴장하면 현관문 여는 소리, 욕지거리, 싸우는 소리)

여고생 (헤드폰을 벗고 새장을 보며) 오늘도 분명히 이랬을 거야. 오늘은 무슨 공불하고 있니. 영어니, 수학이니, 국어니. (새장을 만지면 녹음된 엄마의 목소리)

새장(E) 안다, 세상 모든 일에 신경 쓸 수 없듯이 모든 과목을 잘하라고 말하진 않아. 엄만 여느 엄마와는 다르단다. 암, 다르고 말고.

여고생 (새장에서 손을 떼면 음향 멈춘다) 난 네가 파랑새였으면 했지. 엄마 목소리 따위나 흉내내는 앵무새가 아니라. (다시 조심스럽게 새장을 만진다)

새장(E) 엄만 여느 엄마들처럼 욕심부리지 않지. 모든 걸 잘하라고 말하지도 않아.

여고생 엄만, 문 밖에서 똑같은 말만 되풀이하지. 십 년 동안 단 하루도 틀린 적 없이. 더 이상은 미칠 것 같아. (헤드폰을 쓴다) 볼륨을 최대로 높여 귀를 막지. (새장을 만지며) 마음껏 말하세요, 엄마!

새장(E) 애야 엄마란다. 오늘도 일이 많았단다. 보험 일이라는 게 자기 하는 만큼 인정받는 일이잖니. 그래 밥은 먹었니? 용돈은 적지 않았니? 누가 학교에서 괴롭히진 않았니? 공부하는 네가 안쓰럽구나.

여고생 (새장에서 손을 뗀다. 눈을 감고 몽유병환자처럼) 엄만 그저 문 밖에서 절 걱정하고 사랑했죠. 십 년 동안 똑같은 말, 똑같은 억양. 엄만 저 닫힌 문을 열고 들어와야 했었는데, 그저 문 밖에서. (사이) 그래 이젠 상관없어. (새장을 보며) 내가 헤드폰 쓰고도 엄마 왔다는 걸 아는지 궁금하지 않니? (웃으며) 바보 같긴. 궁금하다고 해야지. 잘 봐. 그건 바로 이 몸이라고. (헤드폰을 쓰며) 볼륨을 최대로 높이고, 음악을 틀어… 이렇게 춤을 추고… (야한 율동을 취 보이며 취한 듯) 엄마가 올라오는 게 느껴져. 아직은 미미하지만 너도 곧 들릴 거야. (쿵쿵쿵- 발자국 소리) 왔다, 쿵쿵쿵. 발바닥을 타고 진동이 느껴져… 계단을 올라와. 2층… 3층… 4층… 4층. 우리 집이다. 들려? 들리니? 쿵— 쿵— 쿵— 저 소리 (몸이 드르륵 떨린다) 문이 열리고. (철커덕 쾅!) 쾅! 삐걱 삐걱 삐걱. 내 방문 앞이야.

새장(E) 얘야 엄마다, 엄마란다. 엄만 오늘도 또 늦었구나.

여고생 하루도 안 빠지고 똑같은 말. 쉿! 다시. (쿵쿵쿵 소리) 쿵-쿵-쿵- 저건 아빠다. 또 싸우겠지. 제발, 접시 같은 건 던지지 말았으면. (접시 깨지는 소리. 몸을 움츠린다. 잠시 몸을 떨다가) 괜찮아. 엄마하고 아빠가 싸우건 말건. 그래 이젠 상관없어.

새장(E) 얘야 엄마다, 엄마란다. 엄만 오늘도 또 늦었구나.

여고생 너도 불쌍해. 니 말을 못하고 남의 말이나 흉내 내잖아. (앓는 듯한 새의 소리) 미, 미안해. 우울해졌구나? 난 단지. 아니, 그래 이젠 우울한 이야긴 그만 할께. 우리 뭔가 기분 좋은 이야길 하자. 음, 뭐가 있을까? 맞다, 내 남자친구. 말했니? 사실은 한 달 전부터 사귀는 남자친구가 있다구. (꿈을 꾸듯) 오빠야. 얼마나 멋진 줄 아니. 오빤 내게 고백을 했어. 물론 사랑을, 사랑한다고… 어떻게 잊혀지겠니. 그 밤에 나를 사랑한다고 고백하더구나. 달 앞에 맹세 하며 사랑한다고. 엄마가 아냐고? 알 턱이 없지. 엄만 모든 걸 다 아는 것처럼 말하지만 실은 아무것도 아는 게 없지. 공부 따위는, 적어도 영어, 수학 따위는 예전에 포기했다는 것조차 모르고 있지. 어쨌든 난 사랑을 고백받았어. 놀랍지 않니? 그처럼 멋있는 오빠가 그처럼 멋있는 사랑을. 그 밤에 사랑을. 내가 줄리엣이었다면 어쩌면 이런 말을 해 줬을 텐데 — 달빛에 걸어 맹세하지 마세요. 저 변덕스런 달. 저 달처럼 당신까지 변하면 큰일이니까— 난 그런 말도 못하고 허락할 수 있는 모든 것을. 난 너무 외로웠어. 누군가 사랑해 준다는 사실이 얼마나 큰 위안인지. (소라껍질을 귀에 가져다 댄다. 촤아아 부서지는 파도소리) 나는 바다를 본 적 없어. 하루만이라도 바다엘 가자고 했어. 따뜻한 해풍, 눈이 부시도록 하얀 모래사장, 소라고동은 더디고 외롭게 빛나고, 투명한 물빛 그리고 파도소리, 파도소리. (파도소리로 가득 찬다. 사이) 날 도망시켜 달라고 부탁했어. 없는 것보다 못한 아버지와 똑같은 말만 되풀이하는 엄마. 이대로 더는 나 미칠지 몰라. 그 어디라도. 집만 아니라면. 둘이 몰래 숨자고. 오빠도 흔쾌히 그러마 했지. 우린 머리카락조차 안 보이게 꼭꼭 숨을 거야. (사이, 립스틱을 바르며) 그러기 위해선 돈이 필요해. 날 욕하진 말아 줘. 더 이상 갇혀 있다 간 이곳에서 말라비틀어져 미이라가 되고 말 것 같아. 그래 틀림없이. (컴퓨터 앞으로 다가가 애무하듯 쓰다듬는다) 난, 돈이 필요해.

컴퓨터(E) (손길이 닿자 기다렸다는 듯이 자판 두드려지는 음향) 타다닥….

여고생 난 돈이 필요해요.

컴퓨터(E) 타다닥….

여고생 한 15아니 10만원이라도.

컴퓨터(E) 타다닥….

여고생 몇 살이냐구요? 스, 스물요. 걱정 마세요. 미성년잔 절대 아니니까.

컴퓨터(E) 타다닥….

여고생 어디가 좋을 까요? 물론 영등포도 상관없어요. 그럼 영등포역으로 갈 게요. 예, 가서 전화할 게요. (옷장에서 타이트한 정장으로 갈아입고 거울에 몸을 비춰 본다. 빠질 듯이 거울에 손을) 거울아.

거울(E) 이 세상에서 당신이 가장 예뻐요. 가장 예뻐요 당신이….

여고생 (무심결에) 엄마보다?

거울(E) 이 세상에서 당신이 가장 예뻐요. 가장 예뻐요 당신이….

여고생 네 앞에 서면 누구에게도 그렇게 말하겠지. (사이) 하지만 내가 제일 예뻐선 안돼. (중얼거리듯) 공주는 아름다워서 쫓겨났지. 그 매혹 때문에. 들판에선 왕비가, 그렇지 정확히는 엄마지. 아니 계모지. 아니, 엄마지. 그래 엄마가 보낸 사냥꾼이 그녀의 후끈거리는 심장을 기다리고 있었어. 날이 선 칼을 들고. 하지만 그녀의 아름다움을 보자 사냥꾼조차 그녈 죽일 순 없었어. 그녀의 심장 대신에 멧돼지의 심장을 도려 성으로 돌아갔어. 너는 아니, 누군가가 살기 위해서 누군가 대신 죽어야 한다는 것을. 불쌍해, 그들의 인생이. 그녀에겐 사과가 유혹하는 난관만 있을 뿐인데. 따서 먹으면 죽는다는 사과의 유혹이.

거울(E) 세상에서 당신이 가장 예뻐요. 가장 예뻐요 당신이….

여고생 포장지에 쌓인 물건, 그게 바로 저예요. 보세요 엄마. 제 몸이 물건이 되었어요. 저기 보이는 책상, 의자, 새장, 시계들처럼.

거울(E) 기억하세요. 따서 먹으면 죽는다는 사과의 유혹을….

여고생 날 좀 이해해 줄래. 아니, 당분간이라도 비밀로 해 줄래. 엄마한테도, 아빠한테도 그 누구에게도.

곧 무대는 신경질적인 시계소리로 꽉 차게 된다.
삐그덕거리며 문이 여닫치는 소리 몇 번.
다시 무대 밝아지면 방문에 기대 멍한 여고생.
주머니에서 핸드폰을 꺼내 쓰다듬는다.
번호가 눌려지는 소리, 곧 신호음 울리는 소리.
수화기를 통해 들려오는 남자친구의 말소리는 기계 파열음이다. 치지직…
여고생은 핸드폰과 이야기한다.

핸드폰(E) 치지직….

여고생 나야.

핸드폰(E) 치지직….

여고생 오빠, 나라구.

핸드폰(E) 치지직….

여고생 그래 오빠 나야. 그냥. 보고 싶어서. 그래 그냥 보고 싶어서.

핸드폰(E) 치지직….

여고생 왜 이렇게 오랫동안 연락이 없었던 거야. 예전엔 하루도 빠트리지 않고 전화며, 문자며. 지금 내게 오빠밖에 없다는 거 자기가 더 잘 알면서.

핸드폰(E) 치지직….

여고생 미안해. 이러지 않기로 했는데. 그런데 오빠 그때 그 약속 잊지 않았지. 다시 한 번만 약속해 주라.

핸드폰(E) 치지직….

여고생 왜 있잖아 우리. 우리들만의 집을 구해서 떠나기로 한 거. 기억나지. 그렇지?

핸드폰(E) 치지직….

여고생 그래 어떻게 그걸 잊을 수가 있겠어. 오빠 그럴 리가 없다는 걸. 오빠 그 약속 꼭 지켜줘야 해. (조금씩 흐느껴 울기 시작한다) 알겠지 꼭.

핸드폰(E) 치지직….

여고생 아니, 우는 거 아냐.

핸드폰(E) 치지직….

여고생 우는 거 아니라니까. 그냥 빨리. 하루라도 빨리 여길 벗어나고 싶어서. 집도, 학교도, 이 도시도 너무 무섭고 싫어서. 이젠 정말 미칠 것만 같아서.

핸드폰(E) 치지직….

여고생 고마워, 오빠. 내겐 역시 오빠뿐이야.

핸드폰(E) 치지직….

여고생 정말 우는 거 아냐. 미안. 그럼 나중에 전화해. (전화를 끊고 주저앉아 심하게 흐느낀다) 어떻게 해야 돼, 오빠. 난 도무지 어떻게 해야 지 모르겠어. (눈물을 훔치며 다시 핸드폰을 집어든다) 나야. 사실은 오빠. 사실은… 아니, 아니야.

핸드폰(E) 치지직….

여고생 그럼 먼저 약속해 줘. 화 안 낸다고. 화 안 낼 거지? 사실은 나. 사실은 몇 달째 이상해. 아무래도 이상해서 병원엘.

핸드폰(E) 미안해, 나도 몰랐어. 알아 내 잘못이야. 하지만 오빠. 난 어떻게 해야 할 지 모르겠어. 어떻게 해야 되지. 응, 어떻게.

핸드폰(E) 치지직….

여고생 오빠가 이렇게 말하는 거 처음이야. 무서워 오빠. 난 어떻게 해야 될지 아무것도 모르겠어.

핸드폰(E) 치지직….

여고생 무슨 소리야. 어떻게 그런 말을. 무서워. 오빠가 이렇게 말할 줄은.

핸드폰(E) 치지직….

여고생 오빠! (전화가 끊긴다. 급하게 다시 전화를 걸며) 여보세요. (받자마자 끊긴다. 다시 전화) 여보세요. (전화가 끊긴다. 다시 전화. 전화기가 버려진 듯 단조로운 파열음) 오빠, 오빠! (주저앉는다)

긴 사이.

여고생 왜 이렇게 심한 말을 하니. 나는 창녀가 아냐. 너는 모를 거야. 책임지라고 전화한 것이 아니었어. 그게 아니었잖아. 내가 도대체 지금 어떡하길 바라는 거야. 내가 소망하는 것들에 절반쯤은 오빠를 위한 것이기도 했다는 거 알면서. 오빤 그걸 잊었던 거야. 어떻게 그걸 잊을 수가 있지? 내가 얼마나 오빠의 기뻐하는 모습을 보고 싶어했는데. 그래서 먼저 오토바이를 샀잖아. 그런데 그 후로 왜 변해야 했을까, 오빠는. 우리가 숨을 집은 어떡하고. 왜 내게 자꾸만 소홀해졌지. 이 나쁜, 거짓말이었니. 나도 살고 싶어. 내가 지금 어떤 지경인지. (사이) 난 두려워. 죽여야 하니. 살려야 하니. 그냥 이대로 놔두면 어떻게 되지? 난 아무 생각이 없어. 내가 알 수 있는 건 정말 아무것도. 나를 도와 줄 수 없겠니. 나를 좀 도와줘! 날 좀 진정시켜 줄 수 없겠니? 나를 좀 진정시켜 줘! 진정으로 필요한 때 왜 너는 없는 거니. 누군가가 꼭 필요할 땐 아무도 없는 거니. 내게도 관심을 좀 줘. 날 좀 살려 줘. 벼랑 끝으로 밀어 버려야만 되겠니. 나는 행복하면 안되니. 미치지 않고 살면 안되니. 이 나쁜, 이 개 같은. 제발 날 좀 도와줘, 제발. (쿵쿵 쿵 계단을 올라오는 소리, 여고생은 마치 기계처럼 진동에 따라 몸이 일으켜 세워진다) 엄마 제발 오늘만은 차라리 아무 말도 말아 주세요. 제가 너무 힘들어요. 그러니 제발. 아니, 엄마. 오늘만은 진정한 엄마가 되 주면 안될까요. 제게 진정한 관심을 주세요. 오늘 한 번만이라도. 오늘도 똑같은 이야길 한다면 정말 미쳐 버릴지도 몰라요. 그러니 엄마 제발. (헤드폰을 쓴다)

엄마   (여고생의 방문 앞에 와 서서 매우 지친 듯) 얘야 엄마란다. 오늘도 일이 많았단다. 보험 일이란 게 자기가 하는 만큼. (한숨을 쉬며) 아니, 아니지. 오늘은 엄마가 네게 푸념을 다 하고 싶구나. 엄만 오늘 꼭 몸을 팔고 온 것만 같단다. 어디 창녀만 몸을 파는 것이겠니. 나는 속까지 다 내주었단다. 웃음마저 다 내 주었다. 부동산 중개소 가서는 모인 남정네들 커피를 무려 13잔이나 타 주고 왔단다. 무려 13잔이란다. 어떤 남정네는 허벅지를 만지기까지 하더구나. 그래도 화 한 번 내지 못했다. 이젠 지치는구나. 니 엄마가 지쳐. 오늘은 네 얼굴 보면서 이야기라도 하고 싶은데. 휴, 같은 집에 살아도 얼굴 보기가 왜 이렇게 힘든 거니. 얼굴을 못 본 지가 10년이 넘게 흘렀구나. 네가 초등학교에 입학하고부터 너를 못 봤으니. 하긴 너도 바빴겠지. 학교 가랴, 학원 가랴. 그때부터 엄마도 바빴단다. 돈 없이 학교를 다닐 수 있었겠니. 그 많은 학원도 말이다. 해도 우린 다른 집하곤 달랐어. 많이 욕심 내진 않았단다. 다른 집은 부부가 맞벌이 한 돈을 다 학원비나 과외비로 집어 넣는다더라. 다행히 네 아빠라는 인간이 버는 돈이라곤 한 푼도 안 빼놓고 술을 사먹어 버려 그나마 네 생활이 있었던 게다. 좋게 말하면 그런 거지. 하지만 이젠 니 엄마도 지치는구나. 오늘은 네가 정말 보고 싶은데. (사이) 쓸데없이 말을 너무 많이 했구나. 공부하기도 힘들 텐데. 미안하단다. 그냥 네 엄마가 힘들어서. 너무 힘들고 지쳐서. 그래, 오늘은 무슨 공부를 하고 있니? 영어니….

불안하게 고개를 흔들던 여고생, 혹시라도 하는 마음에 헤드폰을 벗고 방문에 귀를 기울여 본다.

엄마   수학이니, 국어니 그래 모든 걸 다 잘할 순 없잖겠니? 단지 이 세 과목만.

여고생   (다시 헤드폰을 쓰며) 그만, 그만! 이젠 지긋지긋해 가. 제발 가. 가 버려. 가 버리라구. 당신은 엄마도 아냐. (책상으로 가서 책들을 방문 으로 집어던진다) 제발, 제발 꺼져 버려.

엄마   (놀라서 뒷걸음질치며) 미, 미안하구나 애야. 공부하기 힘든데 엄마 가 엄마 힘든거만 생각하고 쓸데없는 말을 했구나. 제발 진정하 려무나. 난 단지… 아니, 아니다. 네가 듣기에 어떤지도 생각 않 고 엄마가 주책없이 창피니, 뭐니. 그런 말을 해서 마음이 상한 게로구나. 미안하구나. 정말 미안하구나. 다시는 그런 말은 하지 않을게 다시는. (퇴장)

시계소리 똑딱똑딱 … 무대 서서히 밝으면 여고생 상의를 벗고 폭이 넓은 압 박붕대를 거울에 비춰보며 감고 있다. 배가 조금 불러 있고 여고생의 얼굴은 두려운 빛이 역력하다.

여고생   (거울을 보며 압박붕대를 감으며) 엄마, 엄마에게 말할 게 있어요. 사 실은, 사실은. (고개를 저으고) 아냐. (거울을 보고) 엄마 솔직히 말할 게요. 엄마 보이세요. 제 배가 불러 오른 거. 보이시죠? 학교에서 고, 거리에서고 사람들이 제 배를 볼까봐 두려워요. 그래서 이렇 게 압박붕대로 배를 졸라매는 제가 보이세요? 엄마, 무슨 말이라 도 해 주세요. 차라리 뺨을 때리세요. 아니, 차라리 배를 차 주세 요. 무슨 소리냐구요? 이 배를 보고도 모르겠어요? 그럼요 제가 구역질했던 것도 신경성 위염이 아니었어요. 도대체 어떻게 말해 야 하나요. 예, 저 임신했어요. 왜 그렇게 놀라시나요? 당신이 그 렇게 놀라는 모습은 처음이예요. 그래요. 영어도, 수학도, 국어도 전 잘 몰라요. 도대체 몇 번을 말해야 알겠어요. 엄마는 신문도 안 보세요. 그래요, 원조교제를 했어요. 뭐라구요? 아무리 그래도 당신 딸 만큼은 그러지 않으리라 장담했다구요? 왜 그런 쓸데없는 믿음을 갖고 사신 거예요. 진정으로 제게 관심을 기울였어봐요. 이런 일은 없었을 거라구요. (겨냥되다가 정신을 차리며) 아냐, 아냐 내가 왜 이러지. 엄마에게 빌어야 해. 부탁이예요, 엄마. 아기가 걱정되요. 이렇게 졸라매면 아기가 죽을지도 몰라요. 예, 때론 차라리, 차라리 죽었으면 하다가도 아기가 숨막혀 하는 소리가 들리는 것 같아 저는 미칠 것만 같아요. 어떻게 해야되죠? 아기는 어떻게 해야 되고, 저는 어떻게 해야 되나요? 엄마, 전 정말이지 너무 두려워요. 빌어요. 제발 용서해 주세요. (거울을 똑바로 쳐다보며) 제발 용서해 주세요, 엄마. 알아요. 엄마의 심정이 어떤지. 제발 화내지 말고 말하세요. (세차게 가로저으며) 아냐! (쿵쿵쿵 계단을 올라오는 소리, 상의를 급하게 챙겨 입고 헤드폰을 쓰고 방문 앞으로 간다)

엄마   (술이 몹시 취해 비틀거리며 방문 앞에 와서 선다. 손에 상자가 들려 있다) 오늘은… 아니, 오늘도 늦었구나. 하긴 항상 늦는데. 일이 끝나고 동창회가 있었단다. 친구들도 만나고 술을, 그래 엄마가 술을 아주 조금 했단다. 어디, 니 아빠만 술 먹으란 법 있니. (손에 들고 있는 상자를 보며) 음, 이게 뭐지? 동창회랍시고 뭔가 하나 주는데 어디 보자. (포장지를 뜯고 상자를 풀어 본다)

여고생   (눈을 질끈 감고) 엄마, 엄마에게 말할 게 있어요. 사실은 너무, 너무 겁나서 지금은 말도 못하겠어요. 엄마 오늘 하루만 저랑 같이 있어줘요. 하룻밤만 제 옆에서 같이 지내요. 알겠죠. 엄마에게 꼭 할 말이 있어요. 부탁이에요. 꼭요, 꼭 오늘 하룻밤만. 알겠죠? 믿을게요. 와 주시는 거죠? 이런 적 없었잖아요. 엄마가 필요해요. 알겠죠.

엄마   (술이 너무 취해 벽을 통해 흘러나오는 여고생의 말을 제대로 듣지 못한다. 단지 상자 안에서 수건을 꺼내는 데만 정신이 팔려) 이게 뭐냐 수건이구나. 회비가 얼만데 겨우 수건 한 장이구나. 뭐라고 적혀 있는데, 이게 뭐냐? 경, 서울, 초등학교 17회 동문회… 축? 흥, 뭐가 경축인지… 모두 지 잘난 자식자랑 남편자랑 귀가 따가워 죽겠더니. (어지러운지 머리를 만지며) 휴, 정신이 없구나. 미안하구나. 오늘은 그만 가서 자야겠구나.

여고생 (걸어나가는 발자국 소리를 느끼며 헤드폰을 벗고 말한다) 엄마 꼭 와 주셔야 해요. 할 얘기가 있어요. 엄마 꼭 오셔야 해요.

시계소리 무대를 채운다. 똑딱똑딱, 종소리 가끔 울리고 마지막 여섯 번의 종소리가 울릴 동안도 엄마는 오지 않는다. 여고생 방바닥에 다리를 쪼그리고 앉아 멍하니 앞만 보고 있다. 커다란 동화책 - 헨젤과 그레텔 - 을 만진다. 예전 엄마가 들려주던 동화책 읽는 소리가 들린다.

동화책(E) 과자로 만든 집이었어요. 지붕도, 바닥도, 굴뚝도 심지어 창문도 모조리 과자로 된 집이었어요. 하지만 살찌면 안돼. 펄펄 끓는 냄비 속으로 들어갈 테니까. 그런데도 나날이 배불러 오고 통통해져 갔지요. 눈이 나쁜 마귀가 손목의 두께를 재고 싶어 하길래 삭마른 나뭇가지를 내주었죠. 눈이 나쁜 마귀는 마른 나뭇가지를 만지며 애처롭게 말을 했어요. 나는 배고프고 내 눈은 어둡다. 나는 배고프고 나는 어둡지만 너희들에게 맛있는 과자를 던져 주며 이렇게 고난했는데 너희들은 왜 이렇게 살이 찌지 않는 거냐. 날 굶겨 죽일 작정이니. 온몸이 통통해진 오누이는 서로의 살찐 몸을 마주보며 두려움에 떨었어요, 떨었어요.

여고생, 거울 앞으로 가서 상의를 벗고 압박붕대를 더욱 세게 감는다.

2.

욕실이다. 겉 표면은 이끼가 끼어 있고 안은 붉은 물로 채워진 욕조와 광택으로 번쩍이는 좌변기가 선명하게 대조되어 있다. 여고생 배를 움켜쥐고 들어온다. 교복차림이고 헤드폰을 쓰고 있다. 들어와선 몇 번이나 문이 잠겼는지 확인한다. 중앙에 들어서서 치마를 들어본다. 종아리를 타고 피가 흘러내리고 있다. 교복상의와 블라우스를 벗는다. 배가 눈에 띄게 불러 있고 폭이 넓은 붕대로 배를 칭칭 감아 놓았다. 욕조에 들어가서 붕대를 푼다. 붕대는 풀어도, 풀어도 길게 나온다. 그녀는 흐느끼기도 하고 신음소리를 내기도 하고 머리를 흔들기도 하며 헤드폰에서 흘러나오는 듯한 노래를 고통스럽게 따라 부르기도 한다. 서태지의 울트라 매니아.

여고생 아… 내게 미쳤다고… 아… 그래… 모두… 그래… 다들 그래… 맞어 그래…아… 난… 더 미치고 싶어… 아… 어렸을 적 내 꿈엔… 여긴 진정 어떤 나라인지… 악!

비명을 지르려다 수건을 입에 문다. 온몸이 몹시 떨리고 난 후 몸이 축 늘어지며 기절한다. 잠시 정적, 시계소리만 선명하다.
갑자기 무대를 찢어버릴 듯한 아이의 울음소리, 여고생 기절에서 깨어난다. 그때 쿵쿵쿵-하며 계단 올라오는 소리, 철커덕거리며 마치 쥐덫처럼 현관문이 여닫기는 소리가 들린다. 여고생 허둥지둥거리며 샤워기를 만지면 쏴아아 하는 물줄기 소리, 좌변기를 만지면 물 내리는 소리가 들린다. 그래도 아이의 울음소리는 이 소리들을 뚫고 들린다. 여고생, 욕조에서 나와 욕실 문에 귀를 기울이는 행동, 그녀의 몸에서는 풀리다 만 붕대가 탯줄처럼 질질 끌려 다닌다.

엄마 (소리) 애야 엄마다, 엄마가 왔단다. 애야 어딨니?
(방문을 두드리는 소리) 아니 얘가 어디 갔어?

(욕실 쪽으로 다가오는 소리) 애야, 엄마란다.

여고생 수건으로 아이를 감싸 손으로 꼭 쥔다. 아기 우는 소리가 사그라진다.

엄마   (화장실 문에 와서 선다. 그녀의 손엔 물건으로 가득 찬 장바구니가 들려 있다) 화장실에 있었니? 샤워 중이로구나. 그래 엄마란다. 오늘은 빨리 왔단다. 그렇지 않니 애야? 게다가 니가 야간학습을 마치고 오면 맛있는 밤참을 해 주려고 이렇게 많은 것을 사왔단다. 참, 많은 것을. 애야, 그런데 지금이 몇 시니? 아니 왜 이렇게 일찍 왔니? 항상 이렇게 빨리 오니? 지금이 몇 시니? 이제 겨우 4시가 갓 넘었을 뿐인데.

여고생   언, 언니들 낼 시험이잖아요. 오늘이 수능 전날이예요. 내일이 시험이잖아요 그래서. 엄마 그래서요. (여고생은 꽉 틀어지게 잡은 수건과 욕실 문을 번갈아 보며 안절부절못한다)

엄마   휴, 그렇구나. 너도 내년엔 3학년이구나. 엄만 걱정이 되는구나. 물론 너를 믿지 못하는 건 아니란다. 엄만 여느 엄마들하곤 다르니까. 요즘은 자식을 믿지 못하는 부모들도 많다는 구나. 그래도 우린.

여고생   엄, 엄마. 샤워 좀 하게… 샤워 좀 하고요. 예, 샤워 좀. 제발, 샤워 좀 한다니까요. 그러니 제발.

엄마   미안하구나. 니 마음이 지금 어떤지 알고도 남는구나. 이제 1년밖에 안 남았으니 너도 오죽하겠니? 오늘 같은 날은 신경이 곤두서고 예민해지지. 그래 오늘은 니가 좋아하는 미역국을 끓여 줄까? 아니 오므라이스를 더 좋아했지. 빨간 케첩을 듬뿍 쳐서 오므라이스를 해 주마. 천천히 샤워를 하고 나오려무나

발자국 소리를 확인하다 급하게 수건을 풀어헤치는 여고생. 울음소리가 들리지 않는다. 몇 번 손바닥으로 쳐본다. 울음소리가 나지 않는다. 몇 번 더 손바닥으로 쳐본다. 아기가 울지 않는다. 주저앉아 덜덜 몸을 떤다. 발자국 소리

가 급하게 다가온다. 문을 두드린다.

엄마   (기쁜 표정을 애써 감추며) 얘야, 얘야. 거실에 이 피가 뭐니? 얘야,
요즘 새벽 늦도록 잠도 안 자고 불을 켜 놓더니. 그래 공부 때문
에 코피를 쏟은 게로구나. 엄만 이렇게 몸을 상하면서까지 공부
하길 바라진 않는다니까. 그래 괜찮니? 지금은 괜찮은 거니?

여고생   (손으로 귀를 틀어막고) 제발… 제발… 제발 좀 저리가, 저리가… 제
발 좀 꺼져 버려… 제발, 제발… (손가락을 입에 물고 흐느낀다. 수건에
쌓인 아이를 바라보고 겁에 질려) 미안, 엄마 미안… 소릴 질러서. 엄
마 미안해… 그날이야… 그날인데… 그걸… 모르고… 깜빡… 잊
고… 그래서… 엄마… 생리라니까 내가 바보같이… 내가 미련하
게… 그런데 그걸 모르고… 내가 못 챙겨가서… 엄마 정말 미안
해… 그날이라 나도 신경이… 신경이 곤두섰었나 봐… 화내서 미
안해… 그냥 오늘은 기분이… 아마 샤워를 하고 나면 나아질 거
야… 괜찮을 거야… 내가 못 챙겨서 그랬어… 미안해… 난 그날
인 줄도 모르고… 정말 미안… 그날인 줄도 모르고….

엄마   (기대가 어긋난 듯 한숨을 쉬고) 그렇구나. 엄만 네가 요즘 밤새 불을
켜놓고 안색도 좋지 않은 듯해서 말이다. 난 공부 때문에 코피를
쏟았나 했지 뭐냐. 하지만 그날이었구나. 그래 어쨌든 이 말은 하
고 싶구나. 엄만 네가 몸을 상하면서까지 공부하길 바라진 않는
단다. 엄만 여느 엄마완 달라. 자식을 그렇게까지 닦달하는 건 무
식한 일이지. 하지만 그날이었구나.

엄마의 발자국 소리 멀리로 사라지면, 여고생 화장실을 미친 듯이 청소하기
시작한다. 청소를 끝낸 후 멍하니 주저앉아 수건에 쌓인 아이를 바라본다. 시
계소리 점점 커진다. 여고생 몹시 불안하게 사방을 두리번거리며 무대 한갓
진 쪽으로 가서 쓰레기통에 수건에 싼 아이를 버리고 온다. 돌아와서 안절부
절못하다가 다시 조심스럽게 가서 쓰레기통을 뒤지는 여고생, 하지만 수건에
싸서 버린 아이가 없다. 여고생 미친 듯이 쓰레기 더미를 파헤치며 뒤진다.

무대는 쓰레기로 뒤덮인다.

3.

여고생 방을 왔다갔다하며 안절부절못하고 있다. 거울을 보고 옷을 매만지기도 한다. 다시 안절부절못하며 방을 왔다갔다 하다 벽에 손을 대고 귀를 기울이면 소리가 들린다.

벽(E) (사람들의 웅성거리는 소리) 아침에 경찰들 여기 쫘악 깔린 거 봤어요?

예, 그게 무슨 소리예요?

글쎄 여기서 애 죽은 게 나왔다네요.

끔찍해라. 정말이에요?

안 그렇게요. 우리 동네도 점점 무서워진다니까.

- 여고생 놀라 다른쪽 벽에 다가가 귀를 기울인다.

벽(E) (구두 발자국 소리, 메마르고 감정 없는 사내의 목소리)

유아 유기야 수건에 싸여서 발견됐다는 군. 수건에 이게 쓰여져 있는데.

경… 서울초등학교 17회… 축? 뭐가 경축인지.

그 근방에 서울초등학교 17회 졸업생들 조회 해 보자고.

되는 대로 탐문수사 들어가는 걸로 하고.

(다시 건장한 남자들의 다급하게 움직이는 구두 발자국 소리)

— 여고생 놀라서 다시 다른쪽 벽에 다가가 귀기울인다.

벽(E)	그 학교 17회는 그 집밖이라니까 빨리 그 집으로 가 보자구.
여고생	(망연자실하다) 어떡하니. (새장을 만진다, 애처로운 새소리. **쿵쿵쿵** 계단 올라오는 소리, 헤드폰을 쓴다. 엄마 들어온다)
엄마	(얼굴의 모처럼 생기, 그리고 손에 리본으로 곱게 묶인 상자가 들려 있다) 애야 엄마란다. 오늘은 일찍 왔단다. 놀라지 말아라. 아빠도 같이 왔단다. (안방이 있을 법한 뒤를 돌아보며) 여보 우리가 함께 이렇게 일찍 온 게 몇 년 만이에요? (남편 아무런 대꾸도 없지만 신경 쓰지 않고) 아마 셀 수도 없이 오래 전이겠지. 아무렴 어떻니. 게다가 오늘은 네 17번째 생일이잖니. 그동안 네가 공부한다고 얼마나 고생이 많았니? 오늘은 영어도 수학도 국어도 심지어 암기과목마저 잊고 함께 외식을 가기로 하자꾸나. 엄만 벌써 설렌단다. (돌아보며) 여보 무슨 옷이 어울릴 것 같아요? 이 빨간색 털 코트 아님 베이지색 바바리? 아니 여보 대답 좀 해 주면 덧나요? (웃으며) 네 아빠가 항상 그렇잖니. 엄만 신경 안 쓴다. 애야 너도 옷을 갈아입어라. 교복은 지겹잖니? 오늘은 네가 입고 싶은 옷을 맘대로 골라 입어도 될 것 같구나. 날씨가 얼마나 화창한지 아니? 이건 겨울 날씨가 아니라 꼭 봄 날씨 같구나. 아참, 네 생일 선물로 아빠와 엄마가 멋진 것을 준비했단다. 우린 여느 집과 다르다고 했잖아. 네가 뭔지 알면 놀랄 거다. 뭐냐고? (뒤를 돌아보며) 여보 가르쳐 줄까요, 말까요? 그래 어차피 좀 있으면 알 거 가르쳐 주마. (상자를 들어 보이며) 선물이 무언가 하면 네가 꼭 좋아할 만한 거다. 엠씨 스퀘어란다. 아, 얼마나 좋아할까. 웃는 네 얼굴이 눈에 선하다. 아빠와 엄만 네가 보고 싶단다. 너의 웃는 얼굴이 보고 싶어. 벌써 몇 년을 얼굴도 한 번 못 봤니? 엄마도, 아빠도 네가 얼마나 보고 싶었는지 넌 아마 모를 거다. 하지만 우린 여느 집과는 달라. 다른 집은 대학 들어가기 전까진 방 안에서 한 발자국도 못 나오게 한다더라. 하지만 우린 그렇게까지 널 닦달하진 않았다. 그래 그건 너도 인정해야 할 거야. 모처럼 가족이 다 모이겠구나.

여보 붉은색 포도주가 나오는 아주 맛있는 스테이크를 먹으러 가요. 아주 약간만 익힌. 음, 입안에서 벌써부터 향긋한 냄새가 나는 것만 같구나. 애야 옷을 다 입었으면 어서 나오너라. 여보, 오늘은 당신도 다른 옷으로 입어요. 항상 회색 양복에 흰 와이셔츠 지겹지도 않아요. (여고생 헤드폰을 벗는다, 이때 엄마의 목소리는 고조되어 있다) 우린 여느 부부와 다르단 말이에요. 알겠어요. 알겠냐구요! 여보 아니 도대체 뭘 하고 있어요? (퇴장하며)

여고생 (눈에 물기가 젖어 있다) 오늘은 대낮부터 싸우실 건가요. 하지만 어떡해요. 아기가 내 아기가 내 손에서 죽어갔어요. 서서히 식어갈 때 제가 어땠는지. (몸서리를 친다) 이 손으로. (손을 들어 보이며) 숨을 틀어막고… 새파랗게 식어가던 아기를. 엄마 내 아기였어요. 아빠 제 아기였다구요. 영어책엔, 수학책엔, 국어책엔 아기에 대해서 아무것도 나온 게 없었다구요. 아기가 울었어요. 그때 엄만 왜 그렇게 일찍 들어오신 거죠? 엄만 항상 늦게 들어왔잖아요! 그래요. 아기의 입을 손으로. 제 이 손으로 막고. 너무 당황해서 울지 말라고 꼭 틀어막고. 새빨갛던 아기가 금새 파래졌어요. 진달래꽃을 짓이겨 놓은 듯 파래져 갔어요. 엄만 왜 하필 그날 그렇게 일찍 들어오신 거예요. 항상 늦었잖아요. 어떡해야 될지도 모르고 갈팡질팡, 엄마 내 아기였어요. 아빠 제 아기였다구요. 아가, 아가 내가 잘못했어. 내가, 이 엄마가 잘못했어.

여러 사람이 급하게 계단을 밟고 올라오는 구두 발자국 소리 들린다.
여고생 소라껍질을 두 손으로 조심스럽게 들고 뺨에 가져다댄다.
태아의 심장박동 소리. 잠시 후 촤아아 부서지는 파도소리.

여고생 파도소리가 들려… 따뜻한 햇빛… 부드러운 바닷바람… 그리고 네가 뛰어 노는 소리가….

쿵쿵쿵 현관문을 두드리는 소리.

여고생, 새장을 들고 창문이 있을 법한 곳까지 걸어 나온다.

여고생 하늘이, 오늘은 하늘이 어쩜 저리 새파랄까. 꼭 꿈같아… 어쩜 저리 꿈결같을까. (천천히 새장 문을 열면 아이의 웃는 소리 멀리서 아련히) 그래 아가야, 날아가… 내가 가지 못했던 곳으로. 엄마가 가지 못했던 곳으로, 훨훨… 이곳은 척박한 집 같아. 메마른 자궁처럼. 그래 누구도 살 수 없는 뼈아픈 꿈같아. 어디 그리운 곳 있을까. 아늑하고 따뜻한 곳 있을까. 너는 훨훨 날아가고 나는 펄펄펄 떨어져 내려, 우리 그곳에서.

구두 발자국 소리 몰려오며 막이 내린다.

꽃피자
어데선가
백하룡 희곡집 · 1 바람불어와

초판 1쇄 인쇄일   2005년 3월 30일
초판 1쇄 발행일   2005년 4월 6일

지은이   백하룡
펴낸이   이정옥
펴낸곳   평민사
주   소   서울시 서대문구 남가좌2동 370-40
            전화 (02) 375-8571(代)
            팩시밀리 (02) 375-8573
            이메일 pms1976@korea.com
            홈페이지 http://www.pyungminsa.co.kr

등록번호   제10-328호

ISBN 89-7115-444-6 03680

값 10,000원

· 이 희곡집은 한국문화예술진흥원의 창의적 예술활동지원금
  (희곡집 발간)으로 출간되었음을 밝힙니다.

해방 전 공연 희곡과 상영 시나리오

근대 문학사의 단절된, 잃어버린 시대의 연극사 되찾기

그동안 연구가 거의 이루어지지 않았던 극작가 박영호와 송영, 임선규, 서항석, 김태진, 이동규, 김건, 김승구, 그리고 남궁만 등의 존재와 그들의 희곡 작품 면면을 확인함으로써, 잃어버린 시대의 연극사를 되찾는 결정적인 전기가 마련될 수 있다는 점이 이번 연구의 가장 큰 성과가 아닐 수 없다. 또한 신파극(혹은 대중극) 대 신극 논란, 친일극(친일영화) 논란, 월북 극작가를 중심으로 한 이념극 논란을 재정립하는 계기가 제공됨으로써, 희곡 및 시나리오 연구에 새로운 기폭제가 될 것이다. 또한 본 연구 과제를 통해 근대 문학 연구에 기여한 바로는 일본어로 발표되었다는 점 때문에 연구가 미진했던 희곡·시나리오 작품들을 번역했다는 사실이다. 23편의 일본어 희곡 및 시나리오 작품을 번역함으로써 문학사의 또 다른 공백을 메울 수 있는 계기가 마련되었다. 〈머리말 중에서〉